中华优秀
法治文化
十讲

韩伟 闫强乐 著

中国政法大学出版社

声　明　1. 版权所有，侵权必究。
　　　　2. 如有缺页、倒装问题，由出版社负责退换。

图书在版编目（CIP）数据

中华优秀法治文化十讲/韩伟，闫强乐著. —北京：中国政法大学出版社，2023.5
ISBN 978-7-5764-0854-6

Ⅰ.①中… Ⅱ.①韩… ②闫… Ⅲ.①法治－文化史－中国－古代 Ⅳ.①D909.22

中国国家版本馆CIP数据核字(2023)第036274号

书　名	中华优秀法治文化十讲 ZHONGHUA YOUXIU FAZHI WENHUA SHIJIANG	
出版者	中国政法大学出版社	
地　址	北京市海淀区西土城路25号	
邮　箱	fadapress@163.com	
网　址	http://www.cuplpress.com (网络实名：中国政法大学出版社)	
电　话	010-58908466(第七编辑部) 010-58908334(邮购部)	
承　印	北京中科印刷有限公司	
开　本	720mm×960mm　1/16	
印　张	18.25	
字　数	278千字	
版　次	2023年5月第1版	
印　次	2023年5月第1次印刷	
定　价	75.00元	

目 录

第一讲　大国治理：中华优秀法治文化导论　001
　一、中华文化源远流长　003
　二、法律的文化阐释　006
　三、中华法治文明与文化自信　008

第二讲　平恕信民：中华法治文化的核心要义　013
　一、公平　015
　二、仁恕　022
　三、诚信　027
　四、富民　032

第三讲　公正司法：中华法治文明中的司法智慧　039
　一、价值观融入司法的历史传统　041
　二、晋代地方诉讼制度的复原　061
　三、唐律类推的司法智慧　069

第四讲　法治典范：法典化时代的法治及影响　077
　一、中国古代死刑替代刑的沿革　079
　二、中国古代惩贪的立法创制　094

三、唐律在东亚世界的传播与影响　　　　　　　　　　102
四、明清时期的立法思想　　　　　　　　　　　　　　108

第五讲　刑以弼教：中国古代刑案中的法律智慧　　　115
一、刑以弼教的刑法思想　　　　　　　　　　　　　　117
二、敦煌文书案例中的法律智慧　　　　　　　　　　　121
三、唐代盗窃案中的法律伦理　　　　　　　　　　　　127
四、唐代复仇案中的礼律之争　　　　　　　　　　　　131
五、清代应敏斋析盗案中的司法智慧　　　　　　　　　134
六、清代吴宏审案中的法律正义　　　　　　　　　　　136
七、清代李毓昌案中的司法检验智慧　　　　　　　　　138

第六讲　民法基因：中华法治文明中的民事关系　　　143
一、中华法文化中的家族基因　　　　　　　　　　　　145
二、曶鼎反映的调解精神　　　　　　　　　　　　　　152
三、中国古代的一物多卖　　　　　　　　　　　　　　154
四、中国古代的赦免与私债　　　　　　　　　　　　　156

第七讲　民从私契：中国古代的契约法治文化　　　　163
一、不是谁都行：契约中的人　　　　　　　　　　　　165
二、古代契约什么样：从价金到保证　　　　　　　　　168
三、手模脚印：签字画押的由来　　　　　　　　　　　181
四、毁约的严重后果：从违约罚到"抄家"　　　　　　184

第八讲　乡法自治：中华法治文化的民间经验　　　　189
一、唐宋"乡法"与地方社会　　　　　　　　　　　　191
二、清代陕南的条规自治　　　　　　　　　　　　　　212
三、乡规民约与基层社会治理　　　　　　　　　　　　224

第九讲　红色基因：革命司法传统中的法治文化　229
　　一、红色基因之为民便民　231
　　二、红色基因之实事求是　239
　　三、红色基因之平等自由　262

第十讲　继往开来：新时代中国的法治文化　269
　　一、习近平法治思想对中华传统法治文化的取鉴　271
　　二、习近平法治思想形塑当代中国法治文化　274
　　三、习近平法治思想与中国特色法治文化的创新发展　279

致　谢　283

第一讲 大国治理

中华优秀法治文化导论

以史为鉴，是中华民族治国理政的历史传统，2019年1月3日，习近平致信祝贺中国社会科学院中国历史研究院成立的贺信中指出，"重视历史、研究历史、借鉴历史是中华民族5000多年文明史的一个优良传统。当代中国是历史中国的延续和发展"。习近平总书记在2020年11月中央全面依法治国工作会议上的讲话中亦指出："历史和现实告诉我们，只有传承中华优秀传统法律文化，从我国革命、建设、改革的实践中探索适合自己的法治道路。"

中国是一个具有数千年法制历史的文明古国，在漫长的法制发展进程中，形成了博大精深的中华法文化，它不仅是古圣先贤政治智慧和法律智慧的结晶，也为灿烂辉煌的中华法系提供了坚强的文化支撑。作为文明古国，广义上中国历史上下五千年，绵延不绝，留下了内涵丰富的优秀传统文化，法治文化就是其中重要的组成部分。当下推进全面依法治国，构建中国特色法治，传播中国法治故事，必须建立文化自信，认真审视中华优秀法治文化，并在比较鉴别的前提下汲取其中有益的因素。

一、中华文化源远流长

如果从殷周诸民族算起，中华文化绵延至今，至少有三千年的历史。近年来的考古学发现，将古中国的历史不断向前推进，如陕北黄土高原的石峁遗址，考古研究认为其文明可以追溯至公元前2300年，其建筑、美术等古文明遗迹，在既有历史文字记录中付之阙如。延至公元前1750年至前1530年的二里头遗址呈现的二里头文化，已经从"多元的邦国"时期进入"王朝文化"，形成最早"中国"的两大特质：都邑文化的庞大化与复杂化，以及其"大范围的文化辐射"。[1]对二里头文化中体现出的国家类型，尽管仍有争论，但是，"它在内部高度发展的同时，向四围发射出超越自然地理单元和文

---

[1] 许宏：《最早的中国》，科学出版社2009年版，第15页。

化屏障的强力冲击波。显然,更大范围的这种文化的远播,不是靠军事推进和暴力输出,而是凭借其软实力的巨大张力"。[1]二里头的都邑规划与王朝制度,与周秦汉唐的国家制度作纵向比较,更能发现中华文化的稳定传承。中华文化绵延发展至清末,面临"百年之大变局",仍被认为优越于"夷狄",对外交涉中的用语"夷",甚至引发了英国人的多番抗议,以"捍卫英国的荣誉"。[2]

天人合一、顺天择时是中华文化的重要特质。中华文化的早期,就出现了对"天"的信仰,《诗经》中有人格天的观念,将之作为最高主宰,"主要作用在于决定政权之兴废;盖政权兴废之间,原有许多因素为人力所不能掌握者"。[3]天有其自身的规律性,所谓"常行之道",但治乱兴亡又与人之行为有关,"天行有常,不为尧存,不为桀亡。应之以治则吉,应之以乱则凶"。[4]因是之故,人事就需要顺应天道,"推天地之精,运阴阳之类,以别顺逆之理,安所加以不在?在上下,在大小,在强弱,在贤不肖,在善恶。恶之属尽为阴,善之属尽为阳"。[5]故男尊女卑、德主刑辅等,都可以由"天道无二"推演而成。

天本身是不可言说的,但它可以从功能性、象征性、关系性的角度看,具有主宰、造生、载行、启示、审判等五种功能,[6]它是自然的,又是人格的,是万物的来源与归宿,有其自身规律,足以审判善恶。正因为"天"的原理性意义,中国的"理"与天关联起来,"日常之理与形而上之理的相互关联体现为蕴藏于日常之理之中的宇宙自然的原理性,更通俗些讲,即以天为依据的万人普遍的自然属性以及作为其结果的上述定位的高层次性"。[7]延伸

---

[1] 许宏:《何以中国 公元前2000年的中原图景》,生活·读书·新知三联书店2016年版,第160页。
[2] Lydia H. Liu, The Clash of Empires: The Invention of China in Modern World Making, Harvard University Press, 2004, p.51.
[3] 劳思光:《新编中国哲学史》(卷一),生活·读书·新知三联书店2019年版,第92页。
[4] (清)王先谦撰:《荀子集解》,沈啸寰、王星贤整理,中华书局2012年版,第300页。
[5] (汉)董仲舒:《春秋繁露》,张世亮、钟肇鹏、周桂钿译注,中华书局2012年版,第417页。
[6] 傅佩荣:《傅佩荣的哲学课 先秦儒家哲学》,北京联合出版公司2018年版,第344页。
[7] [日]沟口雄三:《中国的思维世界》,刁榴等译,生活·读书·新知三联书店2014年版,第100页。

之，毋宁说"天下观念"代表了中国人对生活其中的这个世界的态度，"所强调的是包容而非排斥"，[1]它构成了超越一国的法秩序原理。

中华文化对人性的认识上，总体呈现出积极、乐观的取向，或被称作"性善论"。儒家在本体论意义上，坚持了人性善的观点。孔子说："性相近也，习相远也。"即认为人之先天本没有善恶之分，贤不肖成于后天熏染。孔子又说："唯上智与下愚不移。"亦即承认人性有上下之品级，虽陶融有所难变。"仁义礼智，非由外铄我也，我固有之也"。[2]与孔子不同，孟子在与告子"性无分于善不善"的论辩中，创造了性善之论，举上智下愚之差而平之，谓"人皆可以为尧舜"，发展了孔子的人性论。

儒家看来，天命尽管不可测，但人并非只能听天由命，每一个人都可以积极努力成为君子，改变命运，这就需要修身，人性向善，"使命感与个人不断的修炼，能够使人改造自己的命运，掌握自己的使命"。[3]因此，天命虽不可违，但人的自主性仍很重要。

从天命到人性，从天理到人事，可以看到中华文化的另一面，即对道德伦理的强调。无论是董仲舒的天人合一，还是程朱的天理学说，天命、天理中都体现着人的内在道德，"天的理法以君臣的上下道德为其实际内容，而反逆者违背理法弑君的时候，天地的和气（自然）就将受损"。[4]在政治社会实际中，违德悖礼的行为时有所见，但在文化价值上，礼义道德始终得到弘扬。中华文化缺少宗教因素，崇尚道德伦理，"道德为理性之事，存于个人之自觉自律"。[5]这对于个人的修养提出较高的要求。

在国家制度方面，中华文化呈现出尊崇"祖制"与"因时而变"的辩证观点。中国古代奉行世袭制，本朝开国皇帝或先代皇帝构建的关于国家治理的根本制度，包括皇权的维护与制约、皇位继承、近身群体的特权与制约等，

---

[1] 赵旭东："天下：作为一种中国人的宇宙观"，载《中国儒学》2012年第0期。

[2] （汉）赵岐注、（宋）孙奭疏：《孟子注疏》，中华书局1980年版，第2749页。

[3] 傅佩荣：《傅佩荣的哲学课 先秦儒家哲学》，北京联合出版公司2018年版，第350页。

[4] [日]沟口雄三：《中国的思维世界》，刁榴等译，生活·读书·新知三联书店2014年版，第219页。

[5] 梁漱溟：《中国文化要义》，上海人民出版社2018年版，第126页。

就被作为"祖制"确定下来,以"祖制驳议"等形式保障实施,[1]历代相沿不改。"祖制"传统的背后,是儒家的"崇古"观,孔子言:"周监于二代,郁郁乎文哉!吾从周。"也就是推崇周朝,乃至是更早时期的礼仪制度,认为这些制度是完美的。

在法家看来,法律制度需要因时而变,"圣人不法古,不修今。法古则后于时,修今则塞于势"。[2]也就是治理国家不拘泥于古人,也不刻板地遵循今人,而是因时因势而变,否则就会落后于时代。也就是说,法律制度以至于习俗文化,都需要因时而变,不能抱残守缺。

从形式上看,稳定地传承是中华文化的突出特征,但实际上,从三代到秦汉,再到明清,制度又发生了巨大的变化,无论是政治制度,还是社会制度,都在不同程度地演变。因此之故,稳定传承与因时而变,共同构成中华文化的基本特征,这也是中华文化经久不衰的内在原因。

二、法律的文化阐释

20世纪80年代以来,法学界兴起了法律文化研究,从传统文学、戏剧,乃至契约、碑刻中研究法律,成为一时热点。梁治平的一系列研究,在文化中探求法的精神,包括人们如何看待法律,是否愿意通过法院来解决纠纷,法官们实际上怎样判案?"它要通过文化来阐明法律,透过法律来审视文化。"[3]当然,对中国传统法律文化的研究,并不只是强调它的地方性,而是始终将西方法律作为一种参照,通过比较来说明中国法律文化的特质。

人类学家则将法律看作一种文化,"法律现象是一个社会学的问题,应该在一个文化的脉络中来理解法律是什么"。[4]这涉及习俗,或者民间的制度性规范,在特定的民族区域,法律秩序与文化体系结合在一起,这一视角,将法律文化推至更广的领域。

法律文化具有方法和对象的不同指向,作为对象,它是人类文化的组成

---

[1] 朱勇:"'祖制'的法律解读",载《法学研究》2016年第4期。
[2] 石磊译注:《商君书》,中华书局2011年版,第71页。
[3] 梁治平:《寻求自然秩序中的和谐 中国传统法律文化研究》,商务印书馆2013年版,第1页。
[4] 赵旭东:《法律与文化 法律人类学研究与中国经验》,北京大学出版社2011年版,第24页。

部分，是人类在漫长的文明进步过程中从事法律实践活动所创造的智慧结晶和精神财富，一国的法律文化，是人们对于法律、法律机构及法律职业者等现象或活动的"认识、价值观念、态度、信仰、知识等"。[1]故它更偏重于人们对法律制度的主观认识。

随着国家治理现代化被提上日程，在法律文化之外，指向治理的法治文化受到更多的关注。法治文化包含，但不能归结或等同于"法学文化""法律文化""法制文化""刑罚文化"等，它不是一个部门性的二级文化概念，而是社会整体性的一级文化概念。"法律的表征是条文及强制性的规范，法治的表现形式是法的统治、是一种社会治理模式，法律是实现法治的前提，法治的基础在于有完备的法律。"法治文化是"法治社会呈现出来的一种文化状态和精神风貌"，"更多地侧重于现代"。[2]广义的法治文化包括法律意识、法治信仰及法治思维，法治文化与人治文化对立，是实现了法治的国家和社会所具有的文化，法治被作为普遍的、基本的"生活样式"。[3]

王金霞在类型学的意义上研究了法治文化概念，认为包括作为领域或对象的法治文化，作为方法的法治文化，强调法治文化整体意蕴的法治文化，认为法治文化不仅是研究的领域或对象，还涵盖了对法治历史的理解，以及对现实的批判反思。[4]依此解释，法治文化不仅是静态的文化，还具有推动法治进步的作用。

不同于法制，法治是一种现代的事物，它被认为是与人治根本对立的新的社会组织结构形式，"在法治中，权力虽然作为一种支配力量而存在，但它必须受到法律的控制"。[5]同时，个人的价值和尊严得到保障，这要求有公正的司法审判制度，"一人犯法，此人即被法律惩戒。但除法律之外，再无别物可将此人治罪"。[6]约束权力和保障权利，其基础是相信人的理性，"以理性

---

[1] 刘作翔：《法律文化理论》，商务印书馆1999年版，第81页。
[2] 李德顺主编：《中国特色社会主义法治文化研究》，中国政法大学出版社2016年版，第38页。
[3] 李德顺主编：《中国特色社会主义法治文化研究》，中国政法大学出版社2016年版，第37页。
[4] 王金霞："论当代中国的法治文化概念"，载《中国政法大学学报》2014年第1期。
[5] 王人博、程燎原：《法治论》，广西师范大学出版社2014年版，第104页。
[6] [英]戴雪：《英宪精义》，雷宾南译，中国法制出版社2016年版，第267页。

为背景的规则中心主义",[1]是法治最基本的含义。中国法治有其自身的特色,"我们需要借鉴国外法治的有益经验,但不能照搬别国模式和做法",[2]而应从中国的国情和实际出发,构建中国的法治模式。因此,以下所述法治文化,不仅侧重于符合一般法治精神的文化,更结合中国实际,所谓"优秀"的法治文化,就是在去除了糟粕的基础上的对当代法治建设具有积极价值的法治文化。

在更长的历史脉络中,中国的法治受到道家、墨家等思想的影响,但构成法治文化主体的,仍然是儒法的融合。就其价值取向,更多是儒家的,即主张德礼为本、刑以弼教,甚至在魏晋之后出现了"儒家化"的倾向。实际上,法家的影响依然存在,它强调奖功罚过、一断于法,通过法治实现国家富强。汉唐以后,儒法合流,"通过无孔不入的道德教化与切实有效的刑罚制裁,共同实现主流意识形态与芸芸黔首观念的紧密结合,构成传统中国法制价值体系的德刑治理模式"。[3]是故,儒家的德治与法家的"刑治",共同构成传统法治文化的主体。

三、中华法治文明与文化自信

"法"在中国是一个古老语词,许慎《说文解字》曰:"法,刑也,平之如水,从水。廌所以触不直者去之。"水自然有公平的含义,神兽解廌抵触不直者,"可以想象出审判的痕迹"。[4]在青铜文献及古代先贤的论述中,"法"不同于现代的法律。西周金文中"法"通"废"字,又意指"严正、庄严"等义,但没有后世常见的"刑(型)"义[5]。后来,"法"意指"模范和措施",后来又有"方法"与"技术"之义,[6]如商鞅谓"凡战法必本于政",(《商君书·战法》)进而衍生出法令、规则等含义。

---

[1] 於兴中:《法治与文明秩序》,商务印书馆2020年版,第22页。
[2] 习近平:《论坚持全面依法治国》,中央文献出版社2020年版,第176页。
[3] 马腾:《儒法合流与中国传统法思想阐释》,法律出版社2016年版,第154页。
[4] [日]大庭脩:《秦汉法制史研究》,徐世虹等译,中西书局2017年版,第564页。
[5] 李平:《"法家"新识:道法、儒法与王法》,九州出版社2017年版,第277页。
[6] [美]顾立雅:《申不害 公元前四世纪中国的政治哲学家》,马腾译,江苏人民出版社2019年版,第124页。

中华传统法治文明以儒法思想为内核,以周秦汉唐法制为外在形式,指向国家富强与治理效能的法文化系统。管仲最早提出"威不两错,政不二门……法者,天下之程式也,……以法治国,则举措而已"。[1]韩非子亦有"以法治国,举措而已"(《韩非子·有度》)的说法,显然,"以法治国"不同于现代法治,它旨在强化政令的有效性,公平地施行赏罚,法被作为"治国理政和控制社会的重要手段",[2]"主要目的在驱民于农、战",[3]最终服务于国家富强。然而,从狭义的国家"法治"延伸开去,进入中国古代广阔的思想文化领域,就能看到传统法治文化中蕴含的公平、和谐、仁恕等价值,仍然不乏现代意义。当代中国的法治建设,同样需要传承优秀的法治文化,在法治思想中融入中国法文化,有其内在的缘由。承继中华法治文明,是中华民族文化自信的必然要求。中华文化自商周时代发轫,源远流长,是四大文明古国唯一延续其生命力的国度,一直以其文明优越引以为傲。近代以来,积贫积弱的中国在国际竞争中屡遭挫败,在"强弱决定文野"的氛围中,"西学"开始受到更多人的瞩目和学习,来自西方的法治思想与制度也开始进入中国。公允而言,西方进步文化对中国的现代化起到了一定的推动作用,我们应该积极汲取、认真学习。但是,不应该妄自菲薄,应对中国自身文化充满信心,2016年7月1日,习近平在庆祝中国共产党成立95周年大会上的讲话中指出,在5000多年文明发展中孕育的中华优秀传统文化,在党和人民伟大斗争中孕育的革命文化和社会主义先进文化,积淀着中华民族最深层的精神追求,代表着中华民族独特的精神标识。文化自信是更基础、更广泛、更深厚的自信。对中国文化的正确对待,实际是发起一场新的文化革新,逐步恢复中国思想的主体性、原创性。法治文化是中华优秀传统文化的重要组成部分,正确对待传统法治文化,积极取鉴其优秀成分,正是文化自信的自然表现,也是中华文化传承的重要条件。马克思曾说过,凯尔特人的保存到今天的最古老的法律,使我们看到了仍然充满着活力的氏族;在爱尔兰,甚至到今天,

---

[1] 黎翔凤撰:《管子校注》,梁运华整理,中华书局2004年版,第1213页。
[2] 张晋藩:《全面依法治国与中华法文化的创造性转化研究》,中国政法大学出版社2019年版,第110页。
[3] 时显群:《法家"以法治国"思想研究》,人民出版社2010年版,第143页。

在一个人用暴力炸毁了氏族以后，它至少还本能地存在于人民的意识中。[1] 在法治建设中实现文化自信，就需要正确看待中国传统法文化，建构中国法治的话语体系，这是因为，中国自身的历史文化等因素是西方国家所没有的，是中国社会自身传承下来的，要解决中国问题，建构中国理论，就必须借助本土化、中国化的词语，"基于中国现实需要去解决中国问题，进行中国话语建构"。[2] 只有重建中国法治的主体性话语，掌握法治文明的阐释权与评价权，才能在更深层次上支撑文化自信，也是百年来中国学习西方思想文化发展的内在需要。

承继中华法治文明，有助于构建中国法治话语。回溯中华法治文明，正是要树立中国法治的"主体性"，不断建立对中华优秀法治文明的自信，正如2015年10月20日习近平主席在英国议会发表讲话时所言，民本和法制思想自古有之，几千年前就有"民惟邦本，本固邦宁"的说法。检视历史的实际，传统的"以刑为主"说，也不完全符合历史真实。[3] 现在，中国人民正在推进全面依法治国，既吸收中华法治的优良传统，也借鉴世界各国法治的有益做法，目标就是坚持法律面前人人平等。这说明，法治所包含的平等、自由等价值，具有普遍性，是人类所共同追求的目标，当下中国法治可以在继承传统、融汇中西的基础上，构建更适应国情的法治体系。回顾优秀的中华法治文化，"用自己的法哲学向世界解释中国，用汉语表达自己的秩序原理"，[4] 无疑具有鲜明的时代意义。

传承中华法治文明，是推进当代中国法治建设的必要支撑。文化是一个民族的内在精神，它决定着国家的发展道路与治理模式，法律更需要体现民族的文化和精神，作为一个拥有五千年历史的文化共同体，"中国法治道路的建设不可能是一般法治理论的机械翻版和简单摹印"。[5] 中华文化融入中国人

---

[1] [德] 恩格斯：《家庭、私有制和国家的起源》，中共中央马克思恩格斯列宁斯大林著作编译局编译，人民出版社2018年版，第145页。

[2] 张康之："用中国话语表达中国经验"，载《人民日报》2017年3月22日，第7版。

[3] 杨一凡："重述中国法律思想史"，载《华东政法大学学报》2021年第4期。

[4] 喻中：《论中国法的精神》，陕西人民出版社2019年版，第7页。

[5] 钱锦宇："法治视野中的现代国家治理：目标定位与智识资源"，载《西北大学学报（哲学社会科学版）》2016年第6期。

的血液中，深刻影响着中国人的思维方式、行为习惯，是构成现代法治根基的不可或缺的丰厚土壤。中国特色的法治文化，只有根植于中国的优秀文化土壤，"才能使人们比较容易接受和内化为自己的精神追求，并且融入自己的生活方式中"。[1] 2014年2月17日，习近平在省部级主要领导干部学习贯彻十八届三中全会精神全面深化改革专题研讨班开班仪式上发表重要讲话时提出，一个国家选择什么样的治理体系，是由这个国家的历史传承、文化传统、经济社会发展水平决定的，是由这个国家的人民决定的。同样，走什么样的法治道路、建设什么样的法治体系，是由一国的基本国情决定的。"为国也，观俗立法则治，察国事本则宜。不观时俗，不察国本，则法立而民乱，事剧而功寡。"[2]（《商君书·算地》）实际是提醒当代法治建设，需要考察中国的国情，这当然包含着中国数千年来沿袭的民俗传统。法学家庞德说，中国有着悠久的道德哲学传统，为人们所广泛接受的伦理习俗发轫于此。法治建设，必须研究中国人的实际生活条件和法律适用土壤，研究中国人关于社会秩序的理念，研究中国人对于法律秩序的目标和期待。[3] 法治建设不只关乎立法，亦关系着司法审判。当下一些个案的裁判，之所以引起巨大的舆论争议，很大的原因就在于司法未能充分关照中国的伦理习俗和法律传统，司法判决过分拘泥于西方法律理论和形式化法规条文，严重背离着中国人的日常情感与常识。要改善司法审判，促进法律解释和司法裁判的民意基础，就必须重视传统伦理习俗，这就需要回归对中国历史的研究和体察，需要对中华法律智慧的运用。

现代法治包含一定的价值观念，但更是一种治国理政的方法，是规范人们生活的规则系统，因此，不存在不同法治文明孰优孰劣的问题，只有更适应一国国情的法治模式。我们不仅要重建中国法治文明的信心，理解其不悖于现代法治，更需要充分挖掘天人合一、公平仁恕、情理兼容等中国法文化中的积极因素，提供构建中国法治话语、推进国家治理现代化的智慧资源。

---

[1] 钟奇江："中国特色法治文化的基本特征及构建路径"，载《光明日报》2014年12月11日，第7版。

[2] （清）孙诒让撰：《商子校本》，祝鸿杰点校，中华书局2014年版，第43页。

[3] [美] 庞德："比较法和历史——作为中国法的基础"，载陈煜编译：《传统中国的法律逻辑和司法推理——海外学者中国法论著选译》，中国政法大学出版社2016年版，第11页。

思考题

1. 如何理解传统法治文化的现代价值？
2. 如何看待"法治东方主义"？

阅读书目

1. 段秋关：《中国现代法治及其历史根基》，商务印书馆2018年版。
2. 刘作翔：《法律文化理论》，商务印书馆1999年版。
3. 喻中：《论中国法的精神》，陕西人民出版社2019年版。
4. ［美］络德睦：《法律东方主义 中国、美国与现代法》，魏磊杰译，中国政法大学出版社2016年版。
5. Chen, Li. Chinese Law in Imperial Eyes: Sovereignty, Justice, and Transcultural Politics, Columbia University Press, 2015.

第二讲 平恕信民

中华法治文化的核心要义

任何文化，都包含特定的价值，价值构成了文化的精神面向。中华法治文化以儒家、法家思想为底色，其中蕴含了丰富的价值，它决定着法治的理想与取向，其最为突出者，即是公平、仁恕、诚信与富民。

一、公平

"公平"在现代社会中是居于核心位阶的价值，尤其是在中国文化的语境中，更为凸显。随着法治中国的不断推进，公平之价值正受到越来越多的重视。然而，作为一个中国化的语汇，"公平"在中国历史文化中究竟作何解释，它又与中国人的法律正义观有何联系，却是一个仍然值得继续探讨的问题。中国传统语言文化一般是以字为"元单位"的，而不是词语，词语的出现，是近代以来才出现的。故此，"公平"虽然在古代汉语中亦有所见，但基本上是"公"与"平"两个字的组合，亦即是两个"词"，而不是一个独立的词汇。如陈寅恪所言，中国"一字一部文化史"，古文字蕴含中国文化的"原始基因"，故思想史研究需要重视从文字出发。就此来看，在中国文化中，"公"与"平"确实有着十分紧密的联系，《说文解字》解释"公"，平分也。从八从厶，八犹背也。韩非子曰，背厶为公。从字义解释看，公即含有"平"之意，二者语义紧密地相连。

（一）中国文化中的"公"

中国历史上，很早就出现"公"的用法，但早期未必包含价值观的意义。甲骨文、金文中就有"公"字，据白川静研究，"公"的字形表示："在长方形空框上方左右绘两根直线。长方形空框表示宫室。在其廷前左右设屏障举行仪式。举行仪式的场所的平面图为公。公的初义为公宫。"[1]《尚书》《左传》中使用的"公"，大多是作为名词，即表示次于王的爵位。到春秋时期，

---

[1] [日]白川静：《字统》，平凡社1984年版，第285~286页。

"公"逐渐包含了价值判断,形成了更丰富的意涵,并在宋明以后,不断演进。

首先,可以在价值原理中理解"公"。在中国历史文化中,"公"具有原理性,特别为先秦思想家所重视,《庄子·则阳》谓:"万物者,以数之多者,号而读之。是故天地者形之大者也,阴阳者气之大者也。道者为之公。"[1]在这里,庄子将"公"看作是天地之间具有原理性的道。老子亦在道的范畴中理解"公",但有所不同,"知常容,容乃公,公乃王,王乃天,天乃道",[2]老子认为"公"不只是原理性的道,还具有包容等特性。综合老庄的观念,可以认为,"公"的意涵,是应该放置于万物生成活动的普遍性和根源的统一性中去理解,具有某种自然性的原理。在此意义上,"公"具有了天理性、道义性的意义,相对于国家、社会的公,成为更高位阶的天下之公,"是公义、公正、公平这种原理性的、道义性的天下之公,使得朝廷、国家的公具有了正统性"。[3]在天理、公理的意义上,"公"显然具有类似于自然法的意涵。

其次,需要在公私关系中理解"公"。除了作为原理性的价值观,"公"在中国历史中更多被置于公私关系中去解释。《诗经》中有关狩猎的描述,就有"言私其豵,献豜于公",[4]即小的猎物归"私",大的献"公",到了秋天大家在"公堂"开酒宴。此时猎物之"公",主要指相对于原始社会个体的私有,归入共同体之共同所有。《荀子·不苟》中提及"公士":"分争于中,不以私害之,若是,则可谓公士矣。"[5]此士之"公",正是建立在私利、私心相比较的基础上,在利益纷争中去私、无私,才能称之为"公士"。《韩非子·心度》谓"夫国事务先而一民心,专举公而私不从",[6]意即治国首先要统一民心,专注于国家公事,就能够杜绝各种私欲。《管子·任法》则以治国为例,比较了圣君与乱君公私之别,"上以公正论,以法制断,故任天

---

[1] (清)王先谦撰:《庄子集解》,沈啸寰点校,中华书局1987年版,第234页。
[2] 陈鼓应:《老子注释及评介》,中华书局2009年版,第121页。
[3] [日]沟口雄三:《中国的公与私·公私》,郑静译,生活·读书·新知三联书店2011年版,第50~51页。
[4] 周振甫译注:《诗经译注》,中华书局2010年版,第201页。
[5] (清)王先谦撰:《荀子集解》,沈啸寰、王星贤点校,中华书局1988年版,第50页。
[6] (清)王先谦撰:《韩非子集解》,钟哲点校,中华书局1988年版,第474页。

下而不重也。今乱君则不然。有私视也，故有不见也。有私听也，故有不闻也。有私虑也，故有不知也。夫私者，壅蔽失位之道也。上舍公法而听私说，故群臣百姓皆设私立方以教于国"。[1]君上者如果仅有私心私虑，所见所闻即有所缺失，考虑问题会有不周，治理国家就可能出现偏误。

由此，还需要在国家善治中理解"公"，即政治性的公。《吕氏春秋》中谓：天下，非一人之天下也，天下之天下也。故此，治理国家，"智而用私，不若愚而用公"。[2]实际上是从天下国家之原理性的角度，指出国家非一人一家之"私物"，而是天下众生所公有，故治理天下必须舍私取公。《管子·任法》中论述统治之道及法制时，亦多次强调"公"之重要性，圣君"任公而不任私"，"舍公而好私，故民离法而妄行"。[3]在管子看来，无论是国家统治的原则，还是法制的精神，都需要秉承"公"，法制唯有以大多数人的利益为依归，才能得到民众的认同与尊奉，若仅为一人一家之法，自然无法使民众自觉地依从，"离法而妄行"的现象即难以避免。朱熹认为，为官获得威信的关键在于"公"，"官无大小，凡事只是一个公。若公时，做得来也精彩，便若小官，人也望风畏服"。[4]可见，公成为为官的美德，也是有效治理的基础。

（二）中国文化中的"平"

"平"在中国历史文化中也是一个常见的字，《说文解字》中解释"平"："语平舒也，从亏从八。八，分也。爰礼说。"注有"从八之意，分之而匀适则平舒矣"。《文子·上德》中谓"地平则水不流，轻重均则衡不倾"。[5]也就是说，"平"从字义讲，有上下平齐、比例和谐之意，均分、匀平是其原初意涵，最初表达的主要是度量衡或财产的分配，这是它与"公"的不同之处。

在社会财产关系中，"平"被理解为均平或"平分"。《周礼》中有"贾师各掌其次之货贿之治，辨其物而均平之"。[6]此"平"谓财货之平均、平

---

[1] 黎翔凤撰：《管子校注》，梁运华整理，中华书局2004年版，第911页。
[2] 许维遹撰：《吕氏春秋集释》，梁运华整理，中华书局2009年版，第15页。
[3] 黎翔凤撰：《管子校注》，梁运华整理，中华书局2004年版，第900页。
[4] （宋）黎靖德编：《朱子语类》，黄珅、曹姗姗注评，凤凰出版社2013年版，第141页。
[5] 王利器撰：《文子疏义》，中华书局2000年版，第300页。
[6] （清）孙诒让撰：《周礼正义》，王文锦、陈玉霞点校，中华书局1987年版，第1090页。

衡。"平"亦指赋役分配之均平,《临川先生文集·上五事札子》载,"今一旦变之,则使之家至户到,均平如一,举天下之役,人人用募,释天下之农,归于畎亩,苟不得其人而行,则五等必不平,而募役必不均矣"。[1]在物资相对匮乏时代,财富、赋役之均平、公正,成为民众信服、国家安定的重要前提,《盐铁论·轻重》载,"夫理国之道,除秽锄豪,然后百姓均平,各安其宇"。[2]这即是说,治理国家首要的,是让财富分配均平,然后才能天下安宁。中国社会财富领域中的均平观,需要被置于农业社会这一历史传统中理解,农业社会是一个平面社会,农民各自的生产条件大体接近,劳动能力大体相近,故生产产出也相近,由此产生出"均平"的意识。换言之,在中国农耕社会文化中,财富之均平,构成一种朴素的但又极为重要的正义观。

值得注意的是,中国文化中的"平",并非无条件的绝对的均平,或平等,它仍然受制于尊卑等级身份之"礼"的制约,天子诸侯庶人之间的均平,其实是上下各自事尊长尽礼分上无例外的均平。吕坤言:"'平'之一字极有意味,所以至治之世只说个天下平。……世间千种人,万般物,百样事,各有分量,各有差等,只各安其位,而无一毫拂戾不安之意,这便是太平。"[3]即"平"并非财富之平均,而是在礼的等级秩序下,人们各守尊卑、贵贱、大小之分,各能安守其位,才能实现平正安宁。然而,在人伦格局之下,这种"平"却又不是固定不变的,而是随着人身份或家族位置的变化,呈现"地位的递进或轮替",[4]即一种动态性的变迁与平衡。与之相对,墨子从"兼爱"思想出发,"力倡一种弱化亲疏差别、平等普遍的爱以及平等规范体系"。[5]

由物质均平,引申在政治道德中,"平"具有公允、平正之义。商鞅赏罚之论,尤其重视按照功劳来公允地行赏或惩罚,《商君书·算地》载,"则上下之称平。上下之称平,则臣得尽其力"。三国时,诸葛亮出师前曾告诫刘禅,对作奸犯科或良善者,"宜付有司论其刑赏,以昭陛下平明之理,不宜偏

---

[1] (宋)詹大和等撰:《王安石年谱三种》,裴汝诚点校,中华书局1994年版,第474页。
[2] 王利器校注:《盐铁论校注》,中华书局1992年版,第179页。
[3] (明)吕坤撰:《吕坤全集》(中),王国轩、王秀梅整理,中华书局2008年版,第846页。
[4] 翟学伟:"伦:中国人之思想与社会的共同基础",载《社会》2016年第5期。
[5] 马腾:《墨家"兼爱"法思想的现代诠释》,高等教育出版社2017年版,第82页。

私"。此"平"即意指处事公允、公正无私,这一"平",尤其体现在奖罚中,并与偏私相对。《南史》记载循吏李元德,谓之"清勤均平,奸盗止息",[1]其中"平"即形容其为官平正、公允,不徇私情。

在法律意义中,"平"被理解成"宽平"或平直。许慎《说文解字》释法,"平之如水,从水"。《论衡》谓:"皋陶治狱,其罪疑者令羊触之,有罪则触,无罪则不触。"[2]是故,法是用廌触罪,使平如水的一个会意字,因为水具有"平"的含义,[3]所谓"水无高下,一经流注无不得平",[4]即如水一般"平",成为法律平允最初的意象。"律"本来是指竹制乐器,秦汉时,法令著于竹简,即被称作律,由于音乐与礼同等重要,在此基础上产生的律是标准,"是应当遵循的基准"。[5]究其本意,亦强调该基准的客观允平,以此来规范所有人的行为。

法律之"宽平",主要是在立法的意义上,这一特点在唐代尤为凸显,后人赞誉唐律"得古今之平",正是肯定其立法宽平,不过分严苛。立法之"平",一方面是指"轻刑",在"礼"的指导下,"唐律所规定的刑制,与历代律典相比较,均属平缓,不轻不重,适得其中"。[6]另一方面是指"宽简",在前朝律典的基础上,唐律删繁就简,结构均衡,这也是"平"之保证。魏征认为,法律是"国之权衡,时之准绳",故"作法贵其宽平",此所谓宽平,主要是指立法秉持"恕"道,用刑轻缓、宽容公平。法律之平直,则主要体现在法律实施,尤其是司法过程中,依唐太宗之意,司法平直,即不枉不纵,完全依法而断,而不别亲疏,他特别赞赏诸葛亮之用法为政,称其为"平直","开诚心,布公道,尽忠益时者,虽仇必赏;犯法怠慢者,虽亲必罚"。(《三国志·诸葛亮传》)以"平直"形容诸葛亮不避亲仇、"一断于法",虽不无法家"一刑一赏"之意,却也暗含了在法令面前平等对待的精神,这更是现代法治的要义。

---

[1]《南史·循吏传》。
[2] 黄晖撰:《论衡校释(附刘盼遂集解)》,中华书局1990年版,第760页。
[3] 徐忠明:《明镜高悬:中国法律文化的多维观照》,广西师范大学出版社2014年版,第18页。
[4](明)吕坤撰:《吕坤全集》(中),王国轩、王秀梅整理,中华书局2008年版,第864页。
[5][日]大庭脩:《秦汉法制史研究》,徐世虹等译,中西书局2017年版,第564页。
[6] 闫强乐:"唐代诉讼文明的精神内核",载《学习时报》2018年8月6日,第A3版。

在司法中,"平"意指"平狱",其基本内涵,包括"罚当其罪",以及"一定程度的平等性和公平性"。[1]"公平地处理狱讼之事,是实现'平'的首要课题。"[2]要做到公平地审断,需要司法官审慎的态度,以"五听"等方式确认案件事实,合理地处理疑案。司法中还有"平恕"之称,如唐贞观元年(627年),御史崔仁师谓,"凡治狱当以平恕为本",[3]亦即用法宽平,而不深文枉滥。"平狱"也意味着要以事实为本,"哀矜以雪冤狱",避免司法中的冤错,正如唐诏令曰:"无幽不烛,下人上诉,在屈必申,将使处岩廊者,户牖绝千里之遥;御亿兆者,阙廷无九重之隔。故尧推心以抚俗,业济天下;汤克己以察冤,惠孚海内。"[4]由是,"治狱贵平"、断狱"平恕",成为古代司法者最重要的信条。

(三)"公平"之含义

"公"与"平"在中国历史文化中虽然是独立的两个词汇,但二者又有着紧密的语义联系。不止前述《说文解字》,《春秋·元命苞》亦言:"公者,为言平也,公平正直。"[5]即以"平"解释"公",表示两者间语义的联系,公平蕴含着共同的价值指向,可以放在一起予以解释。

公平作为一种同义反复,在中国古代思想家著述中多有提及,《管子》中有:"天公平而无私,故美恶莫不覆;地公平而无私,故小大莫不载。"[6]这里的"公平",被作为无私的反面,反映出天地之自然的属性。《吕氏春秋》将公平引入国家统治:"昔先圣王之治天下也,必先公。公则天下平矣。平得于公。尝试观于上志,有得天下者众矣,其得之以公,其失之必以偏。"[7]此时"公"被作为天下平之原因,"平"则是"公"的结果,君主只有施政以公,才能实现天下太平,若治国偏私,则难以服众,天下平亦无由实现。从

---

[1] 潘萍:《"平"——中国传统司法理念及其实践研究》,中国政法大学出版社2021年版,第100~101页。
[2] 高明士:《中国中古礼律综论 法文化的定型》,商务印书馆2017年版,第92页。
[3] (宋)司马光编撰:《资治通鉴》卷一百九十二,中华书局2009年,第2327页。
[4] (宋)宋敏求编:《唐大诏令集》卷八十二,中华书局2008年,第472页。
[5] 汪受宽译注:《孝经译注》,上海古籍出版社2007年版,第37页。
[6] 黎翔凤撰:《管子校注》,梁运华整理,中华书局2004年版,第1178页。
[7] 许维遹撰:《吕氏春秋集释》,梁运华整理,中华书局2009年版,第24页。

个人修身养性之内在化的角度，程颐认为："忠恕所以公平，造德则自忠恕，其致则公平。"[1]此公平之获得，更在于个人道德修养，以"仁""恕"的精神为人处世，自然能无私无偏，达致所谓公平。而此公平之意，大致与忠恕、仁爱相近。

从中国文化之公与私的角度，公与平有语义上的连接。《荀子》谓："探筹、投钩者，所以为公也；上好曲私，则臣下百吏是而后偏。衡石、称县者，所以为平也。"[2]"衡石"等度量标准，因其客观性，能够较好地保证均平，而探筹、投钩等方法，具有极大的偶然性，却是从机会上保证均等，故"子华子曰：分财贿而投钩策，非以夫钩策者为能均也，使善恶多寡无所归怨也"。[3]法律的制定，亦有类似的作用，《慎子》说："故蓍龟，所以立公识也；权衡，所以立公正也；书契，所以立公信也；度量，所以立公审也；法制礼籍，所以立公义也。凡立公，所以弃私也。"[4]与蓍龟、权衡一样，法制也是出于公义，要创造一种机会的均等，依据既定之法制，民众就能够安于得失、输赢，而不会产生"怨望"，进而就可能形成安宁平和的社会理想。

法律之公平，不止体现于立法中，更需要落实于法律的实施过程。魏征言："凡听讼理狱，必原父子之亲，立君臣之义，权轻重之序，测浅深之量。……凡理狱之情，必本所犯之事为主，不严讯，不旁求，不贵多端，以见聪明，故律正其举劾之法，参伍其辞，所以求实也，非所以饰实也。……今作法贵其宽平，罪人欲其严酷，喜怒肆志，高下在心，是则舍准绳以正曲直，弃权衡而定轻重者也。"[5]从魏征所批评之司法严苛之反面看，所谓公平，实质就是法律实施的公正，或正义，即凭着司法者的良知，本着一定的原则，实现法律中的正义，当然随着时代的不同，法律原则亦有别，如唐代法制的主要原则即是君臣父子之义，并以儒家礼制原情定罪；在宋代，士大夫司法中则追求"极天下之公平"，使法律适用"达到保障个人权利与修复社会秩序之目

---

[1] （宋）程颢、程颐撰：《二程遗书》，潘富恩导读，上海古籍出版社2000年版，第197页。
[2] （清）王先谦撰：《荀子集解》，沈啸寰、王星贤点校，中华书局1988年版，第230页。
[3] 许富宏撰：《慎子集校集注》，中华书局2013年版，第19页。
[4] 许富宏撰：《慎子集校集注》，中华书局2013年版，第18页。
[5] （唐）吴兢撰：《贞观政要集校》，谢保成集校，中华书局2009年版，第296～297页。

的"。[1]

概而论之,不同于西方文化的正义、公正,公平可以说是一个真正的中国概念,是中国法治文化的核心理念。中国历史文化中的"公""平",从原初意义看,作为均平、无私的自然意象,是一种同义反复,又互为解释。同时,"公平"又含有语义上的连接与递进,无论度量权衡,还是财富分配,公成为平的前提,只有方法为公,去除个人之偏私,才能实现"平"之结果。中国文化中公平的内在逻辑,并非绝对地平均,而是强调平等对待,不偏不倚,它不是一种形式理性化的"超验",而是来自中国农耕文化的"实践理性",是否公平,也需要在具体情境下,经验性地去把握,进而成为一种情境化、动态性的平衡。在法律意义上,公平主要指涉立法与司法两个层面,就立法而言,意指法律制定出自公心、指向公益,而不是一己之私,同时又能做到简要宽平,尤其是轻缓刑罚;在司法中,则要求公正宽平,不肆意重刑、罪人严苛。由此延伸,在治国中,要求君上能公平正直、仁爱忠恕,要实现此目标,既需要君主的道德自省,又要求臣民的道德修养,在君上仁恕有德、任公去私的前提下,逐渐在社会施行道德教化,就能够达到公正平允,最终实现国家的安宁有序。

二、仁恕

自周秦发轫,一直延至清末变法,中华法治文化曲折演进数千年之久,汉唐以后,其影响更波及日本、越南等东南亚诸国。中华法系及潜存其内的中华法文化,内蕴丰厚,又表现出诸多鲜明的特征,比如教化为本、刑罚为辅的礼教主义;以家为基本单位,注重等级尊卑的家族观念;体例谨严、用语考究的法典编纂,还有贬弃讼争、注重调解的无讼思想,凡此种种,都显示出中华法文化独有的价值取向。然而,仔细检视中华法的实际,特别是将其置于几千年的动态发展中,又可以看到不少内在的、似乎难以调和的矛盾,比如一方面提倡礼教为先,执法"仁恕",另一方面却在不同时期表现出严

---

[1] 刘舟祺:"'酌情据法,以平其事'——从两则立继类书判论宋代士大夫民事司法的价值追求与实践技艺",载里赞主编:《法律史评论》(2019 年第 1 卷),社会科学文献出版社 2019 年版,第 94 页。

苛的面相。当下再来回顾中华法，不仅需要直面这些内在的矛盾，还要理解其内在的逻辑，进而在建设现代法治过程中，更好实现中华法的"创造性转化"。

（一）中华法之"深刻"面相

尽管我们对中华法抱有温情脉脉的想象，也不能否认古代有"民事法律"的存在，但窥诸实际，刑律与刑罚仍是中华法的主要内容。

自秦朝始，律法便有严苛化的倾向。秦朝的罪名极多，不仅有谋反、操国事不道，泄露皇帝行踪、住所等大罪，还有诸多一般行为被入罪，如诽谤、妖言；诅咒、妄言；非所宜言、投寄匿名信等。秦始皇还接受丞相李斯的建议，发布禁书令，不仅烧了官府之外的藏书，"有敢偶语《诗》《书》者弃市，以古非今者族，吏见知不举者与同罪"。[1]即百姓若学习、谈论《诗经》等古书的，要在闹市中处以死刑，与众弃之；不学法令，却以古代经义批评秦朝的，则要夷三族，父母、兄弟、妻子等都要受到株连；甚至是地方官吏知悉上述情况而不纠举的，也要受到惩罚。事实上，秦法的严苛并不止于此。秦朝刑罚分为笞刑、徒刑、肉刑、死刑、羞辱刑等八大类，总共几十种刑罚。如肉刑又分为墨、劓、刖、宫等残害肢体的刑罚。死刑的执行方式更多，不仅有带羞辱性的"弃市""戮刑"，还包括腰斩、车裂、定杀、坑杀等极端残暴的刑罚。更为严苛的是族刑或株连刑，对犯罪者判处刑罚时，不限于本人，还延及亲族，轻者将其妻子、子女没收为官奴婢，重者将父族、母族、妻族等众亲属诛杀。秦朝实行苛法，依循的是法家的理论，《韩非子·饬令》载，"行刑，重其轻者，轻者不至，重者不来，此谓以刑去刑"。但实际上，极度依赖重刑的治理方式只能起一时之效，最终未能避免秦亡的结果。

汉代虽然有文景刑罚改革，但仍然保留有笞刑、弃市等刑罚，其改革亦不免外轻实重的诟病。唐太宗时有宽刑之名，但武则天时代，刑罚酷烈的一面又开始显现。到了明代，太祖朱元璋奉行重典治国的思想，为了巩固政权，他不仅亲自参与了《大明律》的制定，还颁布了四篇《大诰》，以残酷的刑罚治理各级官吏，镇压人民的反抗。法外施刑的《大诰》，虽立意于教化，但

---

[1]《史记·秦始皇本纪》。

却以严刑酷法作为保障，对不服教化的"奸顽"之民，施以严苛刑罚，重惩不贷。对贪渎官吏，同样以重罚惩治，仅郭桓一案，只因朱元璋怀疑天下"诸司尽皆赃罪"，就把几个部的尚书及左右侍郎全部处死，又牵涉各级地方官吏，辗转株连，前后数万人受到刑罚，其用刑苛严，足见一斑。

秦、明等时代用刑"深刻"，是与法家思想紧密相关的。不同于儒家对刑罚作用有限性的认识，法家全面肯定"刑治"的作用，甚至提出"以刑去刑"，即只有极为严苛的刑罚才能起到威慑作用，从而减少人们触犯刑法的可能。这一思想尤为体现在"弃灰之法"中，尽管这一源自"汤刑"的法令被沈家本认为"此法太重，恐失其实"，殷商、秦朝是否真实存在仍存疑，但其立法思想却为秦人所信奉，李斯曾说："故商君之法，刑弃灰于道者。夫弃灰，薄罪也；而被刑，重罚也。彼唯明主能深督轻罪。夫罪轻且督深，而况有重罪乎？故民不敢犯也。"[1]对弃灰于道的行为，即便在李斯看来，也属于"薄罪"，之所以要处以重刑，正是为了提高法令的苛严，使百姓不敢违犯。

(二) 中华法之"仁恕"底蕴

不同于个别时代的用刑"深刻"，中华法文化同时贯穿着"仁恕"底蕴。在中国文化中，"仁"是指仁爱、宽仁，是一种发生于人身体内部的心态；"恕"按字面意思是"如心"，即是"己心如人心"或"人心如己心"，也就是以己之心、度人之心，设身处地为人考虑，故"仁恕"合起来意指由己出发的宽容、爱人。除却以法为教的秦朝之外，无论是汉唐，还是明清，在法律思想中都包含宽仁的因素，即便是以重典著称的朱元璋，早年也曾强调"治狱以宽厚为本"。故仁恕可以说是中华法文化更为持久、更为根本的底色。

儒家经典《论语》自始至终贯彻着"仁恕"之道，孔子将孝悌忠信等一切美好的德性，都融入"仁"之中，践行仁德，是人之为人的先决条件。是故，在孔子看来，仁既指日常生活中"爱人"，又有更深层次的丰富内涵："克己复礼"为仁，"己所不欲，勿施于人"为仁，"其言也讱"亦为仁。孔子所谓的"仁"，或曰"泛爱众"，本质是突破了家族内部成员的爱，"基于

---

[1]《史记·李斯列传》。

所有人生而平等的信念,因而是革命性的变化"。[1]仁与恕紧密相关,为"仁"的方法,在于行"忠恕"之道。子贡曾问孔子,有没有一句话可以终身奉行,孔子回答:"其恕乎!己所不欲,勿施于人。"(《论语·卫灵公》)与积极主动的立人达人不同,"恕"要求推己及人,对人的不足或缺陷要有宽容、原宥与谅解之意,"只是它不是对自己宽容、谅解,而是对别人宽容、谅解"。[2]以孝悌为本,行忠恕之道,也就践行了"仁"。孔子的仁恕之道,有重要的时代背景,春秋以来社会变动剧烈,中原大地上的血族逐渐崩解,"以往隶属于不同血族的人们相互间究竟如何交往;中原文化圈又当如何对待尚未融入的外部族"。种种问题,使得孔子提出了"恕道","即中原文化圈内部渐趋融合的不同血族之间应该互相包容",[3]由"恕道"之包容,推及良善德行,最终形成了仁与恕的统一。

孔子不仅多次论述仁恕,他还身体力行。叶公曾经告诉孔子说,我们那里有个坦白直率的人,他父亲偷了羊,便告发。孔子则说,我们那里直率的人与你们不同,"父为子隐,子为父隐",直率、道义就在其中。(《论语·子路》)这则对话,看起来似乎表现的是父慈子孝,但从执法者而言,父子相隐亦不为罪,自然包含仁恕之意。孔子曾经担任鲁国司寇,有一对父子因琐事争讼,孔子拘禁了儿子,三个月不予判决。父亲请求撤销诉讼,孔子才释放儿子。季孙听说此事,生气地说:"这个老头子欺骗我,他说治理国家要遵从孝道。现在杀一个不孝的人,能够警示天下所有不孝的人,可又把他放了。"孔子知道后,叹息说:"君主丧失了孝道,却要杀掉不孝的百姓,这行吗?不教育自己的百姓,却惩罚他们,杀掉无辜的人。不用刑罚是因为罪责不在百姓身上。法令松弛,刑罚却很严苛,这是残暴的制度。《尚书》说,要根据道义来施刑,根据道义来诛杀。意思就是要先教育。"孔子之意,是先教后刑,但在此案的处理中,无疑表现其宽仁、原宥之意,只要有过者愿意改之,司法者应当避免使用苛刑。明代吕坤指出,法律贵在平,但君子又融入

---

[1] Yongping Liu, Origins of Chinese Law, Oxford University Press 1998, p. 92.
[2] 何怀宏:《良心论 传统良知的社会转化》,北京大学出版社2017年版,第187页。
[3] 朱腾:《早期中国礼的演变 以春秋三传为中心》,商务印书馆2018年版,第147页。

"恕","平者,圣人之公也;恕者,圣人之仁也"。[1]很显然,仁恕是对法律之治更高的评价。

以孔子为代表的儒家"仁恕"思想,在历代法制中得到了体现。西周时,幼弱、老耄、愚蠢犯罪,或免刑,或减刑,称为"三纵";不识、遗忘、过失犯罪减轻刑罚,称为"三宥",都是仁道的表现。汉唐时"八议"中议贤、议能、议勤、议亲亦与仁爱有关。《天圣令》中,"诸狱皆厚铺席荐,夏月置浆水。其囚每月一沐"。[2]宋至明清的自首、自告法,允许其犯罪知悔,改过自新;明清时,多有"法外施仁"的司法实践,宽厚处理被告人,"这与仁爱思想的本质'爱人'是一致的"。[3]历代又多有恩赦之法,在一定时日或条件下免除其罪刑,均为恕道之表现。是故,传统法治的最高理想,"期于措刑罚而不用;若不得已而用刑,则科刑准则一依于矜恤主义"。[4]矜恤或者仁恕的本意,并非轻纵,而是基于仁爱,"尤其本于劝人为善之信条,凡犯罪知悔,往往许其改过自新",[5]以此来实现社会的善治。

(三)迈向尊重权利的现代法治

中华法中深刻与仁恕的"矛盾"面相,其实有其内在的逻辑。总体而言,崇尚仁恕是中华法文化一以贯之的基本属性,而"深刻"只是特定时代的"畸形"发展形式。而且,即便是赞同苛严与"重刑",多数还是需要儒家之仁道予以论证,明代吕坤曾言:"姑息以养民之恶,卒至废弛玩,令不行,禁不止,小人纵恶,善良吞泣,则孔子之罪人也。故曰居上者以宽为本,未尝以宽为政。严也者,所以成其宽也。"[6]仁爱、宽平,自然是儒家的观点,但吕坤之意,一味地追求宽,实际上是小人为恶的放纵,反使善良、守法者饮泣,实与孔子之仁政相悖,杀一二而救千万,亦能成就"大仁"。因此,严刑

---

[1] (明)吕坤撰:《吕坤全集》(中),王国轩、王秀梅整理,中华书局2008年版,第827页。
[2] 天一阁博物馆、中国社会科学院历史研究所天圣令整理课题组校证:《天一阁藏明钞本天圣令校证 附唐令复原研究》,中华书局2006年版,第337页。
[3] 蒋铁初:"古代中国的法外施仁及其法文化解读",载里赞主编:《法律史评论》(2019年第1卷),社会科学文献出版社2019年版,第69页。
[4] 张金鉴:《中国法制史概要》,正中书局1973年版,第9页。
[5] 陈顾远:《中国法制史概要》,三民书局1977年版,第56页。
[6] (明)吕坤撰:《吕坤全集》(上),王国轩、王秀梅整理,中华书局2008年版,第279页。

苛罚只是中华法之"用",是特定时期的、非正常的表现形式,而仁恕才是中华法的本体,是需要尊崇的根本价值。

仁恕之道,一方面要求同时看到自己和他人,同时看到人的优点与弱点,却更强调自己的弱点,强调严于律己,于此才能容,才能让;另一方面它要求设身处地去理解他人,在尊重基本原则的前提下去谅解、原宥,故不同于姑息,亦不同于乡愿。孔子之立人达人,是隐含一种人格平等的意思的,即他人应当有和我一样的生存和活动空间,这就要限制自己去凌驾于他人。他点出了仁恕的现代价值,在社会共同体中,我们既要维护自己的权利,又要尊重他人生存的权利,无论身份地位,大家在人格上是平等的,这也是"仁恕"可以在现代作创造性转化的内在缘由。

对法治或司法而言,仁恕要求真正地做到以人为本,平等地去尊重和保护每个人的权利。当然,现代法治是规则之治,杀人即要受刑,欠债需要还钱,罪与刑,权利与义务都是相对应的,是不能随意超脱法律规则的。但是立法者或司法者,都应该本着一种爱与宽恕的精神去制定或施行法律,能够怀着良知、推己及人地作出公平的裁断,那就能无限地接近理想的正义。

三、诚信

契约精神是现代法治与文明社会的主流精神,在广义上基本与法治精神等同。但在狭义上,主要是私人契约精神,包含契约自由、契约平等、契约信守及契约救济的精神,其中最重要的就是诚实有信,这是支撑现代市场经济的重要价值基础。由于改革开放初期,社会主义法制尚不健全,一度存在对"契约"的不尊重,背信毁约现象屡屡发生,以及司法对契约救济的不力,导致一些人指出中国人缺乏契约精神,甚至从文化的角度,提出中国历来就没有契约传统。与此形成照应的是,部分学者从现代民法的角度对于中国契约史的研究,同样给人增添中国没有契约传统、中国不是一个"契约社会"等负面的印象。但是回溯历史的真实,中国人真的没有契约精神,中国真的没有契约传统吗?

先不说"契约精神",仅仅就契约文书本身而言,这样的指责就缺乏根基。与某些人的空想相反,契约在中国有着悠久的历史。早在西周时期,中国就出现了刻在铜鼎上的买卖契约。到了秦汉，民人有关交易的契约被记载到竹简上，其数量已经颇为可观。魏晋以来，大量的布帛、纸质契约文书已经出现，一直延至明清，仅留存至今的，即数以千万计。我们当然不能说中国存在契约文书就有"契约精神"，但数量庞大的契约文书无疑是我们观察中国契约传统的一个窗口。

中国历代民间的大量契约，很明显得到了实际的履行。一些研究者通过对历代契约文本，特别是清代契约的考察，发现民间契约的有效运作，原因主要不在于官方法律的保障，而是由于"契约的自己执行的性质"，尽管这种"自己执行"远非完美，但由于传统契约中这种复杂制度安排的存在，商业中大量个人间交易的顺利完成并不依赖于司法系统或者非正式的社会控制，而更多的是依靠契约形式的发展以及契约中重要的实体性规范，美国学者布洛克曼（Brockman）认为，这些规范直接构成了保障契约自己实施和自己履行的机制，包括交付商品、定金等。[1]如果仔细审视，历代留存的契约文书，确实透露出不少有关订约、履约规范的信息。这种保障契约履行的因素，可以从三个方面去看。

第一，担保、违约罚等民间契约习惯促成了契约的履行。担保责任、定金、违约罚等民间契约制度设计，使得立约各方在现实利益的比较、衡量中形成某种压力，因此总是会朝着履行的方向努力。即使不能强制性地从不遵守约定的人那里夺回应有的利益，至少还存在获得违约赔偿或今后再也不与此人交易的选择机会。因此日本学者寺田浩明才提出，各项契约惯例的存在，使当事人如果从长远考虑的话，对契约的履行才是最大的利益。

第二，从契约文本中看，中人、保人、见人等一系列角色的参与，正是基于建立在熟人社会与亲族伦理网络之间形成的对个人人格的相互信任，因而契约中带有浓厚的人伦色彩。通过私人关系网络来缔结契约并使之获得担保的普遍做法意味着把具体的个人之间建立的伦理道德带入或融入追求功利的一般交易中去，这些亲缘角色，往往通过签字、画押、见证等方式参与契约履行的过程。在传统中国家族社会中，这种伦理关系网的约束，不啻是契

---

[1]［日］岸本美绪："明清契约文书"，王亚新译，载［日］滋贺秀三等：《明清时期的民事审判与民间契约》，王亚新、梁治平编，王亚新、范愉、陈少峰译，法律出版社1998年版，第313页。

约得到有效履行的另一个重要因素。

第三,中国传统的礼俗文化观,亦成为履约的重要保障。儒家历来倡导诚实有信的正面价值,要求"人言为信","人而无信,不知其可也",故"画指为信""立据为信"是历代契约书写的惯用语;佛教、道教等又以"违契遭报"等观念,从反面督促契约的诚信履行,如唐代西州的一份契约约定"若违此约,地府主吏,自当祸",明确写明如不遵守约定,将会遭遇灾祸。这些礼俗文化观,虽然未必符合现代的科学精神,但确实从各个角度塑造了中国人特有的契约精神,维系着民间契约的实际运行。概言之,契约惯例、契约伦理,以及文化礼俗的影响,一起形成了传统中国人"民有私约如律令"的观念,从而有效实现了契约的履行。

在古代中国,不仅契约文书自身包含了诸多实际履行的保障因素,事实上国家法制及司法亦对诚信履约极端重视,提供了诸多契约权利的救济之道。早在唐代的律令制度中,就包含保障契约履行的法律条文。《唐律疏议》之"杂律"明确规定:"诸负债违契不偿,一匹以上,违二十日笞二十,二十日加一等,罪止杖六十;三十匹,加二等;百匹,又加三等。各令备偿。"[1] 唐律对"违契"的解释是"违约乖期不偿",也就是说,负债签订有借贷契约,不依照约定如期履行偿还义务,就要担负刑事责任,按照违约的天数,分别处以笞、杖刑,最高可以"徒一年"。这一规定,虽然主要是针对借贷契约的,但窥诸立法本意,亦包含对契约履行中诚实信用的积极导向,虽然在实际中是通过刑罚威慑的方式来实现的。《大清律例》中亦有明确的条文,规定了"负欠私债违约不还者"要处以刑罚,如果发生争讼,只要"验有亲族写立分书,已定出卖文契是实者",就承认被告的所有权。在涉及契约的法律裁判中,背信、违契等行为也是历代司法制裁的对象。契约是涉及财产争讼的重要证据,《周礼》即有"讼则案券以正之"的记载。清代规范诉讼的"状式条例"中,更明确"田土债负无地邻中保及粘连契券者不准"。司法官往往要先参考契约文书,在仅仅是一方当事人由于个人原因而食言的情况下,通常通过出示契约文书来证明当事人当时确实做过承诺,从而依法强制履行。

---

[1] 刘俊文撰:《唐律疏议笺解》,中华书局1996年版,第1803页。

如果当事人不能履行，或故意违约，则被认为是一种刑事犯罪，要根据具体情节处以幅度不一的刑罚。这种情况下，背信违约不再仅仅是一种道德上或礼俗上令人不齿的行为，更成为受到国家法规范的、实实在在的犯罪，这对于契约当事人的约束力不言而喻。宋代《名公书判清明集》卷九记载了一个"揩改契书占据不肯还赎"的判例，典主背信弃义，篡改契约文书占据典田不允取赎，司法官判曰：揆之理法，无一而可。迁延占据，揩改文书二罪论之，勘下杖一百，押下县，交领寄库钱，会退赎。如能悔过，却与免决。[1] 很显然，对契约的毁弃，在传统司法中不仅仅是一种道德瑕疵，更是律令所禁止的"罪"，要受到法律的责罚。

中国传统社会深受儒家伦理道德的影响，在儒家"亲亲尊尊"思想的影响下，中国传统社会形成了强烈的家族主义意识，从西周至秦汉，整个国家的政治结构可以说都是一种家族治理模式，中国的国家起源方式是以氏族的血缘家族关系为基础的，家族是国家赖以生存的根基，国家又不断强化家族，形成稳固的宗法家长制。维护宗法家长制的重要地位，使中国传统伦理非常重视调节家族成员关系的家庭伦理，置它高于社会伦理，在一定意义上，家庭道德规范成为首要的伦理原则。正是因为家国一体的国家体制，以及由此形成的家庭伦理道德的一统天下，使得整个社会的价值准则就是追求"亲亲尊尊"，就是追求"忠孝节义"，而这样的伦理道德观，深深影响着中国传统契约观念。

与家族主义意识相关的是，中国传统文化极其强调"团体性"，从一户、一家乃至一族，次第形成一个共存共生的整体，个人不是独立的主体，没有独立的利益和权利，而是依附于某一群体，一切服从于群体的安排，人的权利和义务的分配主要依据人的身份，显示出极大的不平等性。整体观的宣扬，必然伴随着对个人主义的不齿，现代契约法追求的个人自主、个人权利，在这样的社会意识下，是不能得到容忍的。

如果回到宋代，要订立买卖土地的契约，必须先看本家族成员是否要买，也就是本宗成员具有优先购买权；本宗成员不要，还要再问邻居，只有当他

---

[1] 中国社会科学院历史研究所宋辽金元史研究室点校：《名公书判清明集》，中华书局1987年版，第315页。

们都不要时，才可以卖给"外人"。宋太祖开宝二年（969年），更是对于亲邻的先买权进一步明确：家族亲属是先问房亲，遵循血缘关系由近到远，依次递减的顺序询问。邻居则是以东南为上，西北次之，上邻不买，接下来才可以问次邻。亲族四邻都不要，才可以找外边的买家。到了南宋时期，又严格限定了亲邻的概念，将房亲、邻人作为同一主体所必须同时具备的两个条件，也就是说必须既是房亲又是邻居，或者说你这块地的四至，紧邻的土地就是你的近亲属的，那你才需要先征求他的意见，也就是他有购买的优先权。只要他不买了，这时候才可以卖给其他人，如果不经过这样的步骤，擅自卖给外人，是要受到法律追究的。宋代类似的案子层出不穷，而官府也大多不承认这样的卖地契约成立，并且还要追究偷偷卖地人的责任。

唐宋以后，佛教在民间非常流行，佛教戒条中的"不妄语"也很大地影响了中国人的契约观。佛教经义认为，随便妄语，不讲诚信，到最后伤身败德，害了自己，苦了他人，毫无利益。在平时虚伪夸张，或者故意掩饰真意，都属于"妄语"。妄语不但欺人，而且自欺，为佛教徒之大忌，会在来世招来报应。由于有这样的观念存在，人们在订立和履行契约的整个过程中都小心翼翼，尽量不去违反约定，有些契约也直接会写入这样的内容，比如唐大历四年（769年）十二月天山县张无价所订立的买地契约中，就明确约定：自契约成立后，原业主要永远不得来干扰，如果违反约定，将会有大祸临头（"若违此约，自当祸"），而且违约人的家人等都可能面临危险。这样的话语已经不像是经济交往中的一个约束性的约定了，而更像是一种诅咒或发誓。

传统中国，在"不妄语"的佛教戒条影响下，佛教徒，以及由此而影响到的普通百姓，都很自然地接受了这种"诚信"的观念，在契约中不自觉地追求诚实守信，力戒弄虚作假，契约交易中良好规范的秩序又多了一重保障。而且，这种保障是内在的，是出于人们内心的确信，虽然可能并非如国家律法那样，是强加而来的外在的压力，但是却更为持久、更为有效。

在今天重建中国人的契约精神，一方面需大力推进诚实信用的社会道德体系建设，完善各类合同法律制度，全面提高司法的公正与权威；另一方面仍然需要回归中国传统契约法律文化，认识传统中国的契约精神，挖掘其中与现代性相融合的有益因素，为重塑当代中国内含诚信的契约精神注入活力。

四、富民

在中国的历史文献中,强国富民与"国富民强"其实同时存在。《盐铁论》中引用大夫的话,"外设百倍之利,收山泽之税,国富民强,器械完饰"。同时又有"文学曰":"文帝时,无盐铁之利而民富。"[1]商鞅在《商君书·弱民》中提出了国家与民众的关系,"民弱国强,民强国弱",[2]实际上是要求民众服从国家法令。不论是国富民强,还是国强民富,在中国语言互文的意义上,其实都有类似的含义,即国家富强、人民富裕。这里选用强国富民,用意有所偏重,作为国家,首先需要强盛,但其背后一定有财富的支撑;作为民众,更强调其生活富足,生活富裕之后,才有可能崇礼尊法。

儒家虽然重义轻利,但并不拒斥追求财富,"富与贵,是人之所欲也",就是说,"富贵都是人们所追求的,贫贱都是人们所厌恶的,关键是如何得到财富与规避贫贱"。[3]如果能做到以义为先,财富取之有道,那对于个人,或者国家都是有益的。

近代中国,屡屡遭受外来侵略,原因主要在于国家积贫积弱,政治腐朽衰败。回溯百年,可以说富民强国一直是爱国进步人士的理想,梁启超认为只有通过法治才能"富国强兵",法治主义者,实应于当时之时代的要求。富强更是中国共产党追求的目标,依法治国同样服务于此目标,"所谓富强,就是要解决两个问题,一个是主权独立,一个是贫困"。[4]要实现强国富民,经济的平稳增长是关键,经济的增长需要有稳定的国内外环境,国家的强盛又是重要保障。习近平总书记多次引用韩非子"奉法者强则国强",强调了法治的重要性,更是指向"国家富强"的奋斗目标,"执行法度的人坚决,国家就会富强;执行法度的人软弱,国家就会贫弱"。[5]故法律制度的有效实施,执法者的严格公正,不只关乎法治本身,更影响着国家的兴衰。习近平总书记回顾古今中外的历史,阐明法治与强国的关系:从秦汉到唐宋,从古巴比伦

---

[1] 王利器校注:《盐铁论校注》,中华书局1992年版,第93页。
[2] (清)孙诒让撰:《商子校本》,祝鸿杰点校,中华书局2014年版,第82页。
[3] 李增刚:《富民之道 齐鲁文化与中国经济发展》,山东人民出版社2017年版,第55页。
[4] 陈端洪:《制宪权与根本法》,中国法制出版社2010年版,第296页。
[5] 人民日报评论部编著:《习近平用典》,人民日报出版社2015年版,第268页。

王国到罗马帝国,"国家强盛同法治相伴而生","法治兴则国兴,法治强则国强"。[1]在回顾党领导宪法建设的历程时,习近平总书记提出依法治国与国家富强的关系,"制定和实施宪法,推进依法治国,建设法治国家,是实现国家富强、民族振兴、社会进步、人民幸福的必然要求"。[2]实施全面依法治国方略,就是要使国家治理现代化、法治化,进而实现国家强盛的夙愿。

富强是法家思想的主旨。法家思想是一种国家治理之学,这使得它与作为个体修养的学说有明显的不同。法家关注的,是国家建设的目标。它论及民众,也是在服务国家目标的意义上而言的。齐国法家人物同样关注国家强盛,但有关国与民的论述,与商鞅有显著的差别,他们主张"富民",富民才有利于推行法治,才会实现国强。

过去提起法家,人们往往会想到"刻薄寡恩""严刑峻法"等词汇,甚至将法家学说评价为"毒药之学",事实真的如此吗?法家作为中国历史上的一种思想学说,对它的科学认识,首先需要回归到正确的方法论上来,比如是否准确和全面地理解了法家的经典文本语义,以及是否客观地在特定历史情境下重现法家人物的某些话语。更需要注意的是,"法家"这个概念并非法家人物自封,而是后代学者们总结概括形成的。历史上的某位思想家是否属于法家尚且存在争议,更不用说,典型法家人物的思想也是千差万别,根本无法用一两个简单的词语来概括。商鞅主张"弱民"以使其服从国家法令,韩非"以民众多愚鲁"[3]故推行法令,而不加以教育,而齐法家则提出"富民"的法治观。

(一)齐法家富民思想的提出

法家思想是一种国家治理之学,这使得它与作为个体修养的学说有明显的不同。法家关注的,毋宁说是国家建设的目标。它论及民众,也是在服务国家目标的意义上而言的。作为秦国最早的变法改革者,商鞅当然向往国强,但他将国与民的关系对立起来,"民弱国强,民强国弱,故有道之国,务在弱

---

[1] 习近平:"加强党对全面依法治国的领导",载《求是》2019年第4期。
[2] 习近平:《论坚持全面依法治国》,中央文献出版社2020年版,第213页。
[3] 曹谦编著:《韩非法治论》,中华书局1948年版,第61页。

民"。[1](《商君书·弱民》) 也就是通过剥夺民众，使得国家富强。在商鞅看来，施行农战可以弱民。"民朴则弱，淫则强。"他所谓的"朴"，就是简朴、愚朴、贫弱，原因在于，"民，辱则贵爵，弱则尊官，贫则重赏"。如何做到弱民、朴民，就是让民众依附于农耕，而不是商业等其他行业。《商君书·农战》中说，"归心于农，则民朴而可正也。纷纷则易使也，信可以守战也"。[2]隐含的意思是，农耕能使人少于智识，只看到眼前的利益，也就便于统治者驱使。

齐法家是齐国一批法家人物的统称，以管仲为代表。春秋时的齐国是一个较为强大的国家，齐桓公得到管仲的辅佐，经过一系列变法改革，提高了齐国的生产力，加强了君主集权，逐渐成为统帅部分诸侯的霸主。《管子》是齐法家的经典，相传是管仲所作，实际上并非一人之作，而是齐法家的著作汇编。由于齐法家调和了西周制度与东夷人习俗，对百家学说广泛吸纳，文化品性具有"兼容开放"的特色。齐法家同样关注国家强盛，但有关国与民的论述，与商鞅就有显著的差别，他们主张"富民"，富民才有利于推行法治，才会实现国强。

(二) 富民则易治、国强

对于富民与以法治国的关系，齐法家这样解释："凡治国之道，必先富民，民富则易治也，民贫则难治也。奚以知其然也？民富则安乡重家，安乡重家则敬上畏罪，敬上畏罪则易治也。"[3](《管子·治国》) 也就是说，治国应该先让百姓富裕起来，老百姓安居乐业，才会敬畏法度，国家也就容易治理了，正所谓，"公法行而私曲止，仓廪实而囹圄空，贤人进而奸民退"。[4](《管子·五辅》) 反之，"民不足，令乃辱；民苦殃，令不行"。[5](《管子·版法》) 若百姓一贫如洗，生活无着，就容易铤而走险，法律之治就不容易实现。齐法家提倡的，毋宁说是生活基本的充裕，"甚富不可使，甚贫不知耻，水平而不流，无源则速竭。"[6](《管子·侈靡》) 既要避免因富而骄，

---

[1] （清）孙诒让撰：《商子校本》，祝鸿杰点校，中华书局2014年版，第82页。
[2] （清）孙诒让撰：《商子校本》，祝鸿杰点校，中华书局2014年版，第32页。
[3] 黎翔凤撰：《管子校注》，梁运华整理，中华书局2004年版，第924页。
[4] 黎翔凤撰：《管子校注》，梁运华整理，中华书局2004年版，第192页。
[5] 黎翔凤撰：《管子校注》，梁运华整理，中华书局2004年版，第127页。
[6] 黎翔凤撰：《管子校注》，梁运华整理，中华书局2004年版，第637页。

又要防止贫而不知耻，如此才能调动民力，服务于国家的目标。

齐法家主张富民，还有另外一重意涵：民富则国富，国富而后国强。如何做到富民？齐法家提出要奖励农耕，"民事农，则田垦；田垦，则粟多；粟多，则国富；国富者兵强，兵强者战胜"。[1]（《管子·治国》）与商鞅等抑制商贸不同，齐法家不仅鼓励农耕，还提倡兼顾工商业，发展贸易，"发伏利，输㙺积，修道途，便关市，慎将宿，此谓输之以财"。[2]（《管子·五辅》）所谓输㙺积、便关市，即是要疏通滞销的货物，便利商贸活动。国家与百姓，是休戚相关的，这个道理不仅为齐法家所倡，也为历代思想家所认同。元代陈天祥曾言："民富则国富，民贫则国贫，民安则国安，民困则国困。"（《元史·陈天祥传》）百姓富裕安定，国家才能富强，若百姓处于贫困境地，那国家很难走向强盛。

（三）富民意蕴仁政爱民

齐法家提倡富民，虽不无强国的指向，亦不乏仁政爱民之意。"计上之所以爱民者，为用之爱之也。为爱民之故，不难毁法亏令，则是失所谓爱民矣。夫以爱民用民，则民之不用明矣。"[3]（《管子·法法》）客观而言，齐法家主张爱民，鼓励人们积极参与耕战，目标仍是指向兵强国富，因为齐法家作为积极的参政者，他们的学说服务的是圣王的"厚功大业"，就当时来说，"大者欲王天下，小者欲霸诸侯"，[4]（《管子·五辅》）但"爱民用民"之说，确实也包含爱惜民力的意涵。更重要的是，如何爱民用民，需要公正法令的施行，即厉行法治，废法而用民，则民不可用。齐法家强调执法公平，反对因私废法，"富人用金玉事主而来焉，主因离法而听之，此所谓富而禄之也"。这种做法是不正当的，"上以公正论，以法制断，故任天下而不重也"。[5]（《管子·任法》）为政者如果听任私情侵越了公法，法律无法做到公正，则国家难以得到善治。

---

[1] 黎翔凤撰：《管子校注》，梁运华整理，中华书局2004年版，第924页。
[2] 黎翔凤撰：《管子校注》，梁运华整理，中华书局2004年版，第194页。
[3] 黎翔凤撰：《管子校注》，梁运华整理，中华书局2004年版，第302页。
[4] 黎翔凤撰：《管子校注》，梁运华整理，中华书局2004年版，第191页。
[5] 黎翔凤撰：《管子校注》，梁运华整理，中华书局2004年版，第911页。

富民确实有易治、富国之意，但同时又有为富不仁、巧取豪夺、贫富分化等潜在危害。齐法家主张富民，并非单向度的，而是有一套与之配合的制度保障。首要的制度是"礼"，以礼来教化众人，管子提倡的教化，是指向人心的说服，而非强制，"夫政教相似而殊方。若夫教者，标然若秋云之远，动人心之悲。蔼然若夏之静云，乃及人之体"。[1]（《管子·侈靡》）最终如行云流水一般，使人自然受到内心的感化。而施行政教，其前提还是要人民生活的富裕，"仓廪实而知礼节，衣食足则知荣辱"，没有基本的生活保障，空谈礼仪教化，是很难发挥实际效用的。孟子也认为，民富之后，还需施以教化，"饱食暖衣，逸居而无教，则近于禽兽。圣人有忧之，使契为司徒，教以人伦"。[2]（《孟子·滕文公上》）善教才能趋于"善政"，"善政，民畏之；善教，民爱之。善政得民财，善教得民心"。通过教化，才能避免富裕者危害社会，也才能获得百姓的拥戴。

另外一种制度当然是法律，或者说刑罚。但是管子认为，施政应该顺应民心，而不是滥施刑罚，民众向往富足的生活，就应该设法实现。否则，"能富贵之则民为之贫贱，能存安之则民为之危坠，能生育之则民为之灭绝。故刑罚不足以畏其意，杀戮不足以服其心，故刑罚繁而意不恐，则令不行矣"。[3]（《管子·牧民》）也就是说，施政违逆民心，不能使百姓富裕安居，即便是制定有严苛的刑罚，也不能使百姓畏惧、心服，法律的实效很难保障。刑罚的实施，就是辅助礼教，"仁义礼乐者，皆出于法"。[4]（《管子·任法》）通过法令的约束，让人行正道，"是故慎小事微，违非索辩以根之，然则躁作、奸邪、伪诈之人，不敢试也。此礼正民之道也"。[5]（《管子·君臣》）这里的"正民之道"，当然是指向所有的臣民，但对于富裕之民，尤其具有规范性，既要以"礼"积极地教化，又以刑罚作为礼的后盾，促使其抑制奸恶，做到为富且仁。

齐法家指向富民的法治观，在当代法治建设中，仍然不无启示。就其一般目标而言，法治当然是通过明确规则，实现一定的社会秩序，但它又必然

---

[1] 黎翔凤撰：《管子校注》，梁运华整理，中华书局 2004 年版，第 636 页。
[2] （清）焦循撰：《孟子正义》，沈文倬点校，中华书局 1987 年版，第 386 页。
[3] 黎翔凤撰：《管子校注》，梁运华整理，中华书局 2004 年版，第 22 页。
[4] 黎翔凤撰：《管子校注》，梁运华整理，中华书局 2004 年版，第 902 页。
[5] 黎翔凤撰：《管子校注》，梁运华整理，中华书局 2004 年版，第 576 页。

包含特定的价值。启蒙运动之后，人的价值得到肯定，人的尊严，以及各种权利，成为法律保障的核心内容。因此，法治建设的目标发生了重要的转向，首先需要关注人的权利，生活的安定、富裕，是人的权利实现的基本保证，也是法律规则得以实现的重要条件。更重要的，现代国家和公民的关系，绝不是互相对立的，而应该是命运与共、休戚相关的，人民富裕安康，国家必将强盛伟大。

法治指向养民、富民，但更需要教民、化民。现代法律制度本身包含着特定的道德价值，法制的宣传，抑或各类法律的实施，都是"以法为教"的过程，对于富裕的社会阶层而言，更应该明于礼义、崇尚法治，依法行使自身的权利，并自觉地履行法律的义务。反过来说，执法者同样需要摒弃私曲、杜绝腐败，坚守公平正义，良好的执法、司法环境同样构成一种法治的教育。经由多方积极互动，内含了公义的、良善的法治环境，也将为经济的持续增长注入强大动力。

对市场经济中的成功者，即"富民"而言，尤其需要强调其社会责任。社会是由每一个个体组成的，每一个人都有他作为一分子的责任，但相对而言，富裕者应该承担更大的社会责任，这种责任，倒未必仅仅体现在社会灾难时的捐助上，而更应体现在对社会公义的维护，对法治原则以及秩序的支持上，通过他们的示范带动，在全社会形成尊法向善的社会氛围。

思考题

1. 如何理解传统法治中的"公平"？
2. 如何理解传统法治中的"仁恕"？

阅读书目

1. 高明士：《中国中古礼律综论　法文化的定型》，商务印书馆2017年版。
2. 王亚新、梁治平、赵晶编：《明清时期的民事审判与民间契约》，法律出版社2022年版。

第三讲 公正司法

中华法治文明中的司法智慧

司法审判是法治的重要组成部分，公平正义是司法的核心要义。基于儒家法律观，中国传统司法既援用律令法规，又引入情理判断，根据被审者的身份和实际情况，以"中国型的衡平正义"[1]感觉，作出公平与妥当的判决，指向社会的和谐和睦。其中的诸多有益经验，值得总结和挖掘。

一、价值观融入司法的历史传统

社会主义核心价值观是法治中国建设的价值宗旨，需要从立法与司法等层面将社会主义核心价值观融入法治建设。核心价值观是一种文化意识形态，由特定的社会性质决定。在古代中国，长期遵奉的是以儒家"礼"为核心的价值观，探寻传统司法中儒家价值观融入的方法与机理，对于当代中国的法治建设与司法制度创新不无裨益。

（一）价值观融入司法的机理

1. 传统文化中的核心价值观

先秦时代，诸子百家争鸣，中国之思想文化驳杂丰富，价值观各有不同。汉代以降，在董仲舒等人的推动下，武帝开启了"罢黜百家、独尊儒术"的时代，儒家的伦理道德，逐渐成为中国社会的主流价值。

儒家价值观以"礼"为核心，倡导忠、孝、节、义等价值，按照孔子的说法，儒家之礼即"亲亲也，尊尊也，长长也，男女有别"，认为亲爱自己的亲属，尊敬上级，尊敬长者，男尊女卑是自然赋予人类的永恒本性，人生在世，就应该根据自己的社会角色，恰如其分地承担为人之父、为人之子、为人之长、为人之幼等责任。在国家权力结构中，臣事君以忠，君待臣以礼，各安其分；在家庭关系中，重视宗法制度，依照祭祀之礼确定辈分排列规则

---

[1] [日] 滋贺秀三等：《明清时期的民事审判与民间契约》，王亚新、梁治平编，王亚新、范愉、陈少峰译，法律出版社1998年版，第14页。

或次序，要求做到父慈子孝；在婚姻关系中，强调女性的贞洁等道德义务，对通奸等悖礼行为予以道德谴责。

基于尊卑有别的等级秩序，不同位置的人具有不同的权利或义务。同样的犯罪行为，依据身份地位的不同，经常是同罪不同罚，通常以卑犯尊、以贱犯贵，各以本罪加重处罚，反之则予以减罪。与此同时，儒家注重家庭的和睦，以及家庭成员之间的情分，一个人告发犯了国法的父亲或亲人，是有违人情的，不应该被提倡，"父为子隐，子为父隐"才更符合人情，符合父慈子孝的价值观。

在更广义的社会中，儒家思想中还有"和"的取向，"和"作为一种整体思维方式，指自然、社会、人际、心灵等诸多要素相互冲突，达致新的融合，而不只是形成一个和谐运行的整体系统。儒家思想之"和"，并不是排斥个性特色，而是通过和谐并且承认、尊重个体元素差异性的整体系统，在各元素的冲突、融合中，促成新生命的诞生。在社会人际关系中，儒家主张"和而不同"，以和为贵。"和"包含着不同主体平等对待、相互尊重的伦理准则，也成为社会层面的价值取向。

除了等级秩序，儒家思想强调"信"与"义"。孔子在诸多场合谈及"信"，主张与朋友交往应该诚实守信："吾日三省吾身，为人谋而不忠乎？与朋友交而不信乎？""与朋友交，言而有信。"他又说，"人而无信，不知其可也"。若做人没有信用，不仅违背"礼"，也很难在社会上立足。

儒家的"信"与"诚"紧密相关，"诚"的本意是存在之"真实"，它强调的是"实"，王船山解释说，"诚也者，实也。实有之固有之也，无有弗然，而非他有耀也。若夫水之固润固下，火之固炎固上也"。即事物的固有属性，水真实地拥有润、下之性，火真实地拥有炎、上之性，这就是"诚"的原意。是故，"诚"体现为天道与人道关系的统一，"诚"是天道，同时标明了"性之德"亦即人性之本质。由"信"到"诚"的概念，本身就体现着天人合一。因此，为人诚实有信，就成为最基本的价值导向。

儒家不仅讲"信"，更看重"义"，《论语·学而》中有"信近于义，言可复也"。朱熹注曰："复，践言也。"即是实践诺言。"义者，事之宜也。"[1]也

---

[1]（宋）朱熹撰：《四书章句集注》，中华书局1983年版，第51页。

就是事物，或者人的行为的合宜性和适当性。孔子又说，"夫达也者，质直而好义"，也就是直率、无畏惧地去践行自己认可的价值观。孟子将"义"作为人性的一部分，是人区别于禽兽的重要标准。在儒家看来，君子将"仁义"内化于心，自然而然地由内而外表现出来，而不是将"仁义"作为外在的行为准则或道德规范被动地遵守。在义利关系中，儒家主张用"义"的道德伦理自觉性去协调和制约"利"，反对唯利是图、"见利忘义"。

2. 儒家价值观融入司法的方式

自从儒家思想成为社会的主流价值，中国古代法律就开启了"法律儒家化"的历程，延至唐代，出现了以《永徽律》为代表的"礼法合一"的模范法典。这一趋向，自然也渗透在司法审判中，古代的司法者，运用"引经决狱"、比照参酌等灵活方式，将儒家式的价值观融入司法。

在汉代，司法者通过"引经决狱"，将儒家道德精神及价值观嵌入司法判决中。《春秋繁露》中记载有多个引经决狱的案例，例如，"甲父乙与丙争言相斗，丙以佩刀刺乙，甲即以杖击丙，误伤乙，甲当何论？或曰：殴父也，当枭首。论曰：臣愚，谓父子至亲也，闻其斗，莫不有怵惕之心，扶杖而救之，非所以欲诟父也。《春秋》之义，许止父病，进药于其父而卒，君子原心，赦而不诛"。[1]也就是说，该案中甲的动机是救父而非伤父，结果不当不应该成为追究其刑事责任的依据，这样就符合儒家"孝"的伦理价值。

《太平御览》还记载了一起继承案，沛中有富豪，家赀三千万，小妇子是男，又早失母，其大妇女甚不贤。公病困，恐死后必当争财，男儿必不得全，因呼族人。为遗令，云："悉以财属女，但以一剑与男，年十五以付之。"儿后大，姊不肯与剑，男乃诣官诉之。司空何武曰："剑，所以断决也。限年十五，有智力足也。女及婿温饱十五年已幸矣！"[2]议者皆服，谓武原情度事得其理。审理该案的司空尽管没有直接援引《春秋》经义，但却未刻板遵循汉律有关继承的条文，而是采取"原情度事"的方法，其实质还是保障嫡长子宗法地位、家庭和睦的儒家价值观，因此得到了社会的认可。

比照类推是儒家价值观融入司法的另一种方式。清代《刑案汇览》是处

---

[1] 程树德：《九朝律考》，中华书局2006年版，第164页。
[2] 参见赵晓耕：《中国法制史原理与案例教程》，中国人民大学出版社2016年版，第89页。

理疑难案件的记录,其中有不少涉及儒家式价值观的融入,其方法就是比照类推。在儒家法时代,妇女贞操关系礼教大防,历来受到法律重视。清代律例中,因通奸引发的杀伤或自杀,多有律例条文规范,如妇女与人通奸,致并未纵容之父母羞愤自尽者绞立决;其本夫并未纵容羞愤自尽者,奸妇绞监候。如果子犯奸,父母并未纵容,因子犯奸淫被人殴死者绞立决。在道光十年(1830年)的一个案例中,马王氏与僧余生通奸,本夫马大虽经撞获,但因为畏惧奸夫凶悍而没能制止,并不是贪图获利而予以纵容。事后,获悉此事的马大父亲马忝保怀疑他纵容妻子通奸,玷污了门风,怒而将马大打死。此案甚为特别,马大之死,既不是羞愤自杀,又非因其奸淫被人殴死,而是被其父殴打致死,《大清律例》对此并无明文规定。司法官对此采取了"比类参观"的方法,首先,妇女因奸致本夫羞愤自尽,较之父母羞愤自尽治罪从轻,故因犯奸致本夫被杀,自然不能与因犯奸致父母被杀之案同处绞决;其次,该案中本夫被杀,终究是由于奸妇身犯奸淫所致,假如本夫是被奸夫杀死,尚且有奸夫抵命,奸妇应处绞刑。而本夫被其父杀死,已经没有抵偿之人,岂能再行宽宥奸妇之罪责?由此,该案最终比照妇女与人通奸,本夫并未纵容,羞愤自尽例拟以绞监候。[1]此中的原理就在于,无论马大以何种方式死亡,其肇因都是该妇之通奸行为,因为律例无明文规定而免除奸妇之刑责,显然违背了儒家之伦理价值观,故予以比照处断。

为了克服刻板援引法律条文带来的价值冲突,传统司法还采取诉诸情理的办法。传统法律对民间契约一般持尊重的态度,但若契约签订明显违背伦理道德,则予以否弃。在宋代《名公书判清明集》案例中,有母子二人,在母亲改嫁之后,合伙诱骗母亲现任丈夫签署了一系列契约,契约的内容是现任丈夫及其亲生长子将其全部田业"卖"给继子,永久剥夺了前妻所生两个亲生儿子继承田产的权利。这些契约尽管有的是多年后补签,有的缺少其父的押字,但大多数都有正式的签字画押,形式上符合法律的要求。司法官胡石壁认为,母子二人的行为"揆之法意,揆之人情,无一可者",[2]其中的

---

[1] (清)祝庆祺等编:《刑案汇览三编》,北京古籍出版社2004年版,第1220页。
[2] 中国社会科学院历史研究所宋辽金元史研究室点校:《名公书判清明集》,中华书局1987年版,第125页。

"人情",就是指这对母子对该丈夫及其亲生儿子所做的逆伦悖德的行为,最终判决废除了所订定契约。

在《名公书判清明集》继承类案件中,也常有情理法的冲突。司法官吴恕斋在处理一起继承案时,就以"人情"之理谴责了当事人。该案中有一人将其兄弟之子收养为嗣子,并立下了加盖官府印信的遗嘱,将部分家产交由其亲生的两个女儿继承。但他死后,他的兄弟却说该遗嘱是伪造的,想要剥夺二女的继承权,将所有的遗产都交给其亲生儿子,也就是死者的养子继承。吴恕斋认为此行为"何其不近人情如此"!严辞谴责了此人的行为。在他看来,即便此兄弟所提诉求在法律上有依据,但如此做法显然是与对死者和侄女的正常"人情"背道而驰的,因此不能予以支持。

从这些经典案例中不难发现,古代司法者面对法律条文运用与价值观评判的冲突时,大多不会简单地援引法条作出裁断,而是充分地考虑个案的价值导向,或是诉诸儒家经义,或是作类比参酌,或是引入情理判断,对法律条文在个案中的不适作出调整,最终使得儒家价值观落实于裁判中。

3. 司法中儒家价值观融入的机理

中国古代司法中融入儒家价值观,并不是个别司法者偶然为之,而是一个理性化、制度化的过程。司法者对自己的社会定位,以及对司法社会功能的多维认识,成为儒家价值观融入司法的内在机理。

在行政兼理司法的体制下,司法者对自身的定位,不仅仅是法律适用者,更是伦理道德教化者。由于普遍接受过儒家经典教育,较之于司法官,古代官员实际上更注重教化者的角色,前文提及的司法官胡石壁说过:"区区此心,惟以厚人伦,美教化为第一义。"即便是在司法审判中,地方官员也不会割裂其教化者与司法者的角色,而是教刑并用,他们用情理来提醒当事人注意其互相担负的义务,他们更多地援引儒家伦理的规范准则,告诉当事人怎样做才是好的。在清代司法审断中,多采用"甘结"的形式和息讼争,如道光年间巴县熊本顺等人的诉讼中,"蚁承买两全,方圆仍敦和好,蚁与正川彼凭向太玉等书卖契,各管各界,蚁甘结得,嗣后不致妄肇讼端"。[1]地方官希

---

[1]《熊本顺、熊本益具结状》,四川省档案馆藏巴县档案,档号:6-3-2696.

望此种裁判"正风俗而厚人伦",有助于当事人将来生活得更好,彼此之间少些争端,更能以礼相待、和平相处。

司法裁判中考虑价值导向,还源于古人对司法的功能属性的特定认识。现代司法主要基于证据构建的法律真实,通过法律的解释适用作出裁断,在形式理性的意义上,它仅仅追求法律正义的实现。古代司法并非仅仅追求法律正义,而更倾向于解决社会纠纷矛盾,恢复安定的社会秩序,最终希望达到人与人之间的和谐。维系和谐却又有等差的社会秩序,正是儒家价值观的指向,因此在司法裁断中予以考量,便顺其自然。

时代变迁,法治在进步,人们的观念也在日益更新,除了诚信、和谐等一般性价值,古代司法中价值观融入的方法,以及古人对司法功能的独特认识,仍对当下有诸多启示。

(二)司法中的"情"与"理"

在中国传统司法中,"情"是与法、理并重的一种规范性要素,很多时候甚至被置于法、理之上,这种法律文化的影响一直延续至今。然而何为"情",又不是一个容易回答的问题,有人认为,情主要产生在熟人之间特别是亲近的人之间,是一种非正式的、民间的、自发的人际纽带;有人则提出,"情判"之情,是指审判的依据来自情感或情理,其思想基础是儒家学说,情包括情面、情感认同等,是人与人之间的感情联结。这些说法虽不无道理,但却将中国传统司法中的"情"简单化了,因而也造成认识上的歧异,比如为何一边说"法不容情",一边又宣称"法本乎人情",如果不能深刻领会中国传统司法中"情"的复杂性,很难对这些看似相悖的原则作出解释,当然也不利于今天司法中对"情"的准确借鉴或运用。

1. 司法中的"情"

尽管在大多数意义上,"情"被解释为情感、人情,但在中国传统司法中,"情"首先是作为"实",即作为司法审判中的事实被予以考虑的。《睡虎地秦墓竹简》之《封诊式》中有"治狱,能以书迹其言,毋笞掠而得人情为上,笞掠为下,有恐为败"。[1]《睡虎地释文注释》列举《周礼·小宰》之

---

[1] 睡虎地秦墓竹简整理小组编:《睡虎地秦墓竹简》,文物出版社1990年版,第69页。

疏所云"情,谓情实"的训诂,译为"察得犯人的真情"。可见在治狱的用例中,"情"主要是指真实、真相。作为事实的"情",在传统史书中也不乏例证,《汉书·朱博传》记载,年轻时私通致脸上受伤的尚方禁,被上官朱博问到受伤的理由,即"自知情得,叩头服状"。东汉刘熙的《释名·释丧制》载,"狱死曰考竟,得其情竟其命于狱也",其中,"得其情"是指为了得到真实的情况而采取严厉的讯问。同书《释宫室》载,"狱,确也。言实确人情伪也","人之情伪"也是真实与虚伪的意思。因此,中国古代治狱或审判中的"情"、人情,首先应被放在"关于嫌疑犯真实、真相"的意义上来理解。

审判中作为"事实"之"情",一直延续至明清。《牧令书》中讲审判技巧,"听讼如作文字,必钻研深入往复,间又自有新悟。非是不能得其情,而中其肯綮也"[1],即是说,审理狱讼,须首先掌握其真实细节,只有弄清楚真相,才能从法律的角度明断是非,"情"在这里显然是指"真实、真相",与虚假、虚伪相对。当然,中国传统司法审判具有特殊的文化语境,案件之"初情",除指一般事实之外,也包含了情境的内涵,体现出中国人特有的法律思维模式。学者郑智有关"刑讯与五听"的研究指出,"初情"体现出中国的"身体思维模式",在对案件事实的认定上,客观证据事实必须经过"道德化身体感知的涵化",成为"情实"后,方能作为支撑案件事实真相的关联性证据。[2]因此,传统司法中的"情"虽可理解为真相、真实,有情节、情况等事实关系的含义,但又与现代司法中以证据链条支撑的法律事实存在细微差别。

除事实之外,"情"在传统司法中更多地被理解为情理。作为情理的"情",并非个人化的内心情感,而是基于传统伦理道德观的规范性情理。"情"有"心"的意思,通常指活生生的平凡人之心,人们据此可以估计对方会怎样思考和行动,彼此这样互相期待,也这样互相体谅。情也包含了某种情谊,有人与人之间友好关系的含义,这表现为"情面",在人际关系中就是"给面子"。在此基础上,学者滋贺秀三在司法情境意义上阐释"情":在

---

[1] 彭忠德、赵骞主编:《官箴要语》,武汉大学出版社2007年版,第316页。
[2] 郑智:"刑讯与五听:'情实'背后的身体思维模式",载《法律科学》2014年第3期。

判断之际，不能将作为直接对象的事实和现象孤立起来，而必须将其置于与作为背景的各种事实和现象的具体关联中，加以同情的理解和评价，这就体现在"情理"一词的"情"中，因此，他认为断狱以情，可以看作是沟通事实与规范评价之间桥梁的用语之例。[1] 在此，"情"与"理"又紧密相关，李泽厚虽认为中国是一个"情本体"社会，但在同时，又以"理"主宰"情"，指导"情"，诱发"情"里面动物性本能的好的一部分。正因为情理之"情"体现了中国式的良知，符合了中国人的情感需求与正义观，故王者所制定之"法"，是应该体现人情的，而决不能压抑人情，"律例者，本乎天理人情而定"，也正是在这样的意义上而言。

作为情理之"情"，在传统司法中有诸多例证。在刑案中，"情"之适用多见于代亲复仇。唐长庆二年（822年），有少年康买得，年方十四。一天，其父康宪被醉醺醺的壮汉张莅拉扯、殴打，几乎毙命。康买得见状，拿起木锤猛击张莅，康父得救，张莅却在三日后死亡。按照当时律法，杀人当死，但唐穆宗就该案的敕旨说，康买得尚在童年，能知子道，虽杀人当死，而为父可哀。若从沉命之科，恐失原情之义，宜减死罪处分。显然，这里所原之"情"，就是"父慈子孝"之伦理道德，紧急情况下为救父亲，意外致人死亡，当然在"原情"之列。《学治续说》中记载了另一个案例，乾隆年间，江苏有张姓官员"治尚严厉"，县试中有一童子夹带作弊被发现，依法当处枷示。童之亲友告知其新婚甫一日，请满月后补枷。张不准，童子之妇情急投水而死。汪辉祖评议说："夫怀挟宜枷法也，执法非过，独不闻律设大法，礼顺人情乎？满月补枷通情而不曲法何不可者？"并言，"法有一定，而情则千端，准情用法庶不干造物之和"。在民事案件中，更可以看到"情"与理的细微差异，滋贺秀三曾举了一个平衡情与理的例子，某甲在三年前签订契约，以七百六十两的价格把自己的房子卖给某乙。因为担保期限未到，所以仅仅签订了契约，却并未过户。在此期间，出现了某丙，愿意以八百六十两的价格购买，于是某甲单方面撕毁与乙的契约，打算把房子卖给丙。于是发生了一房二卖的纠纷。裁决的结果是：出于理，应该要求履行之前的买卖契约，

---

[1] [日] 滋贺秀三等：《明清时期的民事审判与民间契约》，王亚新、梁治平编，王亚新、范愉、陈少峰译，法律出版社1998年版，第37页。

但由于某甲是一位贫穷的妇女，因为缺钱才决定卖掉房产，从情出发考虑，这种卖给丙的行为情有可原。又因为乙是富庶之人，故应该妥协，接受毁约事实。[1]

与作为公理性的情理相对，就是作为个人化的"私情"。汉代许慎的《说文解字》释"情"为：人之阴气有欲者，从心。《孝经》中说"情生于阴以系念"。董仲舒曰：情者，人之欲也，人欲之谓情，情非制度不节。在这个意义上，"情"是指带有私人化倾向的情感、欲望，它往往因时而异、因人而异，放任"情"，可能导致社会纷乱的后果，所以古人强调必须以礼法治人七情，使其有所节制。不过，有学者认为"哀矜""钦恤"等情感，作为一种文化语境影响着司法官员的纠纷解决，[2]决定着"情法兼顾"的司法裁断指向，不无积极价值。

如果再放置于中国传统"家本位"的社会情境中，古代的人情就是以深厚的亲缘伦理亲情为基础的，表现为亲族之间根据伦理原则形成的权利义务关系。所谓人情社会，也就是以亲缘关系远近而形成的差序格局，将亲情看成是人们作出各种行为的本原根据。这一亲情导向的伦理价值取向，本来是传统法保护的，但若将其直接套用到司法审判中，则大谬不然。这里面根本性的区别在于，中国传统司法所保障的"亲情"，其对象关涉案件的当事人，考虑的是作为审理对象的亲情、人情因素；如果此时将审判者个人的"情"，抑或亲族之"人情"渗入，以维护血缘团体之利益，那就是审判者的"私情"，从而也从根本上违背了中立、公正的审判基本原则，这种以私情影响审判的行为，在传统法中同样不被允许。就此而言，司法中滥用"私情"，必然导致徇情枉法；偏向于个人偏狭之"情"，必然要求法不容情。

概言之，在家本位的中国传统法文化中，情被看作是重要的伦理价值，法源人情，执法原情更是基本的法律原则，正确地适用法律就是要明天理，顺人情，悖逆人情的司法审判受到负面的评价。但是，执法原情之"情"主要是作为情节、事实来看待，作为以理导之的情理看待，在司法审判中运用

---

[1] [日]滋贺秀三等：《明清时期的民事审判与民间契约》，王亚新、梁治平编，王亚新、范愉、陈少峰译，法律出版社1998年版，第37页。

[2] 徐忠明：《情感、循吏与明清时期的司法实践》，译林出版社2019年版，第25页。

情理，就是以一种体察普遍的人情事理之方式，对社会生活给予健全的价值判断，从而获得"常识性的正义衡平感觉"，达到司法的公平、公正。然而，作为司法者个人化的情感，以及亲缘关系等私情，并不允许随意被引入司法裁断中。

2. 司法中的"理"

情理法是中国传统法律文化的基本特征，"准情酌理"是传统司法审判中的重要原则，但何为"理"，"理"在传统司法审判中又被如何运用，却是一个值得探究的问题。以下即以唐代司法审判为中心，结合律令制度与司法文化，概要阐述唐代律令制度中的"理"，及其在司法审判中的运用以及现实启示。

"理"在唐代司法审判中，不仅是司法官吏判断推理需要参照的因素，而且已经被明确写入了正式的律令法中。《唐律疏议》中《杂律》之"不应得为"条规定："不应得为而为之者，笞四十；事理重者，杖八十。"[1]尽管以现代法治的眼光看，"不应得为"条与罪刑法定原则相悖，似有口袋罪之嫌。但推原此条的法意，却是欲补充律令的不足，以使司法者在无法"轻重相举"，又没有条文可以比附时，加以援用，以达到"有犯罪就要受到惩罚"的目标。"疏议"对该条的解释说：其有在律、在令无有正条，若不轻重相明，无文可以比附，即没有律令正条可以适用，则"临时处断，量情为罪"，根据情、理，定罪之轻重，"杖八十"是"事理重者"。立法中的这一规定，说明"理"在唐代是司法审判中的重要法源之一。

作为一种司法可援用的法源，我们有必要先弄清"理"在唐代法律中究竟是什么意义。唐律中多处出现"理"字，如"据理不合""以理去官""理亦无别""经赦之后，理无杀法"，等等，这里的"理"，大致是作为是非对错判断的基准，或可称为道理、正当的理由，以及非属犯罪的正常原因。对"理"作此解释，势必涉及罪与非罪、罪轻罪重的价值判断，而这一判断，在当时应有基本的共识。具体而言，唐代法律中"理"之义可以分为以下三种。

就其特定的意义，"理"在唐律中首先是指为人之道以及人与人相处之

---

[1] 刘俊文撰：《唐律疏议笺解》，中华书局1996年版，第1945页。

道，即人理、情理等。如唐律对"谋反"的定义：为子为臣，惟忠惟孝。乃敢包藏凶慝，将起逆心，规反天常，悖逆人理，故曰"谋反"。[1]这里的悖逆君臣、父子人伦之道，也就是严重违反人伦关系的罪行，即悖逆"人理"，自然于"理"不合。在此含义之下，唐律还有"言理""词理"等语词，《贼盗律》之"造妖书妖言"中规定了"言理无害"的各种情况的刑责，即指言辞无损于时而言。就人伦而言，"理"用以彰显人间尊卑、贵贱、长幼、男女之序，相当于人伦之情理，表现人与人之间关系的正当。就此而言，"父子相隐"这个"理"也可以说是从人伦亲情而来的，亦是一种情理使然。

其次，唐律中的"理"指事物存在之道以及处理事务之道，或称之为"事理"。在事务之理方面，唐律多称之为"事理""理法"等，如《职制律》之"制书官文书误辄改定"条中规定："下制、敕宣行，文字脱误，于事理无改动者，勘检本案，分明可知，即改从正，不须覆奏。"[2]《唐律疏议》此处采用了《公式令》以"事理"来解决"制书有误"的问题。在"户婚律"中，"有妻更娶"条之疏议提及"理法"，谓"一夫一妇，不刊之制。有妻更娶，本不成妻。详求理法，止同凡人之坐"。[3]此处的"理"，仍当"事理"解释，同时明确规定"法""理"两者是判断犯罪与否的依据。再如《斗讼律》中规定"后下手理直者"，所谓"理直者"，戴炎辉解释说，理直者，斗竞有理之谓。律意，只要拒格，皆论如律，不认为其为正当防卫。惟疏议内有"乙不犯甲，无辜而被殴，遇拒殴之，乙是理直"之句，从现代刑法而言，可谓不法侵害之防卫行为。唐律中无"正当防卫"概念，故以"理""事理"作为司法酌量的根据。

最后，唐律之"理"指天理、天常或天秩。唐律、唐令中尚未发现直接使用宋代以后常见的"天理"一词，但有许多与"天"有关的用语。如疏议中多次援引《周易》中"天垂象，圣人则之"，《名例律》中开篇即有"夫三才肇位，万象斯分，禀气含灵，人为称首，莫不凭黎元而树司宰，因政教而

---

[1] 刘俊文撰：《唐律疏议笺解》，中华书局1996年版，第56页。
[2] 刘俊文撰：《唐律疏议笺解》，中华书局1996年版，第781页。
[3] 刘俊文撰：《唐律疏议笺解》，中华书局1996年版，第1015页。

施刑法"。[1]《唐律疏议》这里的"禀气含灵",即指阴阳五行而言,说明天有阴阳、五行之气而生万物、四时,而人类得此灵气,成为万物之首。人君再根据百姓的需求,设置百官、政刑。因此,天是自然法,人君的政刑依此自然法而来,当然不能违背自然法的根本要求。唐律在表示自然法意义上的"天"时,还有"天秩""天常"等名词,如《名例律》中有"咸有天秩,典司刑宪",[2]"十恶"之"谋反"条引用《左传》说,天反时为灾,人反德为乱;"谋大逆"之行也被认为有人获罪于天,不知纪极。这些律令中的用例,"天"大都是指宇宙万物的主宰,所谓"天理""天秩",就是宇宙万物运行的规律,即天地、阴阳、四时的自然律。人君用刑顺天则时,自然不能违背天道;百姓行为生活亦须遵循天道,否则就是"获罪于天",因此,作为天理之"理",即指天之理法、天之命意、自然的条理、必然的趋势,[3]颇有点自然法的意味。

在唐代的司法实践中,也可以看到不少对"理"的运用。在西域出土的唐代《文明判集残卷》中记载了"秦鸾犯盗"的案例,秦鸾之母患病在床,家贫无以追福。人子情重,为计无从,遂乃行盗取资,以为斋像。这一特殊的盗窃犯罪,对于唐代的司法而言,非常棘手:母病而行盗,实为孝子,但"假贼成功,因赃致福,便恐人人规未来之果,家家求至孝之名,侧镜此途,深乖至理。据理全非孝道,准法自有刑名"。[4]显然,一心尽孝与"理"相符,盗窃取资与法不合,再考虑到"人人规未来之果,家家求至孝之名,侧镜此途"的可能后果,更不能简单以"理"悖法,因此在充分考量了案情之"理"后,依据《贼盗律》之"窃盗"条,按盗窃匹数多少断罪,实现了法、理结合。在《白居易集》中,记载了另外一个案例,某人因有故,在除丧十年后申请袭爵,有司引《格》不许,他不服。白判以为"法通议事,理贵察情;如致身于宴安,则宜夺爵;若居家而有故,尚可策名。须待毕辞,方期

---

[1] 刘俊文撰:《唐律疏议笺解》,中华书局1996年版,第1页。
[2] 刘俊文撰:《唐律疏议笺解》,中华书局1996年版,第1页。
[3] [日]沟口雄三、小岛毅主编:《中国的思维世界》,孙歌等译,江苏人民出版社2006年版,第227页。
[4] 杨一凡、徐立志主编:《历代判例判牍》(第一册),中国社会科学出版社2005年版,第116页。

析理"。[1]即如果确实有合理原因,应可以接受,但此事须再查明。判文谓"法通议事,理贵察情",就是再次强调理与法均作为司法审判的两个思维要素。这里的理,就是"事理",是作为查明实情的指导性原理,也是义理。

从司法实践中对理的运用,可以发现,唐代司法中大致遵循"由事而理,由理而断"的三段论,亦即司法审判中首先查明案情事实,即确认实情,以此为理的运用提供一个基础。在判决中,也是先讲明具体的事实,然后阐述理由,最后作出结论。判词注重于说理,较少直接引用律令原文,通常只是节略引用律意。说理中包含了情、理、法三种要素,亦即情、理也是司法判断的依据。也因此,学者高明士将"理"称之为是唐律断罪中律、令之外具有法律效力的"第三法源"。[2]

一般意义上,理是指情理、事理,在"礼法合一"的唐代,理也就是礼,尤其是指尊卑、长幼、亲疏等人伦之理。礼是理、义的规范化表现,在传统中国,礼作为"天地之序",具有"定亲疏、决嫌疑、别同异、明是非"等作用,律令制度正是规定人道之理,论人道之理,是狭义之理。在更广的意义上,理还指"顺天人"的道理,特别是具有"天常"之意的"理",实际上已经颇具"自然法",或"高级法"的意蕴,它超越了人类社会的律令制度,而是自然界的运行原理。律令制度当然要严格遵照执行,但当刻板地适用律令制度导致情法不能"允协"时,就需要引入"理"来衡平,进而使司法判决入情入理,最终符合礼义大道之要求。

唐代司法审判中的"理",不完全是"过去式",它实际上提出了一系列跨越时空的问题,司法审判该如何面对"于法有据、于理不合"的难题,司法审判该如何更有效地"说理",包含价值判断的"理"又该如何进入司法并体现正当性?就唐代司法的经验而言,至少可以得出如下启示:在立法中,已经明确地引入"理"的因素,特别是在世情纷繁的家庭、伦理等犯罪的定罪处罚中,以"理"来调节法律自身的僵化。在司法审判中,援引"理"以对情、法作出衡平时,首先需要查清案件的原委,"理贵原情",只有在实情的基础上,才可以应用"理"。在最终裁断时,仍需优先诉诸制定法中的理,

---

[1] (唐)白居易:《白居易集笺校》,朱金城笺校,上海古籍出版社1988年版,第3651页。
[2] 高明士:"唐律中的'理'——断罪的第三法源",载《台湾师大历史学报》2011年第45期。

穷尽制定法后，才有情理、事理、天理运用的空间，而情理、事理等最终还要符合"礼"，即人类社会的共同价值观。由此，通过对"理"的一种规范化应用，使得司法裁判更符合人情，更有说服力，同时，也使司法能够取得更好的社会效果。

情理在司法中之所以重要，是因为中国传统的法律本来就是依据情理而制定的，情理没有成文、判例等实证基础，不具有实定性，故听讼不以使尽了程序手段而终结，"它拥有的是当对事实本身当事者已不再争执时即告终结的构造，而以这一特定争讼的平息为目的"。[1]这与欧洲通过诉讼或判例发现"法"有着根本的差异。

（三）司法中的理性与世俗信仰

1. 司法中的理性正义

正义是法律的内在价值，也是古往今来人们共同的追求，但是何为正义，如何实现正义，不同的社会文化背景却有着不同的理解与选择。发生在中国汉代的缇萦救父与古希腊的安提戈涅的故事，同样都反映出人类对正义的探索，但其中蕴含的情理法，却透露出东西方文化不同的价值抉择。

西汉时，在太仓公淳于意受人举告，要被依法处以肉刑之时，小女缇萦上书文帝泣请，"妾父为吏，齐中皆称其廉平。今坐法当刑。妾伤夫死者不可复生，刑者不可复属，虽后欲改过自新，其道亡繇也。妾愿没入为官婢，以赎父刑罪，使得自新"。[2]缇萦的上书，除诉说父亲堪称"廉平"外，主要是诉诸家族亲情，父亲要受刑罚，并且是伤及肢体的肉刑，作为子女当然为之忧虑，提出代父受刑，维系了孝道。更重要的是，她对肉刑的合理性提出了质疑：刑罚并不单是为了惩戒犯罪人，使其承受痛苦，更在于辅助教化，使其能改过自新。肉刑的施行，使犯罪人或丧失性命，或终身受辱，想要改过也无可能。缇萦的这一番陈述，入情入理，不仅打动了文帝，赦免了她父亲的惩罚，还启动了一场影响深远的刑罚制度改革，废除了墨、劓、刖等刑罚，自此，以肉刑为主的刑罚体系开始向封建制五刑转变。

---

[1]〔日〕滋贺秀三等：《明清时期的民事审判与民间契约》，王亚新、梁治平编，王亚新、范愉、陈少峰译，法律出版社1998年版，第15页。

[2]《汉书·刑法志》。

第三讲 公正司法：中华法治文明中的司法智慧

在悲剧作家索福克勒斯的剧作中，安提戈涅面临困难的抉择，她的哥哥波吕尼科斯因反叛城邦，被继位的国王克瑞翁宣布为叛徒，不仅将其处死，还将他的尸体抛弃在野外，任其腐烂，并且发布禁令，任何人都不得为波吕尼科斯收尸。安提戈涅认为，尽管其兄长的行为触犯了国法，理应受到刑罚，但依照她们家族的宗教信仰，她有义务埋葬兄长。如果她只是服从城邦的法律，使其兄长曝尸荒野，那就有违宗教信仰，会招致神灵的惩戒。因此，安提戈涅勇敢地站了出来，收敛了兄长的尸体，并将之安葬。

安提戈涅的行动显然违犯了克瑞翁的新法律，她并未诉诸亲情，或者屈己以从法，而是以宗教信仰直接反对这种非正义的法律，正如她对克瑞翁的回答：我敢违犯你的"法令"，因为公布这条法令的不是宙斯，不是坐在地狱诸神旁边的正义之神，这不是他们为人类制定的法律。

缇萦与安提戈涅的故事，虽然都体现出对亲人的情感，但其背后的理据，却反映出中西法律思维的差异。安提戈涅为兄收尸的理由，源自宗教信仰，是"天神制定的永恒不变的不成文律条"。也就是说，克瑞翁的法令，只是人世间的法律，违犯它当然也会招致惩罚，但总要好过对宗教律令的违反。这一论证的内在理据是，来自神灵的永恒律令高于人间的世俗立法，若世俗法违背了宗教价值指向，就丧失其作为法律的合法性。安提戈涅的做法尽管违背了克瑞翁所定的世俗法，但却符合永恒律令的要求。由此，强调法律的普遍性与永恒性，认为"更高级别"的法律可以通过理性的审辨与思考来发现，就成为西方法律传统的重要内容。第二次世界大战之后，对德国纳粹的审判中，借由对实证主义法律的批判而兴起的"新自然法学"，不过是这一传统的现代回响。

早期的中国法文化同样有神灵色彩，夏商时期，人们认为君权神授，君王制定的法律也代表了上天的旨意，因此刑罚又有天讨、天罚之意。西周以后，源自天命、神意的法律观开始转变，人的地位及其道德性开始受到重视，出现了"以德配天""明德慎罚"的思想。汉代法律的儒家化，更使得法律走向世俗化，强调了法律与儒家式家族伦理道德的一致性。

缇萦的上书，主要是诉诸人情之常，无论是作为家族成员的亲情，还是一般人改过自新的情理，都是在日常生活中体悟的人情。当然，缇萦所揭示的这一番人情,并不全是"私情",而是与汉朝时的主流意识形态——儒家思想相通的,以礼为核心的儒家思想,源自家族式的伦理关系,既包含尊尊卑卑的等级秩序,又融入了亲情、仁爱的情感元素,这样一套话语与汉文帝仁孝治国的理念不谋而合,因此得到了支持。由此来看,尽管中国早期法律体现了神意色彩,后代也延续了"天理"的观念,但"法不外乎人情"构成传统法律的核心要旨,亦即对正义之法的寻求,不必诉诸超越性的永恒律令,而需要考诸世俗人情。

缇萦与安提戈涅的故事所反映的法文化的不同,也有助于我们重新理解"卡迪司法"的误读。按照马克斯·韦伯的类型化分析,现代法治应该是形式理性的,这要求法律具有规则性、稳定性,而中国传统法是"卡迪司法",是非理性的。西方法治的形式理性,是基于法律的自然法属性,它是不可置疑的,司法者依法裁断,也是不考虑对象的具体情形的,这种司法者的代表即蒙眼的正义女神。

实际上,中国传统司法同样蕴含着"理性"的因子,只是这种理性不是只注重形式规则的形式理性,而是更注重背后伦理价值的实质理性。中国法的实质理性,是在法律的规则及其运行中纳入了价值的考量,作为核心的儒家价值是理性的,亲亲、仁民,乃至齐家、治国等,都是理性的依据。[1]在司法过程中灵活地协调形式正义与实质正义,用情理重新来解释形式化的法律,使得法律规则与情理能协调统一。

当然,现代司法强调依法裁断,尤其是在大陆法系国家,正式的成文法典构成司法裁判的主要依据,不当地倚重"人情"可能导致司法擅断,甚至滋生腐败。然而,即便是在缇萦救父中,汉文帝也不是直接改变司法,而是把司法问题转换为立法问题,通过刑罚制度的改革,实现了缇萦的诉求。因此,如何使得立法更好地融入人情事理,以及在司法中通过解释实现情理法的协调,都是中国传统法律留给我们的重要启示。

2. 司法中的世俗信仰

宗教与法律向来有着密切的联系,甚至现代西方法律中的诸多原则、制

---

[1] 参见张玲玉:"理性之辩:韦伯论中国传统法的批判性反思",载《西南政法大学学报》2018年第4期。

度都来源于宗教,受到宗教观念的影响,尤其是基督教文化。对中国传统司法而言,虽然它大多是世俗的制度及其应用,但由于适用法律的人,即司法官吏亦生活在传统文化影响之下,传统文化中的宗教观念不能不对他们产生作用,进而也不能不影响到司法审判。普通百姓,在日常生活起居中同样受到宗教文化的熏染,亦形塑着他们的诉讼心理与习惯。这里不打算泛泛谈宗教与司法的关系,而是集中考察世俗信仰与中国传统司法的关系,所谓世俗信仰,当然包含耶释道等正统信仰,但更多是指基督教、佛教等"正式"宗教之外,为普通百姓,同样也为司法官吏所尊奉的信仰。

在中国宗教文化中,最深入人心的恐怕就是阴阳观念了。在阴阳二分的观念下,就出现了专司阴间审判的"冥司"及"冥判"。阴间审判的观念,在先秦时代就已经出现,墨子在《明鬼下》中,就曾论及鬼神诛恶罚暴的故事,借以说明以"鬼神"来维护国家秩序,降低社会犯罪。墨子"鬼神"说虽然没有审判,也没有因果,但审判之意存在,因果报应之意亦存。"冥判"观念到了唐代已趋于成熟,特别是唐中期以后,因应社会局势的动荡和儒释道三家思想的竞争与融合,冥判与冥律甚至逐渐走上系统化,对传统司法制度形成深刻的影响。敦煌出土的《佛说十王经》详述了"阎王办案"的过程。《佛说十王经》附图所见十王厅,都在审讯犯人,每厅都有审判官一人,都是该厅主事之王,还有提供法律咨询的判官,经常拿着文簿卷轴,状似宣示所犯罪状。判官的角色,酷似唐宋司法审判制度中的检法官,负责将"推司"推鞫所得罪行,一一检索相应法条,并书拟罪状,上呈长官,最后由长官作出裁决。每厅诸王身边都有善恶童子随行,有些官厅尚有其他随行小吏,或举华盖,或列仪仗。另外还有负责刑讯的鞭背胥吏或押解罪囚的狱卒。这些阴间审判的图像或描述,尽管不乏现实司法的影子,但它反过来又影响着现实司法。

由于阴间判官对是非善恶洞若观火,更增添了冥判的威严性。冥判的想象,极大地影响着世俗社会与现实律法。缘于现实司法的腐败、低效,人们往往倾向于诉诸阴间审判,以求获得公平正义,因是之故,敦煌、吐鲁番等地,出土了不少"冥讼"文书,凸显了普通百姓淳朴的法律观念。新获吐鲁番文书中,有一件名为"北凉缘禾二年高昌郡高宁县赵货母子冥讼文书",[1]原告赵货本是高宁县都乡安邑里的百姓,时年三十岁,在冥讼文书中自言突然被叔叔赵琳告到官府,最终枉死。他满怀怨恨来到冥界,请天地体察他的冤屈,并且向阎罗王提起诉讼,请求拘勾赵琳全家来冥界对质。显然,这是由于赵货难以在现世司法中获得所求的公正,转而求助于"冥判",寄希望冥司能体察他的冤屈,实现正义。

冥判的观念还直接投射到人们对现实司法的想象中。唐代志怪文学就出现不少"生人判冥事"的地狱司法书写,敦煌发现的变文中,就有著名的地狱游历记《唐太宗入冥记》,记述了不少阴间审判的细节。干宝的《搜神记》故事,就有不少"神判"的色彩,相信神判的力量,"相信誓言具有效力,而且冥冥之中会有主宰的力量监督"。[2]后世的文学作品中,出现了更多的"生人判冥事",《包公案》写包拯阴阳两判,《狄公案》中亦述"求鬼神",《西游记》写魏征冥判斩龙王,都是其中较为有名的。后世文学作品往往通过阴间审判来传达一种世俗司法所缺乏的公正形象,其源流也来自唐代的"冥判"著述。

中国民间世俗信仰的另一显著表现是城隍信仰。事实上,城隍信仰也与天、地、人三分的宇宙观,或者说阴阳世界观相关。"城隍"本意是指城墙和围绕城墙的壕沟,后来逐渐演变为民间信仰中的城隍神。到了明太祖洪武二年(1369年),"封京都及天下城隍神",使之成为国家信仰体系的一部分。其不仅掌管着阴间的孤魂野鬼,使其有所归属,而且还承担着现实社会惩恶扬善的职责,形成与阳间法庭相对应的阴间司法的象征。经过明清志怪小说、公案小说的文学化演绎,城隍神经历了从最初的沟渠之神,到城市保护神,再到司法与正义之神的演变历程。在乡间,发生纠纷或争讼时,双方为了表白自己无辜受冤,公道在自己一方,往往把评判是非曲直的大权交给神祇或者神化的人物,如巴蜀一带流行的"骑金虎大神",就被供奉在城隍庙里,[3]据说能伸冤报屈,解决民间纠纷。在《聊斋志异》中,有"考城隍"的故

---

[1] 姜守诚:"新获北凉'缘禾二年'冥讼文书考释",载《鲁东大学学报(哲学社会科学版)》2010年6期。

[2] 陈登武:《地域·法律·人间秩序》,五南出版公司2009年版,第96页。

[3] 雷家宏:《中国古代的乡里生活》,商务印书馆2017年版,第156页。

事,主人公答题为"有心为善,虽善不赏;无心为恶,虽恶不罚"。该文被诸神称赞不已,准备命其去河南做城隍,但他哭诉,老母七旬,尚无人奉养,请求终其天年。诸神推其仁孝之心,给假九年。反映出的是儒家式的仁恕观念。

传统中国是州县兼理司法的体制,而城隍信仰渗透到州县新官赴任的整个过程。州县新官员入境之始,一举一动就需要谨慎检点,所谓"新官入境乃士民观听之始,凡百举动不可不慎"。在清代,新官到境,不能随即入城,而是先要留宿城外,为致祭城隍作准备。新官赴任,于上任前一日或前三日到城隍庙斋戒安歇,谓之"宿三"。斋宿的目的,就是表达对城隍神的尊敬。再次要行祭告之礼,斋宿后,"次早行祭",祭礼于五更时进行,祭时着便服或祭服,谒城隍庙。可以说,新官赴任的过程中,礼敬城隍是最为紧要的环节。甚至上任次日,还有谒见城隍之例。即便把这些仪式看作形式,但繁琐的礼敬城隍程式,也不能不对州县官员形成影响。

州县官员的司法审判,归根到底是在分辨是非善恶。然而,世态民情纷纭万状,州县的司法判断未必全部准确,更甚之,贪渎腐化的州县还可能草率或枉法从事,从而令是非歪曲,善恶不明。而城隍神正直、严明,能鉴察百态。在城隍神面前,是非好坏、善恶曲直最终获得分明。官吏对城隍恭敬待之,通过对神盟誓,把妥善履职的决心及未来表现皆置于神祇的监督之下。若违背誓言不能尽职,或枉法裁判,则甘愿受到神谴并接受严厉处罚,这正是致祭城隍在新官上任中受到重视的内在原因。[1]

在传统司法的实践中,也不难发现城隍信仰的潜在影响。当处理疑难诉讼时,作为基层诉讼的裁断者,清代州县官员习惯借助城隍对是非善恶作出"鉴察"。同治年间任山东陵县县令的戴杰就说,城隍之神,"京都迄直省府、州、县胥有庙典,至钜,神至尊也。凡水旱疠疫及狱讼难决者,祷于是"。[2]秦蕙田也说,明清以来,牧守县令最重者,除文庙外,即为城隍,遇到狱讼有疑或不直,则"衔冤牒诉,辩讼曲直"于城隍,至于"幽冥谴谪,丽法输

---

[1] 参见范依畴:"民间司法公正观念的神话表述及其特征——明清文学中'城隍信仰'的法文化解读",载《法学》2013年第1期。
[2] 参见韩伟:"世俗信仰与中国传统司法的关系",载《人民法院报》2014年5月23日,第5版。

罪"之属，亦莫不奔走归命于城隍。汪辉祖言其往日为幕时，就馆次日"必斋戒谒庙焚香"，即赴城隍庙焚香礼敬。州县官吏在检验命案过程中，也需要礼告城隍。官吏到命案发生地检验尸伤，与原告、被告及人证等讯问完结之后，"即上轿，当时不可回头，即到城隍庙。浣沐、更衣、行礼、解秽"，方可回衙门坐大堂，再行庭讯。向城隍行礼，意在于敬告城隍：本县已亲赴命案现场，如法相验，并无疏忽，敬请城隍明察。[1]当然，这也不乏祈求城隍安告亡灵之意。

从这些古代司法实践看，城隍信仰对传统司法活动确实具有多种多样的影响。这种影响，不仅仅局限于祭拜、宣誓等形式意义，更具有了相信城隍神能明鉴善恶曲直这样的抽象观念意义。无论是传统司法者的自我言说，抑或其审断实践，城隍信仰已经深深"嵌入"具体的司法过程，影响到诉讼的程序，甚至决定着诉讼的结果。

在法律科学高度发达的当下，司法当然要秉持理性、科学的基本态度。回顾世俗信仰与传统司法，绝不是为不可测的"鬼神司法"正名，而是希望实现中国法律文化的创造性转化，从对不可测的"冥间""上天"的敬畏，转化为对正义、对法治的敬畏。特别是从事司法工作的人员更需要树立一种敬畏，对法律的敬畏，对公平正义的敬畏，以"正心诚意"对待法律。或者说，我们也可以将司法中的世俗信仰理解为法哲学上的"自然法"，或"高级法"，一个人的违背"正义"的行为或许偶尔可以逃脱世间法律的惩处，但终究无法避免"自然法"的审判，更无法面对自己良心的责难。这种具有不可验证性的世俗信仰观念，更多的是对人形成一种心理上的压力，进而对人的行为产生影响。当下，建设法治中国，首先需要敬畏法律，对法律敬畏，就是为了在人们心中树立法治意识，从而体现在行动中，特别是体现在维护公义的司法中。法律需要信仰，更应得到足够的敬畏，尤其是掌握司法权力的法律人，只有心存敬畏、胸怀信仰，才能更好地实现公正。

---

[1] 参见赵娓妮："'阴骘'观与清代的案件裁断"，载四川省法学会主编：《四川法学文集》第2辑，四川人民出版社2009年版，第140页。

二、晋代地方诉讼制度的复原

有关晋代的实体法律制度，已经有不少卓有建树的研究，[1]但限于史料的局限，有关晋代的诉讼制度长期以来难有突破，诉讼审理的实践更鲜有研究。专攻中国审判史的学者那思陆也不得不感慨："有关晋代县的审判程序，因史料有限，难以详述。惟可推断者，晋代县的审判程序与汉魏旧制大致相同。"[2]至于具体的内容如何，有何特别之处，虽依据传统史籍，有所记述，均不得其详。

2010年夏，甘肃省临泽县发现成册简牍一批，该简册共计27枚，计900余字，发现时被置于M23号墓墓主棺盖上。考古研究者对其进行了初步整理与释读，认为这是西晋晚期张掖临泽地方政府对一起田产争讼的民事纠纷案件的审理记录，将其定名为"田产争讼爰书"（以下简称晋简），并探讨了其在研究汉晋经济史相关问题中的史料价值。[3]是否为"爰书"尚待分析，但该简册作为一份地方民事争讼的记录，除了作为经济史的研究材料，还包含十分丰富的地方诉讼信息，对于研究西晋的地方民事诉讼制度，同样具有重大的意义。但是，仍然需要注意的是，就研究的方法而言，在使用新出简牍文献的同时，并不能忽视正史等传统史籍的重要参照作用，所谓孤证难立，仅仅依据一份简册来研究晋代诉讼制度，当然是不够的。籾山明指出，"按照自己所关注的问题与新史料比较，但是只追逐出土文字史料，整体的历史图像就很难构筑起来"。[4]可能会出现这样的结果，即各自的学说也不过是"局部"性的。因此在本节中，尽管将该新出简册作为中心材料分析，但同样需充分避免做这种局部的、碎片化的研究，而是尽量地以传统典籍为背景，将局部史料与整体性的史料相对照，进行互证，以期更全面、更真实地展示

---

[1] 例如吕丽："汉魏晋'故事'辩析"，载《法学研究》2002年第6期。李俊芳：《晋朝法制研究》，人民出版社2012年版。

[2] 参见那思陆：《中国审判制度史》，上海三联书店2009年版，第82页。

[3] 杨国誉："'田产争讼爰书'所展示的汉晋经济研究新视角：甘肃临泽县新出西晋简册释读与初探"，载《中国经济史研究》2012年第1期。引用该简册内容均出自此，仅说明编号，文章简称"杨文"，不再特别注明。

[4] [日]籾山明：《中国古代诉讼制度研究》，李力译，上海古籍出版社2009年版，第3页。

晋代地方诉讼制度及实践的情况。

(一) 晋代主要诉讼程序

以下即以新出晋简为中心，详述晋代地方主要诉讼程序。由于该简册仅得到初步的整理，各简之间的编号与其内容的内在逻辑顺序还存在不一致的地方。以下仅就其特色突出的部分进行分析，从告诉到审理的各节题目，只是为了明确表述程序的大概流程而列出的，未必是晋简所记述案件的真实状态，在西晋的司法实践中也可能是并不存在的，而且各步骤间也可能有交叉、重合的地方。

1. 告诉程序

中国古代一般奉行"私的诉追"主义，自秦汉至唐代，私人控告均是启动各类诉讼程序的基本途径，刑事、民事案件诉讼程序多肇始于当事人或其近亲属的告诉行为。唐代还逐渐发展出"据状论诉"的司法惯例，[1]不仅要有诉状，诉状的内容、形式都有一定要求。从出土晋简来看，西晋同样遵循"私的追诉"主义，私人提起控告是启动诉讼的基本方式。在该简册中，"故郡吏"孙香即是提起诉讼的主体。仅就该简册看，与唐代不同的是，西晋时提起诉讼并未要求有单独的"书状"，整个起诉、证据、裁判是记录在同一份简册中，这似乎说明，西晋的起诉不过是向主管官府提出口头的追诉，诉求具体内容由具体负责的"户曹"或"典吏"一并记入官方文书。从起诉的内容来看，虽然没有严格的格式要求，但是应包括基本的家庭情况，例如住址、家庭成员，即简册中"年十七祖丧土，香单弱，时从兄发、金龙具偶居西旧坞"，[2]当然还包括争讼前因后果，都需要详细陈述。

西晋诉讼中"告诉"制度值得关注的是"占具入官"之制。简册中有"今自凭儿子强盛，侮香单弱，辞诬祖母，欲见侵夺。乞共发、金龙对，共校尽，若不如辞，占具牡二具入官"。[3]从文意看，在当时的案件审理过程中，

---

[1] 陈玺：《唐代诉讼制度研究》，商务印书馆2012年版，第15页。

[2] 杨国誉："'田产争讼爰书'所展示的汉晋经济研究新视角——甘肃临泽县新出西晋简册释读与初探"，载《中国经济史研究》2012年第1期。

[3] 杨国誉："'田产争讼爰书'所展示的汉晋经济研究新视角——甘肃临泽县新出西晋简册释读与初探"，载《中国经济史研究》2012年第1期。

为保证陈述内容的真实有效性,往往有当事人口头承诺一定数量的财物作为标的,如果陈述不实,则将之没入官府作为惩罚。从诉讼法原理看,这一看法有些道理,但未必准确。对提起诉讼者而言,"占具入官"更像是一种起诉保证制度,在任何社会,进行诉讼都是有一定成本的,这一成本不仅是当事人的,更是诉讼裁判机构以及整个国家的。因此,历代司法中都有要求,在起诉控告中禁止诬告。对于诬告、滥诉的行为均需要限制,故"诬告反坐"之制自秦代即已入律,《晋律》亦要求"诬告谋反者反坐。十岁,不得告言人"。(《晋书·刑法志》)"占具入官"实际上也是为保证告诉真实客观而进行的一种保证制度,只是"反坐"的刑事惩罚被改为财产罚,这或许与该案为民事案件有关。而且,在其他简册中,还多次出现"诬冒","还相诬言,不从分理,诣官纷云,兴长讼"[1]等,这些用语也说明时人对于"诬告"的鲜明态度。这一推测,在西周的起诉制度中也可以得到验证,西周时起诉的重要条件之一就是"入钧金",即缴纳一定数量的财物作为"诉讼费",任何一方如果不入钧金,"便是自服不直,不判自败,钧金没收入官。西周刑律的这一规定,其目的在于限制滥诬滥告,减少冤狱"。[2]在这里,"钧金"实际上也对如实告诉起到保证的作用。由此,还可以推断,"占具牡二具入官",也不应该仅仅是"口头承诺",而很有可能是在提起诉讼时即实际交付官府一定数量的财物作为"保证金",如果告诉不实,则将作为保证之财物罚没。当然,如果从证据制度看,这就是一种如实陈述的保证,如孙金龙陈述后有"若不如对,占人马具牡入官,对具"。[3]孙发答辩亦谓"事可推校,若不如对,占人马具牡入官"。[4]陈述后这一近似套语的用词,主旨是要证明所言为实,声称的财物即是对如实陈述的保证。因此,"占具入官"之制是司法审判制度中的对如实告诉的保证制度,目的是要证明案件的客观事实,也就是主

---

[1] 杨国誉:"'田产争讼爰书'所展示的汉晋经济研究新视角——甘肃临泽县新出西晋简册释读与初探",载《中国经济史研究》2012年第1期。

[2] 胡留元、冯卓慧:《夏商西周法制史》,商务印书馆2009年版,第561页。

[3] 杨国誉:"'田产争讼爰书'所展示的汉晋经济研究新视角——甘肃临泽县新出西晋简册释读与初探",载《中国经济史研究》2012年第1期。

[4] 杨国誉:"'田产争讼爰书'所展示的汉晋经济研究新视角——甘肃临泽县新出西晋简册释读与初探",载《中国经济史研究》2012年第1期。

要地具有法律上的意义。

2. 讯问、证据制度

自秦汉以来，讯问当事人在中国古代诉讼中即居于核心地位，案件的大部分事实，以及最终判决的作出，都依赖于讯问。籾山明的研究指出：秦汉刑事诉讼中，构成诉讼程序之整体的是"告""讯""论"三个支柱，而其中居于核心地位的则是"讯问"，[1]验之于出土诉讼简册，这可以说是至当之论。新出晋简中绝大部分内容，也是对涉案当事人的讯问。在本案中，原告孙香、被告孙发，相关人孙金龙都受到讯问并作了详细陈述，不仅如此，主审官吏还讯问了宗长孙司马、宗长孙丞，而且，孙丞的证言与裁断意见在案件处理中起到了关键的作用。

在证据制度中，券书发挥了重要的作用。自西周以来，券书在诉讼中的作用即至为重要，券书成为定分止争的关键依据。从简册内容看，在西晋民事诉讼中，同样十分关注"券书"等书面证据的作用。在该案中，孙香为证明自己对讼争土地的合法权利，以"有券书"来说明，"祖父母存时为香父及叔季分异，各有券书，发父兄弟分得城北田"。[2]与之相对，为证明孙发是无理侵害其权利，提出"祖母存时命发息为弘后，无券"。[3]而且，该案最终作出裁决时，也指出"书移达，具列香兄弟部分券书，会月十五日，须得断决如律令"，[4]也就是说，断决的事实依据，除依照讯问得来的口供外，主要的就是参照作为书证的券书。

尽管作为书面证据的券书在审理中受到格外重视，但这并不意味着券书在西晋诉讼中就可以作为独立的证据被确认，券书的效力还要附加有关人证的佐证。本案中，尽管孙香坚称在祖母分产遗书中，孙发没有券书，但其持有的券书也并未成为确定产权的唯一依据。对孙发"无券书"这一事实，宗

---

[1] [日] 籾山明：《中国古代诉讼制度研究》，李力译，上海古籍出版社2009年版，第100页。
[2] 杨国誉："'田产争讼爰书'所展示的汉晋经济研究新视角——甘肃临泽县新出西晋简册释读与初探"，载《中国经济史研究》2012年第1期。
[3] 杨国誉："'田产争讼爰书'所展示的汉晋经济研究新视角——甘肃临泽县新出西晋简册释读与初探"，载《中国经济史研究》2012年第1期。
[4] 杨国誉："'田产争讼爰书'所展示的汉晋经济研究新视角——甘肃临泽县新出西晋简册释读与初探"，载《中国经济史研究》2012年第1期。

长孙丞给出完全不同的解释,"今为平史,使香自继其父蒙。祖母存时命发息为弘后,无券,香所不知"。[1]也就是说,孙香继承其父孙蒙,祖母在世时让孙发的子女作为孙弘的后人,这件事没有券书,只是孙香不知道。孙丞的表述及确证,当然表明宗长证言的极大权威性,但也间接说明"券书"证据效力的有限性。

3. 审理制度

该案所反映的西晋诉讼的审理制度,主要体现在如下简文中。

"分居以来四十余年,今香、发诤,非金龙所知。有从叔丞可问,若不如对,占人马具牡入官,对具。"(6315)

"孙司马、民孙香、孙发、孙金龙兄弟共诤田财,诣官纷云,以司马为证写。"(6294)

"司马是宗长,足当知。书移达,具列香兄弟部分券书,会月十五日,须得断决如律令。"(6292)

"不和,还相诬言,不从分理,诣官纷云,兴长讼,请求法。"(6281)

"请事诺,罚香、发鞭杖各百五十,适行事一用听如丞。"(6280)[2]

简册文意首先反映的是审限制度,也就是审理的期限问题。"会月十五日"也就是要在"十五日"作出判决,该简册先后出现"十二月四日""十二月六日""十二月七日""十二月十一日""十二月十五日"等五处时间点,其中孙香最初提起告诉的时间是十二月四日,最晚为十二月十五日孙丞提出证言,而且简册中仅有户曹掾史作出审断的初步意见,故"会月十五日"不大可能是"十二月十五日",而很有可能是次月十五日。故可初步推断,如果自提出告诉,到作出判决,其大概的期限为四十日;如果从讯问所有人证结束起算,则为一个月整。

---

[1] 杨国誉:"'田产争讼爰书'所展示的汉晋经济研究新视角——甘肃临泽县新出西晋简册释读与初探",载《中国经济史研究》2012年第1期。

[2] 杨国誉:"'田产争讼爰书'所展示的汉晋经济研究新视角——甘肃临泽县新出西晋简册释读与初探",载《中国经济史研究》2012年第1期。

简册还反映出，尽管只是一件民间财产纠纷案件，仍然应"断决如律令"，即需要如律断决。依法裁断的要求更早前的晋代是否有类似规定，从留存晋代律令法文本中还无法确知，但在地方诉讼的实践中，却得到了一个现实的印证。这里值得注意的是，"断决如律令"的主体并非宗长孙司马，而是"临泽令"，也就是说官府对民间纠纷解决中据律裁断的要求，主要是针对地方官员。而回头分析该简，从"书移达"一语，似乎可以一窥民事讼争在正式的官府审判与非正式的民间调处之间来回折转反复的过程。如果结合最初孙丞对该案的处理，大致可以得出该案处理的经过：讼争首先经同宗宗长孙丞裁断，当事双方不服起诉至"临泽令"，"临泽令"审断过程中，又"移文"于司马处断，最终案件再回到"临泽令"，由户曹掾史具体处理。由于孙丞既是宗长，又是孙金龙、孙发等人的"从叔"，因此作为最初的仲裁人，作出裁断。讼争经官后返回的"孙司马"，应该是更高级别的宗长，他有更大的权威，对复杂、疑难的案件作出裁断，而且，从"以司马为证写"一语，似透露出，这类的"宗长"还起到受到官方支持的证书确认作用。

"罚香、发鞭杖各百五十"反映的则是民事纠纷的刑事化处理，类似的方式，在出土汉简中就多有反映，其内在的理由是：即使纯粹的"争财"纠纷，其主张也有不合情理的方面，这可以被视为"有罪"。换言之，民事案件有时也出现以刑罚为结果的情况。[1]一定意义上，泛化地从罪与非罪、德与失德的角度去看待民间纠纷，也可被视为中国古代"民事诉讼"的通例。这反映了中国传统的刑罚观，"刑罚为政教之用"，"笞者，击也，又训为耻。言人有小愆，法须惩戒，故加捶挞以耻之"。[2]所以，鞭杖的刑罚处理，蕴含着"明刑弼教"的司法理念。

晋简还反映出当时存在一定的诉讼审级制度。在最低的层级，宗族、村社起到重要的作用。在本案中，孙丞是宗长，除在诉讼中作证外，他还起初审作用，类似于汉代的"乡诉讼"。而到了县一级地方审判中，户曹掾史则起到关键作用，户曹掾史是县一级的任事官吏，《晋书·职官志》载，"县大者置令，小者置长。有主簿、录事史、主记室史、门下书佐、干……户曹掾史

---

〔1〕[日]籾山明：《中国古代诉讼制度研究》，李力译，上海古籍出版社2009年版，第140页。
〔2〕刘俊文撰：《唐律疏议笺解》，中华书局1996年版，第17页。

干、法曹门干、金仓贼曹掾史、兵曹史、吏曹史、狱小史",疑问是,晋代有专职的"法曹",本案却让户曹掾史处理讼争,似乎存在令人难解的地方。这里试着作出的解释是:法曹与户曹职能有别,法曹恐怕主要是负责杀、盗等刑事犯罪的案件,户曹则处理财产争讼等民事案件,如此,由户曹掾史处理此土地争讼案就在情理之中了。

从简册文意看,当时临泽县令并不亲自参与审判,整个审判的实际运作过程是由县之户曹掾史完成,并且由其拟具初步裁判意见,然后"请事诺",审理完结后,还要履行申报程序,请上一级再做定夺,当然这应该是指县的主管官员(本案即临泽令)最后裁断,至于县一级审理完毕,县一级是否还需要将案情再上报覆核,当事人可否,以及如何再行上诉,从该简册内容还无法确知。

(二) 西晋地方民事诉讼程序特色

综合上述,新出土的西晋简册虽然极为零散,内容也不够完整,但确实包含了大量的地方诉讼的信息,使我们可以直观地了解西晋县一级诉讼的基本情况。经过分析,可以大致得出西晋地方"民事诉讼"制度的一些特色。

第一,强调如实起诉,反对诬告。从简册文本中可以看出,无论是"占物入官",还是反复声称的"若不如对""若不如辞",以及供词中多次出现的"诬冒""诬言""欲死诬生"等词语,都在说明无论是在当时的官方律令制度中,还是在参加诉讼的一般民众的观念中,非理或不实的"诬告"都是不能被允许的行为,甚至就是一种犯罪行为。值得一提的是,通过"占物入官"这样一种财产保证的方式,防止诬告、滥诉,在民事诉讼实践中,无疑具有积极的意义。

第二,注意各类证据的核实与运用。尽管晋代的诉讼程序较为简单,但从简册中已经可以看出,具有证实案件事实的各种证据都得以充分地运用,证人证言、券书等都被纳入诉讼裁判的视野。在证人证言中,除听取控辩两造的陈述以外,还讯问了与该土地租借关系密切的相关人孙金龙,听取了他的陈述作为旁证。当然,基于乡间社会的威望,作为宗长的证言最终起到了关键的作用。"券书"作为书面证据的作用虽然得到重视,但其并不能作为证据具有单独的证明效力,还需结合宗长、亲邻等其他见证人的证言,对其反复验证。

第三，宗长等家族、社会组织在讼争解决中发挥着重要作用。从该简册文书中，可以间接得知，有关土地的民间纠纷，最初是被提交乡里的权威"宗长"作出裁断，这显示"宗长"在基层民间的纠纷解决中扮演关键角色。"宗长"解决纠纷具有天然的优势，一是宗长对纠纷双方，以及讼争财产的情况都较为熟悉；二是宗长在宗族中无疑具有首要的权威，其裁决也更令人信服。户曹裁决中"适行事一用听如丞"一语，也足见对于宗长处断民间纠纷的角色，官方持一种鲜明的支持态度。然而，从孙香最终起诉至临泽令这一事实看，宗长的非正式裁决尽管十分重要，但当事方如果对宗长的裁决不服，仍然可以将民事讼争提交至官府机构，请求得到更公正的，也更符合律令的裁判。

第四，民事讼争的刑事化处理。这当然是出于官方的一种"厌讼"情绪，或认为兴讼是一种有违"道德教化"的行为。这里值得注意的有两点：一是鞭杖刑针对的是诉辩二造，即在官方看来，一旦提起讼争，过错就不仅在于起诉方，被诉方同样有错，因此需要一体惩罚，以儆效尤；二是具体刑罚为"鞭杖各百五十"，这在量刑中属于较高的刑罚等级，在唐代，答刑是一十至五十，杖刑为六十至一百，鞭杖一百五十，是答杖刑结合的顶格使用，而且，唐代地方各县只能审理杖以下的案件，徒刑案件须上报州一级审理。宋时所有杖以上刑罚判决都由县以上级别的机关作出，虽然在司法实践中县一级也可以判处杖刑，并且无需经过州府覆核，只需定期将审判情况上报。[1]该案户曹掾史直接作出高达一百五十的答杖刑，这也说明晋代地方司法官吏掌握着较大的自由裁量权。

爰书一般被认为具有作为公证文书的功能，由负责官吏作成的、为了进行公证的文书[2]。而且，"爰书"也不止限于审判文书。"爰书"的核心有二：一是其受到官方的认可，可作为公证；二是它可在不同审级间传送，即"传爰书"之制。就该晋简内容看，主要是对涉案各当事人的讯问，最终提出初审官吏的裁断意见。该简册主要的作用在于记录案情，并据此得出裁判的

―――――――――

〔1〕［日］籾山明：《中国古代诉讼制度研究》，李力译，上海古籍出版社2009年版，第299页。

〔2〕［日］籾山明：《中国古代诉讼制度研究》，李力译，上海古籍出版社2009年版，第199页。

意见，当然其中也提到"请事诺"的程序，但它是否就等同于"传爰书"，还不好妄下结论。因此，从谨慎的角度出发，该简册的性质更可能是一份民事诉讼案件的庭审记录。通过检视该简册，我们不难发现晋代诉讼制度在秦汉与唐宋之间承前启后的作用，无论是对诬告的禁止，还是对券书、亲族证人的重视，以及民事诉讼的刑事化处理，都延续了秦汉以来的中国司法传统，并在唐宋诉讼制度中可以发现其遗风，其"占具入官"的诉讼保证制度更是特色鲜明。此外，晋时法律发展突出的一点是"律学"，即法律研究、解释之学的高度发达，惜乎律学的成果在一份纯粹的财产争讼中还无法得到验证。而且可以明显地看到的是，晋时地方司法裁判中主审官吏的自由裁量权较大，其潜在弊端不容忽视。

三、唐律类推的司法智慧

以《永徽律》为代表的《唐律》在精神上"一准乎礼"，内容集历代法典之大成，"得古今之平"，向来受到法史学界的关注。事实上，《唐律》的成就，不仅在于其立法技术的成熟与内容的完备，还在于，它直接指向刑事法律适用，通过诸多法律条文的设计，直接影响着司法实践。类推比附就是《唐律》提出的重要司法原则或解释方法，其超越时代的价值仍值得探究。

（一）《唐律》类推的背景

法令"科条详备"，司法缘法而断，是一种理想的状态。实际上，世态人情纷繁芜杂，犯罪行为多种多样，立法很难将其一概纳入，故"类推"的思想久已存之。战国时，荀子就提出近似类推的概念，"有法者以法行，无法者以类举"，[1]即对没有成文法对应的犯罪行为，通过类比的方式处置。《唐律》虽然在中国古代法典中发展较为成熟，但仍然存在考虑不周全的情况，这在法典中本身就有说明，"诸不应得为"条中，"杂犯轻罪，触类弘多，金科玉条，包罗难尽。其有在律在令无有正条，若不轻重相明，无文可以比附。临时处断，量情为罪，庶补遗阙，故立此条"。[2]也就是说，社会中各种犯

---

[1]（清）王先谦撰：《荀子集解》，沈啸寰、王星贤点校，中华书局1988年版，第500页。
[2] 刘俊文撰：《唐律疏议笺解》，中华书局1996年版，第1945页。

罪,难以被法律条文一一列举,故不得不采取比附类推的办法;更极端的,是适用比附都没有适当的条文,只能再定"不应得为"条作为兜底条款,酌量情节确定刑罚,以确保任何的不当行为都能受到惩治。

唐代缺少完备有效的"判例法",是造成司法中类推比附的另一个原因。中国自秦汉以来,逐步形成一些类似"判例法"的制度,如汉代的决事比,清代的例、成案,等等,都发挥着"准判例"的作用,解决了法无明文处断的问题。但在唐代,虽然在复仇等案中,也有个别类似引述先例的做法,但还未能形成一套较为成熟的判例法制度,这导致大量违背礼法的"不当"行为无法找到法典上处罚的依据,于是,比附类推就应运而生了。

当然,以《唐律》为代表的古代法典这种共同的趋向,根本的原因还在于立法技术的不足,以及现代法学概念、解释方法的缺乏。《唐律》要求"断罪俱引律令格式正条",但这一时期法典的条文,规定得大多比较具象,涵盖能力有限,导致出现很多于"理"不当、于"法"无据的行为,这就需要某种司法解释的方法,更好地对各种"悖理"或不法行为作出惩罚,进而维护当时统治所欲求的秩序。

(二)《唐律》类推的条文分析

《唐律》条文中相互比附、类推的情形较多,特别是表现在"贼盗""斗讼"等篇章中。其中,《名例律》中"断罪无正条"是典型的代表。其中规定:"诸断罪而无正条,其应出罪者,则举重以明轻。"议曰:断罪无正条者,一部律内,犯无罪名。"其应出罪者",依《贼盗律》:"夜无故入人家,主人登时杀者,勿论。"假有折伤,灼然不坐。又条:"盗缌麻以上财物,节级减凡盗之罪。"若犯诈欺及坐赃之类,在律虽无减文,盗罪尚得减科,余犯明从减法。此并"举重明轻"之类。[1]

该"出罪"之条,是指应当减轻或免除刑罚的行为,以律文正条中较重的行为来类比较轻的行为,较重的不认为是犯罪,较轻的自然不入罪。如《贼盗律》中,贼盗等夜无故入人家,主人出于自卫立即杀死之,不承担刑事责任,以之类比,主人对其有"折伤",当然也不应承担刑事责任。该条"疏

---

〔1〕 刘俊文撰:《唐律疏议笺解》,中华书局1996年版,第486页。

议"又列举了《贼盗律》中"盗缌麻、小功财物"之条，该条规定"减凡人一等"，以此逻辑类推，即知比盗罪较轻的诈欺、坐赃等，律文正条虽未明确减轻，但显然应该被减等科刑。此种出罪类比推理，符合一般人的常识，类同于当代刑法中的"当然解释"。

该条又规定，其应入罪者，则举轻以明重。疏议曰，按《贼盗律》："谋杀期亲尊长，皆斩。"无已杀、已伤之文，如有杀、伤者，举始谋为轻，尚得死罪；杀及谋已杀是重，明从皆斩之坐。又例云："殴告大功尊长、小功尊属，不得以荫论。"[1]若有殴告期亲尊长，举大功是轻，期亲是重，亦不得用荫。是"举轻明重"之类。

入罪者，是指确定有罪或加重处罚。疏议所举例为"谋杀期亲尊长"，谋杀是指内心谋划，却未实行杀人，即谋杀行为仅表现为谋计，未付诸实际的杀伤行为，类似于现代刑法上的"犯罪预备"。由于唐律"一准乎礼"，而尊长在儒家礼义中又具有尊崇的地位，因此对其"谋杀"，仍应"皆斩"。相较之未付诸行动之谋杀，已杀、已伤者，显然罪责更重，类比"谋杀"条，无疑同样应处以斩刑。依照礼制的唐律，对殴打、告发尊长的行为，认为是有罪责，需要承担刑罚，并且不得受"荫赎"。按照"五服"亲等制度，期亲要更近于大功、小功，对后者的殴、告不得荫赎，对更为亲近期亲殴、告，罪责更重，自然也"不得用荫"，这即是通过类比而来的"举轻明重"。

《唐律》中类推比附的情形很多，并不限于"断罪无正条举重明轻"之条。王侃提出一种观点，认为"举重明轻"是对律条含义、用语作论证、推理，属于对法律的逻辑解释，《唐律》中的比附相当于现在的类推。司法中之所以需要类推，是"犯无罪名"需要通过定罪名而解决其刑罚问题，而"举轻明重"不是绝对意义上的"犯无罪名"，也不是通过定罪名来解决刑罚，因其刑罚已经确定。他进而指出"诈伪篇""贼盗篇"中的罪名比附、刑罚的加减比附才相当于现代类推。

事实上，举重明轻及各篇中的"比附"，虽然不能与现代法律上的类推画等号，但本质都是类比思维的体现，旨在解决罪刑相适应的问题。"举重明

---

[1] 刘俊文撰：《唐律疏议笺解》，中华书局1996年版，第486页。

轻"条，虽然看起来不解决刑罚问题，但实际上却在确定罪名。《唐律》尽管没有形成现代意义上的"罪刑法定"原则，但依然遵循最低限度的法治——"断罪俱引律令格式正文"，也就是说，司法中需要严格依照律令条文字面意思去适用，如"夜无故入人家"，杀死与"折伤"显然不同，严格依照条文，并不能将折伤解释进来；再如，殴告大功、小功尊长之条文，本身很清晰，而期亲、缌麻等，显然也不能解释进去。现实中发生的案例，又不能不处罚，"举重明轻"以将之出罪或入罪，本质上应属于类比、类推的方式。

《唐律》其他各篇中的"比附加减"，同样属于定罪量刑的"类推"。如"斗殴杀"，律条正文是"斗殴杀人者，绞"，疏议曰，"斗殴者，元无杀心，因相斗殴而杀人"，这是"斗殴杀"的典型罪状。但在实践中，类似斗殴杀的情形非常多，如借助畜产杀伤人，"保辜二十日，辜内死者，减斗杀一等"；[1]故放杂畜产，抵踢啮杀子孙，于徒一年半上减一等，"余亲卑幼，各依本服，于斗杀伤上减一等"。[2]再如，以物置人耳、鼻条，"其故摒去人服用、饮食之物，以故杀伤人者，各以斗杀伤论"，[3]都是采取了比附"斗杀伤"的方式。唐律中比附，实质上还要区分"五服"制度下的尊卑长幼，"若杀凡人或伤尊长应死，或于卑幼及贱人虽杀不合偿死，及伤尊卑、贵贱各有等差，须依斗律，从本犯科断，故云'各以斗杀伤论'"。[4]此类情形，均不是斗殴杀之典型，但却比照斗殴杀处理，不仅是确定罪名，同时还根据具体尊卑、贵贱等差，分别确定不同的刑罚。相较之"举重明轻"，各篇中的比附处断，或可称之为实质意义上的"类推"。

(三)《唐律》类推的法学解释

类推是人类普遍的一种思维方式，它检视事物之间性质的一致性，存在于各个领域中。在刑法理论中，类推就是目光在规范和事实之间往返流连，通过类比推理的方法阐释刑法条文的含义，或者说是以相同的规范目的为理由，导出可适用相同法律效果之结论，故类推与法律解释之间具有互通性。

---

[1] 刘俊文撰：《唐律疏议笺解》，中华书局1996年版，第1118页。
[2] 刘俊文撰：《唐律疏议笺解》，中华书局1996年版，第1118页。
[3] 刘俊文撰：《唐律疏议笺解》，中华书局1996年版，第1295页。
[4] 刘俊文撰：《唐律疏议笺解》，中华书局1996年版，第1295页。

更具体而言，张明楷认为，类推是指阐释者明知刑法没有将某种行为规定为犯罪，但该行为具有危害性，行为人具有危险性，就将该行为比照刑法分则的相似条文定罪量刑。

在中国古代，类推和比附亦有一定的区分。陈新宇通过对清代律例的研究，认为类推的目的在于入罪，比附的主要功能则在于寻求适当的量刑，它出自传统律典的"断罪无正条"。但就《唐律》的情形看，比附同样在确定罪名，如前述"斗殴杀"的比附；而类推又在寻求适当量刑，如《贼盗律》中谋杀尊长，若已杀，自然要处以斩刑。或可以说，《唐律》中的"举重明轻"，以及相关条文中的"比附加减"，虽然不等同于现代刑法中的类推解释，但实质都是类比思维在刑法中的运用，其目的既在于为"律无正条"的行为寻求罪名，又在于参照确定适当的量刑，最终是要为特定的犯罪行为寻求适当的量刑。

对传统律典中的类推比附，过去学界多持否定性评价，张晋藩认为，《唐律》中所列"出入比罪""不应得为而为"的规定，从法律制度上对官吏的擅断提供了根据，而皇帝对司法的权断专擅则是无所限制的，故"表现了专制主义的强化"。周密亦认为，"断罪无正条"之类推，给执法人员出罪入罪极大的机动权，以维护地主阶级专政，"容易造成刑杀擅断，罪及无辜的司法专横"；黄源盛指出，比附援引为司法常态，即使立法中有"罪刑法定"倾向，"也不过是基于法家的霸道意识与儒家王道精神融合的法文化结晶"，[1]与现代保障人权的罪刑法定主义不同。这些评价，实际上更多的是针对改革开放之前罪刑擅断的种种不正常现象而言的。以现代法治的观点来看，唐代的类推比附确实存在诸多不足，但它与现代刑法中的类推是否可以等同，是否违背了罪刑法定原则，又能否得以创造性转化，仍需要加以具体分析。

（四）《唐律》类推的创造性转化

《唐律》适用类推比附，最重要的原因是立法难以包罗万象，存在可能的遗漏。当代立法技术更为成熟发达，辅之以多种刑法解释方法，似乎可以实现法律规范的周延。然而，揆诸实际，这样的想法并不容易实现，设计再周

---

[1] 黄源盛：《中国法史导论》，广西师范大学出版社2014年版，第114页。

密的法律，都会存在着各种漏洞，况且，现代科技、社会发展飞速，更出现了诸多立法者当时难以预想的情况。简言之，意图通过立法实现对社会全方位、无缝隙的治理，不过是体现出人类理性的自负，那样一部完美的立法也不可能存在。"成文法的不足决定了在演绎推理之外还需要一套类比技术的辅助。"[1]这种"比"的方式可以在法律方法或判例法等多个维度展开。

否定类推的另一项理由在于刑法上"罪刑法定"的原则，该原则确立了违法与惩罚的"可预期性"，本质是对人权的保护，侧重于"出罪"，以避免使无辜者遭受司法的侵害，按照一般的观点，适用"类推"，就是违背了罪刑法定原则。然而，回到社会现实，需要追问的是，司法或法治究竟如何保护人权，又该保护谁的人权？无辜的犯罪嫌疑人之人权当然应该保护，但刑事犯罪中受害人的人权就不需要保护吗？如果不能平等保护各类法律主体的人权，那法治所期待的正义便无以依托。

回到历史语境，不难发现，唐代的"类推"不同于现代刑法中的类推。现代刑法中的类推制度是与罪刑擅断和刑法的扩大解释相伴随的，随着19世纪思想启蒙运动的开启和欧陆法典化运动，作为一种制度性的类推逐步退出历史舞台。《唐律》中类推更多体现为刑法适用中的类推思维或类比方法，旨在解决罪刑相适应的问题。唐代的"罪"是以礼教为背景的，"当为价值体系"的文化规范，是因为汉代以后，法律"逐渐趋向与社会观念合一的途径"，[2]因此对"出于礼"的行为入罪。因此类推未必构成"罪刑法定"的反例，反而可能解决刑法适用中的诸多难题。现代刑法条文类型不断细化，面对具体犯罪行为，要作出类型之间的区别日益困难，为了形式上符合罪刑法定，刑法理论对类推解释与扩张解释的界限作了大量研究。而在实践中，又往往以扩张解释来替代实质的类推解释，进而陷入一种名实难副的吊诡思维中。

适当的"类推"方法的缺失，造成刑事司法实践中的诸多问题。如在某案中，若依照《刑法》[3]第236条，强奸罪的犯罪对象是"妇女"，包括幼

---

[1] 李拥军：《司法的普遍原理与中国经验》，北京大学出版社2019年版，第202页。
[2] 黄源盛：「唐律不应得为罪的当代思考」，载《法制史研究》2004年第5期。
[3] 为表述方便，本书中涉及的我国法律法规直接使用简称，省去"中华人民共和国"字样，例如《中华人民共和国刑法》简称为《刑法》，全书统一，不再一一说明。

女,无论如何作解释,都无法将男性解释为"妇女";该案最终入罪的是《刑法》第237条"猥亵儿童罪",但猥亵不同于强奸,或在犯罪情节上轻于后者,以之定罪甚为牵强。类似明显存在社会危害性的行为,在刑法上却难以定罪,这一问题显示出现代刑法解释上的困境。唐代类推解决的是罪刑相适应的问题,以达到刑当其罪,既包含入罪重罚的情形,同时又含有出罪与罪轻的考虑。实际上,借助类比思维,回归常识,寻求更适合的罪名或处分方式,以实现刑罚与罪责的适应性,完全可以达到更好的效果。

概言之,唐代类推的指向,绝不是要指向刑罚的扩大化,而是在实践智慧的基础上寻求刑罚与罪责的平衡。现代刑法必须以保障人权为旨归,这就要求克服其暴戾、恣意的因素,规范解释权,导向法治文明,它必然拒绝刑法作简单的扩张类推。唐代类推的方法具有积极的价值,需要挖掘其合理的经验,并谨慎地适用。这里的"谨慎",除"允许有利于被告人的类推解释"外,还需要考虑,是否能以适当的方式,允许对有明确受害对象、不入罪不符合"常理"之行为的类推解释,以及对此种"类推解释"作出更严格的程序上的规范,最终的目的,是要实现罪刑均衡,通过司法更好实现人民群众所能接受的、符合常识与情理的"正义"。

思考题

1. 论述传统司法中的情理法。
2. 如何理解马克斯·韦伯认为中国法是"卡迪司法"的论断?

阅读书目

1. 那思陆:《中国审判制度史》,上海三联书店2009年版。
2. 陈新宇:"比附与类推之辨——从'比引律条'出发",载《政法论坛》2011年第2期。
3. 徐忠明:《情感、循吏与明清时期的司法实践》,译林出版社2019年版。

第四讲 法治典范

法典化时代的法治及影响

中国传统法律文化（以律令制度为主）作为"东亚文化圈"的基本要素之一，作为世界五大法系之一的中华法系，曾经支配了整个东亚区域，对于这一区域内其他国家和地区的法律文化，产生了不可估量的影响。唐律是中国传统法律文化的集大成者，由于它产生的历史条件，使它在中国古代法律文化发展史上，上承战国时期的《法经》，历经秦汉魏晋，至唐而集其大成，沿继于宋、元、明、清各代，皆以唐律为蓝本制定法典，从而也使唐律成为唐以后历代律典之楷模，起着承上启下的作用。同时由于唐律作为唐文化的重要一脉，在它被制定、颁布之后，就对东亚区域产生了重大的影响，并形成了以唐律为母法，以日本、朝鲜、越南等国法为子法的中华法系——唐律内容广博，意蕴丰富，学界已有诸多研究。以下主要从唐律之刑罚制度，特别是死刑替代刑制度，探讨唐律的突出特色。

一、中国古代死刑替代刑的沿革

死刑是中国古代以"五刑"为主体的刑罚制度的最重要内容之一，作为最为严厉的刑罚方式，早在黄帝、尧舜禹时期就已经萌芽，发展到汉唐时期，已经颇为成熟规范，体系严整。死刑的替代刑，有人认为"是废除了死刑后代替死刑的处罚措施"，或者说"在废除了最严重犯罪的死刑后所采取的替代死刑的处罚方法"。[1]而就中国古代的特定情境而言，替代刑的出现，更多地是为了有效地减少死刑，体现宽仁之政。因此，这里所谓死刑"替代刑"，就是用死刑以外的刑罚或处分，来替代死刑，主要是绞、斩死刑的执行，从而达到化重为轻、化死为生的目的。汉唐时代，在立法上总体奉行"宽简仁恕"的政策，因此逐步形成了多种死刑的替代刑，它们的存在，很大程度上消减了唐代刑法条文中死刑数量过多、范围过大的弊病。

---

[1] [美]杰罗姆·柯恩、赵秉志主编：《死刑司法控制论及其替代措施》，法律出版社2008年版，第270页。

(一) 中国古代死刑替代刑出现的背景

由于汉唐是中国古代死刑替代刑使用较为频繁的朝代，又因其整体用刑的轻缓及代表性，对死刑替代刑出现背景的讨论，就以汉唐为例。汉兴之初，虽然高祖仅仅"约法三章"，号称法令简约，"然其大辟，尚有夷三族之令。令曰：'当三族者，皆先黥、劓，斩左右趾，笞杀之，枭其首，菹其骨肉于市。其诽谤詈诅者，又先断舌。'故谓之具五刑"。[1]可见，死刑等刑罚的残酷性丝毫不弱。之所以实行严刑峻法，大概也与当时内外政治社会环境分不开，连高祖都说："兵不得休八年，万民与苦甚。"[2]而到了文景时期，就开始有所反思，文帝曾说，"朕闻之，法正则民慤，罪当则民从"。到了成帝鸿嘉元年（前20年），定令："年未满七岁，贼斗杀人及犯殊死者，上请廷尉以闻，得减死。"[3]这为死刑轻缓化，替代刑的出现创造了基础。

唐初，虽然新王朝草创，社会初现生机，但局势并不安定，各地小规模的战乱、灾荒仍时有发生，边疆地区更是屡屡受到吐蕃、契丹的威胁。尽管如此，唐高祖仍然以极大的政治智慧和自信，大力减轻，甚至赦免刑罚，"高祖即皇帝位于太极殿，命刑部尚书萧造兼太尉，告于南郊，大赦天下"。（《旧唐书·卷一》）到了贞观时，局势仍然不稳，《贞观政要》对此描述是："太宗自即位之始，霜旱天灾，米谷踊贵，突厥侵扰，州县骚然。"可以说，当时整个社会形势内忧外患仍然极不稳定。在这样的社会情势下，唐太宗以极大的魄力，力行宽仁之政，《新唐书·刑法志》记载："太宗以英武定天下，然其天姿仁恕。初即位，有劝以威刑肃天下者，魏征以为不可，因为上言王政本于仁恩，所以爱民厚俗之意，太宗欣然纳之，遂以宽仁治天下，而于刑法尤慎。"当然，尽管太宗与魏征在此问题上达成一致，但朝中大臣亦多有不同意见，争议时有发生，贞观九年（635年）就由此发生过一场争论，"太宗谓右仆射李靖等曰：'人君之道，唯欲宽厚。非但刑戮，乃至鞭挞，亦不欲行。比每人嫌朕大宽，未知此言可行否？'公对曰：'古来帝王，以杀戮肆威知者，实非久安之策。臣等见隋炀帝初有天下，亦大威严。而官人百姓，造罪未一。

---

[1] 《汉书·刑法志》。
[2] 《汉书·高帝纪下》。
[3] 《汉书·刑法志》。

今陛下仁育天下，万姓获安。臣下虽愚，岂容不识恩造'。"[1] 国家层面刑事立法的轻缓化，使得实际死刑数量本来就不多，如唐太宗贞观"四年（630年），天下断死罪者二十九人"；贞观六年（632年），太宗又"亲录囚徒，闵死罪者三百九十人，纵之还家，期以明年秋即刑；及期，囚皆诣朝堂，无后者，太宗嘉其诚信，悉原之"。[2] 这一数量，跟疆域远远小于唐朝的宋朝相比就很明显了。实际死刑的减少，刑罚的残酷性反而减轻，结果就是对替代刑的需要降低。

到了唐中期以后，随着刑事立法体系的完善，立法中的死刑增加，斩、绞等几类总计超过一百条，[3] 相应司法中的死刑绝对数量也必然增多，这个时候，为了减少死刑实际执行数量，反而需要有死刑的替代刑。所以，唐代死刑替代刑频繁出现，并相对地法定化，反而是在永徽年之后才逐步完成的。

由此，可以作出的一个基本判断是：作为刑罚体系的重要构成部分，死刑的设置与适用对一个王朝而言十分重要，很多时候，它已经不仅仅是一个法律问题，更成为一个政治问题。而死刑的替代刑，从本质来说，是意图通过其他的刑罚方式来代替生命刑的执行，减少死刑、减轻刑罚，它的后果必然是一个国家实际死刑绝对数量的减少，作出这样的抉择，当然和治国者的执政理念有关，如顺天行罚等，但更重要的是和主政者对于社会犯罪的整体形势的把握密切相关，或者说，更主要的应是主政者出于一时刑事政策[4]的总体考虑。

（二）中国古代死刑替代刑的诸类型

1. 赎刑

赎刑是指以刑种为基础，以金钱或劳役折抵刑罚的替代刑制度，它也是

---

[1] 《魏郑公谏录》卷三，四库全书本。

[2] 《新唐书·刑法志》。

[3] 据统计，《永徽律》中，死刑总计有114条，其中绞斩合条51条，单独绞刑53条，单独斩刑10条，参见王平原："死刑诸思：以唐代死刑为素材的探讨"，载《山东警察学校学报》2010年第3期。

[4] 在此，对刑事政策，主要是基于最广义的理解，即"所有控制犯罪的策略、方针、措施、方法，等等"，当然这种策略、方针的选择，必然也是基于对当前社会总体形势的判断，参见叶希善："最广义刑事政策概念的合理性论证"，载卢建平、徐汉明主编：《京师刑事政策评论》（第2卷），北京师范大学出版社2008年版，第80页。

最早的死刑替代刑之一，早在先秦时期已经出现。《尚书·舜典》中就记载有"金作赎刑"，意思是对犯罪的人，可以用"赎金"的方式来予以代替。《尚书·吕刑》中"吕命，穆王训夏赎刑"，也是指可以用替代的方式"赎刑"。《吕刑》中还记载："大辟疑赦，其罚千锾，阅实其罪。"这里已经明确存在疑问的"大辟"，可以用罚金的方式来代替，当然，这里代替的"大辟"，仅仅是存疑的，也就是说，也可能罪不至死，甚至根本就无罪。《吕刑》中对赎刑的效用亦有分析，"罚惩非死，人极于病"，即认为赎刑虽然代替了死刑等刑罚的执行，强制交纳一定量的财物，也使人感到极大痛苦，可以一定程度地达到刑罚预防犯罪的目的。总而言之，这时已经存在用罚金代替死刑之"赎刑"观念了，并初步体现出赎刑早期的一些特征。赎刑在汉代运用就更为广泛，大量的死刑都通过"赎"的方式得以替代，汉惠帝元年（前194年）规定，"民有罪，得买爵三十级以免死罪"，[1]这实际就是赎刑的表现。汉明帝建武中元二年（57年）又有"天下亡命殊死以下，听得赎论，死罪入缣二十匹"。[2]

唐代死刑的"赎"仍然存在，但有一些发展变化。在适用的主体上，有严格的限制，主要有两类：第一类是限制行为能力人，如年龄在十岁以下的未成年人，八十岁以上的老年人，以及部分残疾人，《唐六典》对此明确："年八十已上，十岁已下及笃疾犯盗与伤者，及过误杀人，及大辟疑罪者并以赎论。"之所以对这类人适用赎刑，除体现主政者的宽厚仁慈外，恐怕也因他们毕竟在体力等方面弱于常人，其社会危险性也不大，因此，适用赎刑不致造成严重的后果。第二类可适用赎刑的主要是有一定品级的正式行政官员，即所谓的"通贵"，包括全部流内官及七品以上官爵之部分亲属、五品以上官爵在内的人。[3]有官品的妇人也可以适用赎刑，"诸妇人有官品及邑号犯罪者，各依其品，从请、减、赎、当、免之律，不得荫亲属"。[4]而之所以不得荫及亲属，是由于妇人之官品本来源自丈夫，或儿子，只能及于自身，不能再荫及其他亲属。对流内官员实行赎刑的政策，体现了唐朝的"崇官"传统，

---

[1]《汉书·惠帝纪》。
[2]《后汉书·明帝纪》。
[3] 参见胡兴东：《中国古代死刑制度史》，法律出版社2008年版，第82页。
[4] 刘俊文撰：《唐律疏议笺解》，中华书局1996年版，第152页。

在唐朝的主流价值观里,"刑不上大夫者,亦所以维持其威严,保全其自尊,而以观望其后效,盖亦国家惜才之意耳"。[1]也就是说绞、斩等残酷的肉刑,主要是针对所谓的"贱民",士大夫等自有适用于他们的惩罚,而不必用死刑惩治。在情节及犯罪构成方面,主要是针对疑罪及过失犯罪,《唐六典》中规定:"及年八十已上、十岁已下及笃疾犯盗与伤人者,及过误杀人,及大辟疑罪者并以赎论。"[2]事实上,《唐律疏议》的"诸过失杀伤人"条虽然也已规定,"各依其状,以赎论",但该条还不能简单地认为是一种唐代死刑的替代刑。因为,过失杀人,无论是主观恶性,还是客观后果,显然要远远轻于可判斩、绞死罪的斗殴杀人,一般而言,也轻于戏杀人。[3]"戏杀"者,尚且要减轻斗杀二等处刑,一般情形下,过失杀人更不应该被判处死刑,所以,上述赎刑之规定,对于过失杀人或仅有理论上的意义,真正可以称为是死刑替代刑的也只有后半部分,即"大辟疑罪者并以赎论",这实际上正是贯彻了自西周以来的刑法原则:"罪疑惟轻"。唐代在处理疑罪时,确实抱着非常慎重的态度,不仅要在数个审级之间几次审转,即使处以死刑,仍要执行三复奏等程序,唐令即规定:"诸州府有疑狱不决者,谳大理寺,若大理仍疑,申尚书省。"[4]而尚书省就是直达天听的御用机关了,经历如此审转,甚至由君主亲自定夺,方能最后决定是否为"疑罪",以及是否可以适用赎刑。但是,唐代的"疑罪可赎"到了明代,就发生了显著的变化,"律听赎者,徒杖以下小罪耳,死罪矜疑,乃减从谪发,不可赎"。[5]由此看来,至少在明代嘉靖年间,死刑的疑罪是不可赎的,虽然仍可以适用"谪发"的方式作为替代刑。然而,有关过失杀人可赎的规定却为明代所沿用,"依过失杀人者,准斗杀人论,律绞,依律收赎"。也即是说,过失杀人本来应按律处绞刑,但是可以用赎刑的办法来代替。

唐代赎刑的具体执行也有要求。一是在数量上,对于死刑"赎"的具体

---

[1] 徐道邻:《唐律通论》,中华书局1966年版,第49页。
[2] (唐)李林甫等撰:《唐六典》,陈仲夫点校,中华书局1992年版,第187页。
[3] 《唐律疏议》该条疏议举例为"投砖瓦及弹射,耳不闻人声,目不见人出,而致杀伤",显然是非主观故意的犯罪行为。
[4] [日]仁井田陞:《唐令拾遗》,栗劲等译,长春出版社1989年版,第720页。
[5] 《明史》卷九十三。

标准也作了规范,即不区分斩和绞的死刑,一律采用同一标准,"死刑二:绞、斩。赎铜一百二十斤"。(《唐律疏议·名例律》)名为赎铜,实际上纳钱亦可,唐玄宗天宝年间曾下敕令"其赎铜如情愿纳钱,每斤一百二十文"。[1]二是在适用"赎刑"的期限上,也有相应的要求,一般要求在规定的期限内交付,如开元年间赎死的时限是八十日内,必须缴纳全部赎金,[2]在开元二十五年(737年)的令中规定:"诸赎死刑限八十日,……若无故过限不输者,会赦不免。虽有披诉,据理不移前断者,若应征官物者,准直五十匹以上一百日,三十匹以上五十日……"[3]类似规定,在宋代的刑律中亦存在,如《庆元条法事类》中,有"诸以铜赎罪者,死罪限八十日",对于铜的换算价格,同样确定是"每斤一百二十文"。

赎刑作为死刑替代刑的出现,尽管不能完全保证司法公正,但确实挽救了许多无辜的人,《册府元龟》记载平原相史弼的事迹时,即有事例。

> 史弼为平原相时,诏书下举钩党,郡国所奏相连及者多至数百,惟弼独无所上,诏书前后切劾州郡,髡笞掾吏从事传责曰:诏书疾恶党人,旨意恳恻,青州六郡,其五有党,近国甘陵亦考,南北部平原何理而得独无。弼曰:先王疆理天下画界分境,水土异壤风俗不同,它郡自有平原自无,胡可相比。若承望上司诬陷良善,淫刑滥罚,以逞非理,则平原之人户可为党相,有死而已,所不能也。从事大怒,即收郡僚职送狱,遂举奏弼,会党禁中解,弼以俸赎罪,得免济活者千余人。[4]

平原郡"千余人"尽管无罪,但一旦被认定为结党,必然会面临死罪的威胁,因此,史弼虽秉持公正,仍不得不"以俸赎罪",用赎刑替代死刑,才使得无辜之人得以挽救。

---

[1] (宋)王溥撰:《唐会要》卷四十,上海古籍出版社2006年版,第484页。

[2] 如果逢意外情况,赎金也有被免除的,如"身死或限内未输而遇恩者,并免",虽然该条文源自《宋庆元断狱令》,但就一般情理而言,与唐令规定应该亦可以互相参照。参见[日]仁井田陞:《唐令拾遗》,栗劲等译,长春出版社1989年版,第723页。

[3] [日]仁井田陞:《唐令拾遗》,栗劲等译,长春出版社1989年版,第721页。

[4] (宋)王钦若等编纂:《册府元龟》卷六百七十五,周勋初等校订,凤凰出版社2006年版,第7773页。

2. 加役流

流刑作为死刑的替代刑，由来已久。《尚书》中就有"流宥五刑"，《唐律疏议》解释是"不忍刑杀，宥之于远也"。唐律中又有"三流""五流"之说，最原初的含义仍然是流放到边远之地，唐代时出现各种"流"，不过是在流放的基础上又增加了其他含义或刑罚而已，加役流就是这样特殊的一类。加役流的出现，源于贞观年间死刑减等的改革。唐太宗即位后，即酝酿对苛酷刑罚进行改革，戴胄、魏征等进谏说"旧律令重，于是议绞刑之属五十条，免死罪，断其右趾。应死者多蒙全活"。但是，唐太宗对于断右趾之刑仍有不忍之意，"前代不行肉刑久矣，今忽断人右趾，意甚不忍"。虽然陈叔达等多数朝臣认为改死刑为断右趾，已经"是以生易死，足为宽法"，况且断足以后，"人之见者，甚足惩戒"。但是唐太宗还是坚持己见，对断右趾之刑再度改革，"与八座定议奏闻，于是又除断趾法，改为加役流三千里，居作二年"。[1] 加役流作为死刑的替代刑，就此正式出现。此时，加役流的执行是犯人流放到三千里外，还有居作二年，也就是要服苦役二年。[2]

到永徽年间加役流正式入律后，对其又有了更细致的规范。《名例律》之"诸犯流应配"条明确，"本条称加役流者，流三千里，役三年"，《疏议》又进一步解释"加役流者，本法既重，与常流理别，故流三千里，居役三年"。也就是说，加役流是在一般流刑的基础上，额外增加三年的苦役，以示对"常流"的加重。此外，被处以加役流，并不排除赎刑的适用，"止如加役流、反逆缘坐流、不孝流，此三流会降，并听收赎"，也即加役流如果"会降"，还可以收赎。

3. 配流

除加役流以外，配流在唐代也一度作为死刑的替代刑。所谓配流，也是对一般流刑的加重，"诸称'配'者，刺面，不指定军名者，配牢城"，即对犯人刺面后，再流配。太宗时，针对"同州人房强"案，改死为生，以配流替代之。

---

〔1〕《旧唐书·刑法志》。
〔2〕 居作，一般被认为是在有监管的情况下服劳役的刑事制裁方式，与徒刑不同，参见王立民：《唐律新探》，北京大学出版社2010年版，第130页。

又旧条疏，兄弟分后，荫不相及，连坐俱死，祖孙配没。会有同州人房强，弟任统军于岷州，以谋反伏诛，强当从坐。太宗尝录囚徒，悯其将死，为之动容。顾谓侍臣曰："刑典仍用，盖风化未洽之咎。愚人何罪，而肆重刑乎？更彰朕之不德也。用刑之道，当审事理之轻重，然后加之以刑罚。何有不察其本而一概加诛，非所以恤刑重人命也。然则反逆有二：一为兴师动众，一为恶言犯法。轻重有差，而连坐皆死，岂朕情之所安哉？"更令百僚详议。于是玄龄等复定议曰："案礼，孙为王父尸。案令，祖有荫孙之义。然则祖孙亲重而兄弟属轻，应重反流，合轻翻死，据礼论情，深为未惬。今定律，祖孙与兄弟缘坐，俱配没。其以恶言犯法不能为害者，情状稍轻，兄弟免死，配流为允。"从之。自是比古死刑，殆除其半。[1]

虽然，太宗作出以配流替代死刑的决定，主要是出于亲属连坐中的亲疏关系，且为一时之制，但毕竟化死为生，实现了对死刑的替代。然而，作为非常之制，配流的使用确实有些随意，君主本人可以以之代死，如在梁悦复仇杀人案中。

六年九月，富平县人梁悦，为父杀仇人秦果，投县请罪。敕："复仇杀人，固有彝典。以其申冤请罪，视死如归，自诣公门，发于天性。志在殉节，本无求生之心，宁失不经，特从减死之法。宜决一百，配流循州。"[2]

个别司法官吏亦借此法外开恩，在西京文武官陆大均等陷贼来归的案件中，达奚挚、张怌、李有孚、刘子英、冉大华二十一人，于京兆府门决重杖死。大理卿张均引至独柳树下刑人处，免死配流合浦郡。[3]

4. 杖刑

杖刑曾经也被用来作为唐代死刑的替代刑，唐玄宗天宝六年（747 年）

---

[1]《旧唐书·刑法志》。
[2]《旧唐书·刑法志》。
[3]《旧唐书·刑法志》。

正月定诏令,"朕承大道之训,务好生之德,于今约法已去极刑,议罪执文犹存,旧日既措而不用,亦恶闻其名。自今以后,所断绞、斩刑者宜除削此条,仍令法官约近例详定处分",并特别说明"今断极刑云:决重杖以代极刑法始于此也"。[1]该诏令要求以决重杖代替绞、斩死刑的背景是,唐玄宗时期,已经明令废除"极刑",但在实际司法审判中,仍有不少犯罪被议为死刑,为了改变这种"极刑"废而难去的状况,真正体现主政者"好生之德",才有重杖替代死刑这一变通方式的出现,重杖刑罚,既免除了极刑之苛酷,体现君主"大道之训",又可以很好地警示后人,起到严惩预防的作用。事实上,重杖刑罚的残酷性可能并不亚于绞、斩死刑。

5. 宫刑

作为一种残酷的肉刑,宫刑古已有之,《舜典》中即有"五刑有宫"的说法。汉景帝时,一度欲去肉刑,曾令"除宫刑"。[2]后来,宫刑再度出现,则主要被作为死刑的替代刑使用,而且大多使用在替代"大逆无道"等"殊死"之较严重的死刑当中,它最早作为替代刑出现在汉景帝中元四年(前146年)的诏令中,"死罪欲腐者,许之",[3]并被作为一种"德政"。如西汉时的司马迁,因其为李陵事件仗义执言,冒犯了汉武帝,"上以迁诬罔,欲沮贰师,为陵游说,下迁腐刑",[4]虽然得以保全性命,但仍带来极大的肉体和心理伤痛。随着宫刑在西魏时被废除,故其作为死刑的替代刑也就不复存在。

汉唐时代死刑的替代刑虽然大致可以作如上区分,但有时执行起来并不是很严格,两种或两种以上的替代刑也有并用的情形。

> 八年九月,京城内犯罪人等,造伪头首及谋杀人断死者,决一百,配流岭南恶处;断死者,决一顿,免死,配流远处;杂犯流移者,各减一等;杖罪已下并免。[5]

---

[1] (宋)王钦若等编纂:《册府元龟》卷六百十一,周勋初等校订,凤凰出版社2006年版,第7071页。
[2] (清)沈家本撰:《历代刑法考》,邓经元、骈宇骞点校,中华书局1985年版,第187页。
[3] 《汉书·景帝纪》。
[4] 《汉书·李广苏建传》。
[5] 参见(清)沈家本撰:《历代刑法考》,邓经元、骈宇骞点校,中华书局1985年版,第701~702页。

这里的实际刑罚是杖刑加配流，二刑并用，如此用刑方式，也体现了君主或执法者，既试图减轻刑罚，又希望在某些重要地区，如京畿，保持一定的刑罚高压态势，于是就出现先杖决一顿，再处配流的做法。

（三）清末死刑替代刑的消失

正是由于死刑替代刑的出现与中古刑罚体系密切相关，故随着清末刑罚制度的近代化、规范化，这种对替代刑的需求也逐渐降低，死刑替代刑制度也开始衰落，并逐步退出历史舞台。

清代中早期是存在死刑替代刑的，其主要是承继明代替代刑而来的赎刑、发遣等。清代的赎刑分纳赎、收赎和赎罪三种，纳赎的对象主要是杂犯死罪，收赎主要适用于老幼、废疾等特殊群体，并采用折杖之法。[1]发遣则主要是针对严重的政治性犯罪和刑事犯罪的死刑，多发往新疆等地从事苦役。[2]此外，清代的死刑监候实质也是另一种形式的死刑替代刑，《清史稿》在斩绞死刑项下注明："凡例不言立决者，皆监候也。"[3]也就是说该犯罪已经极其严重，属于死罪无疑，只是"例"中未名言立即执行，所以以"监候"代替之，并在秋审或朝审中再行定夺。参与过清朝秋审的董康提及被定为"情实"的比例更低，仅为百分之十五，而就算定为"情实"，还有予勾和未予勾两种结果，未予勾超过一定次数的，仍入于缓决，故真正被执行死刑的比例是很低的。因此，这类死刑也被称为是"虚拟死罪"，意即虽然按律拟定死罪，而实际经过秋审或朝审却不获死刑之执行，按照惯例可得缓决或减免死刑。[4]是故，清代的死刑监候在实际上是被作为死刑的替代刑来使用。

清末司法改革后，一批新的法律出台，特别是刑事法律有了极大的改变，刑罚体系由中古时代的酷刑向现代以自由刑为主的"主从刑"制度演变，在1911年《大清新刑律》中，主刑中的死刑仅保留绞刑，"死刑用绞，于狱内执行之"，其后颁布的暂行章程中，又对几类严重犯罪的死刑"仍用斩"，[5]

---

[1] 参见胡兴东：《中国古代死刑制度史》，法律出版社2008年版，第94页。
[2] 参见齐清顺："清代新疆遣犯研究"，载《中国史研究》1988年第2期。
[3] 国务院法制局法制史研究室注：《清史稿刑法志注解》，法律出版社1957年版，第49页。
[4] 参见孙家红：《清代的死刑监候》，社会科学文献出版社2007年版，第114页、第133页。
[5] 《大清新刑律》，收入中国法制史教研室编：《中国法制史资料》，中国政法大学教务处1991年印，第261~262页。

但是从整个刑罚体系看，主刑之生命刑、自由刑、财产刑与从刑之褫夺公权、没收等体系严整，可以用作死刑替代刑的刑罚方式，[1]并无存在的空间，死刑替代刑在事实上消失了。

（四）死刑替代刑的实际效果

中国古代死刑替代刑的出现，虽然是个别君主出于好生之德，希望以其他刑罚方式，以生代死，但仔细考察上述几种替代刑，特别是它们执行的效果，亦有很多事与愿违之处。

1. 某些替代刑有可能比斩、绞死刑更严苛

虽然表面看起来，斩、绞等死刑是最为严苛的方式，但实际情形却未必如此。以重杖刑为例，对于犯人而言，斩、绞的痛苦可能只是一时的，而重杖的痛苦却是漫长的，又因重杖可以不计后果，因而被打致残，甚至致死之事，也并不鲜见。这种重杖的替代刑，在唐建中年间，就被直称为"易死杖"，唐建中三年（782年）八月二十七日敕曰："其十恶中恶逆以上四等罪，请准律用刑，其余应合处绞、斩刑，自今以后，并决重杖一顿处死，以代极法。"[2]然其虽曰"易死"，实际上多数情况受刑犯人并不能换来"生"，重杖所针对的本都是原来可处极刑的重罪，因此执行时，甚至不需要计数，故其名为"宽典"，实际上是更为残酷的肉刑。

杖刑如此，加役流也并未更佳。中国古代大多时期疆域广阔，但是真正繁荣富庶之地，也就是中原及黄河、长江中下游一带，而流放三千里以外，基本上可以说是蛮荒之地，再加上还要作为奴隶，服三年苦役，最终能够幸存、生还的，恐怕也寥寥无几。

2. 死刑替代刑可能为某些权贵寻求宽纵开了方便之门

由于死刑替代刑开了由死入生之门，因此个别权贵就可乘机寻求宽纵。对权贵可能的宽纵首先就体现在疑罪之中。以唐代为例，对疑罪的认定，唐律要求具备一些条件，如"虚实之证等"，"是非之理均"，"或事涉疑似"，

---

[1] 死刑虽无替代刑，但徒刑、拘役等仍有"易刑"的替代方式，如有期徒刑及拘役，若执行有碍，可一日折算一元，易以罚金。参见《大清新刑律》，收入中国法制史教研室编：《中国法制史资料》，中国政法大学教务处印1991年版，第261~262页。

[2] （宋）窦仪撰：《宋刑统》，吴翊如点校，中华书局1984年版，第5页。

"旁无证见""或旁有闻见""其事全非疑似",有这些情形的,方可以定为"疑罪",既然可以通过收集有利的证据推出"疑罪",那就使得有钱有势的人有了操作空间,比如可以收买证人故作伪证,花钱买通官府,也就为这些人开脱罪责别开了方便之门。[1] 唐宪宗元和四年(809年),湖州安吉县令孙澥被浙西观察使韩皋决杖而死,当时的监察御史元稹奏称:"孙澥先准使牒差摄乌程县令日,判状追村正沈朓,不出正帖不用印。……决孙澥臀杖十下,仍差衙前虞候安士文监决第三等杖。……事有不法,即合具状奏闻,封杖决人,不知何典。数日致死,又托以痫疾。"[2] 如此草菅人命,最后韩皋也仅仅是被处"罚一月俸料",而依照《唐律疏议》,"虽是监临主司,于法不合刑罚及前人不合捶拷,而捶拷者,以斗杀伤论,至死者加役流"。也就是这种情况,本来应处以死刑,但缘于公务,至少应被处以加役流,以作为死刑的替代刑,而韩皋仅仅被罚薪俸,显然是属于法外之轻。

另外一种可能的宽纵则体现在赎刑当中。部分死刑虽然可赎,但赎金是相当高昂的,据前引述,绞、斩死刑的一般标准是"赎铜一百二十斤",而按照唐玄宗天宝年间的敕令"其赎铜如情愿纳钱,每斤一百二十文",共合钱14 400文,而唐开成二年(837年)山东一斗米的价格没有超过50文的,登州都督府的粟米一斗才不过30文,[3] 一万多钱,几乎可以买到480斗米。而实际上,还不能忽视铜自身价格的起伏,逢铜价贵时,这个数字更大。可见,一百二十斤铜也确实为一笔巨款了,这样的巨额赎金,从事一般劳作的普通百姓几乎是难以承受的,于是,所谓宽仁的赎刑,也只能是个别权贵可以用来折罪罢了。

3. 死刑的替代刑亦无法从根本上保证司法的公正性

从古代死刑替代刑出现的背景、动机等看,不可否认,除意欲体现君王的宽仁之外,替代刑实际上也包含着对司法公正的某种追求,正是因为绝对的司法公正难以达到,就试图以替代刑的方式去接近理想的"公正",而实际效果却并非如此。就在唐太宗议定以加役流作为死刑替代刑之后,开成五年

---

[1] 参见周密:《中国刑法史》,群众出版社1985年版,第268页。
[2] (唐)元稹撰:《元氏长庆集》,上海古籍出版社1994年版,第430页。
[3] 唐代僧人圆仁在《入唐求法巡礼行记》中有山东登州等地粟米价格的记录,并记载当时铜的价格为六百多文。参见王永兴:《王永兴说隋唐》,上海科学技术文献出版社2009年版,第193页。

(840年) 十一月, 唐武宗制敕曰:"准中书门下奏应合处极刑, 囚等郊礼日近望有鸿恩, 每引决之时皆称冤屈, 及至推鞫依前伏罪。容此延引恐开倖门。今日已后前件因经两度称冤, 重推问无异同者, 更不在闻, 奏从之。"[1]虽然有"疑罪可数"的明令条文, 但仍有被处极刑之人"称冤屈", 司法不公的情况仍客观存在。就几种替代刑的实际执行来看, 也存在瑕疵, 比如法定的加役流有时也被弃置不用, "况天下府州凡窃盗赃满三匹, 皆处极法, 并不以律内十五匹加役流定罪, 亦不减死配流, 据所司断, 卢嵩以故杀定罪"。[2]犯罪数额还未达到加役流, 即以比加役流还重的"极法"处决, 足见本意宽厚仁恕的替代刑, 不过是体现在立法条文或个别君主的说辞当中, 并不能真正改变实际苛严、残酷的司法判决。

概而言之, 死刑替代刑的出现实际上是中国古代一以贯之的"慎刑""慎杀"思想的延续, 汉代以来阴阳五行说的影响, 在刑法立法、死刑适用中其实一直存在, 历代人君多认同: 刑罚的冤滥, 就会导致天地之气不合, 阴阳不协, 进而导致天怒人怨, 这是任何一个统治者都不愿意看到的。因此, 就会产生种种死刑的替代刑, 以尽量减少死刑的执行, 当然也可以大大降低刑罚可能的冤滥。

但是, 中国古代死刑替代刑的出现, 并不仅仅是出于刑罚的顺天则时, 更主要是出于一时刑事政策的考虑, 替代刑制度的政策化, 而非法制化, 就导致它严重缺乏稳定性。之所以称其"政策化", 可以从有关替代刑规范的形式中看出, 就前述数种替代刑而言, 多是在令、敕中规定, 也就是说大多是临时的, 非常规性的、非正式制度, 是个别君主出于对某一时期社会综合情势的考虑, 当然也有其个人的仁恕修养, 一时用之, 并没有常态化。这样的结果就是刑罚总体上不一定趋缓, 君主既然可以用替代刑减轻常规死刑, 自然也可以用其他特别刑加重死刑, 而事实上这样的例子也并非没有, 唐哀帝时期, 死刑不只斩、绞, 甚至还恢复了汉代就已废除的"车裂"等残酷肉刑。

---

[1] (宋) 王钦若等编纂:《册府元龟》卷六百十三, 周勋初等校订, 中华书局2003年版, 第7080页。

[2] (宋) 王钦若等编纂:《册府元龟》卷六百十三, 周勋初等校订, 中华书局2003年版, 第7080页。

> 张廷范性唯庸妄，志在回邪，不能保慎宠荣，而乃苞藏凶险。密交柳璨，深结玄晖，昼议宵行，欺天负地。神祇共怒，罪状难原。宜除名，委河南府于都市集众，以五车分裂。温崟、裴磵、张茂枢并除名，委于御史台所在赐自尽。柳璨弟瑀、瑊，送河南府决杀。[1]

可见，这种非制度（指非正式立法）化的死刑替代刑，并不能真正带来死刑的轻缓，反而有可能由于君主个人的一时喜怒变化，时轻时重，此轻彼重，其结果反而是对稳定的、可预期的刑罚体系的一种破坏。

此外，中国古代死刑替代刑的设置，虽然出发点良好，却不一定能达到良好的效果，实际上造成实际刑罚不轻反重，或者给予个别权贵宽纵的机会。前者，诸如杖刑、加役流等死刑替代刑，某种意义上，加役流、重杖等刑罚，造成的痛苦可能还多于绞、斩死刑，重杖刑甚至经常还有杖毙的情形；而后一类，主要是赎刑，死罪赎刑高昂的赎金，也只能使权贵者减刑，贫贱者难免。所以，古代死刑替代刑的设置，既有体现仁慈、慎刑的一面，同时也有残酷性的一面，不能忽视其两面性。

如果说中国古代死刑替代刑制度有积极意义的话，那主要体现在死刑疑罪的赎刑当中。疑罪，的确是自古以来就存在的一个问题，如何对待疑罪，如何处理疑罪，则很大程度地体现出一个时代立法与执法者的价值取向、人文关怀。对于疑罪，一般可分为三种处理方式：一是疑罪从有，这是最为极端，最为恶劣的处理方式，体现的是立法者的恣意与擅断，以及司法、侦查方面的简单与蛮横，典型的说法如"宁可错杀一千，绝不放过一人"，这样的疑罪处置，必然会带来大量的冤假错案；二是疑罪从无，即只要存在合理的怀疑，即属于法定的"疑罪"，就认定为无罪，这种疑罪处理方式是随着刑法的近代化、理性化逐步出现的，表达了刑法的仁恕精神与人文关怀，同时也体现了刑法的谦抑性；三是"疑罪从赎"，这是中国古代秦汉以来就广泛采用的方式，这种方式，对于已经有犯罪嫌疑的人，既不采取完全宽纵的态度，又不采取疑罪从有的绝对化态度，而是充分发挥中国传统文化之"折中"观念，以相对轻缓，又有可转圜余地的"赎刑"来代替，这样做的明显好处是：

---

[1]《旧唐书·哀帝纪》。

如有新证据，证明对嫌疑人的指控确实不成立，司法机关亦有改正之机会，不会因绝对化的认定，执行死刑，以致造成无法挽回之后果，毕竟死者不可再生，一旦死刑被错误执行，那再多的物质补偿都不能平复伤痛，法律正义的实现将永无可能。

在现代刑法的观念中，刑罚不应再是一种冤冤相报的血亲复仇，残酷的惩罚不应该成为刑罚唯一的追求，而更应追求多元的目的，比如，削弱对犯罪获利的吸引力，"寻求一种罪行的适当惩罚，也就是寻求一种伤害，这种伤害的观念应能永远剥夺犯罪观念的吸引力"。[1]因是之故，死刑的替代刑，也应该是寻求这样一种"适当惩罚"，它既能有效剥夺犯罪得利带给犯罪人的吸引力，同时又可以尽力地减少刑罚的残酷性，并提高刑罚的一般效果，即实现对其他犯罪的预防。就当代中国而言，现行刑法中之死刑缓期执行未尝不是替代刑的一种形式，虽然它在刑罚概念体系中属于广义的死刑范畴，但毕竟大多数死缓罪犯得以生还，虽然死缓制度主要是基于犯罪情节的考量，而不是出于刑罚轻缓化、疑罪可赎的观念，其积极意义仍值得肯定。而就效果而言，清代的死刑监候以至于今日之死缓制度，无疑都是不损及威慑效果又有效避免绝对死刑弊端的替代方式，"死缓的适用，虽然在形式上是死刑判决，实质上最终是限制了'杀人'。正是在这个意义上，'限制死刑'才与死缓适用具有了共性"。[2]也就是说，类似死缓这种死刑替代刑，形式上仍属于最严厉的刑罚，然而却极大地"限制死刑"，同时可以避免绝对死刑可能带来的司法不公、刑罚苛酷等不利之处。

就唐代死刑替代刑的"宽缓、慎杀"等本质特征来看，替代刑的需求一直存在，而且在当代多数国家废除死刑的大背景下，这种需求更趋于急迫。日本在向废除死刑努力的过程中，亦曾考虑过使用替代刑，毕竟一步到位废除死刑是多数人无法接受的，但是，"在存在误判可能的现行审判制度之下，死刑一旦执行，便无法挽回。若不仅不能挽回，也不能证明死刑所固有的威慑力的话，便应向着废止死刑的方向作进一步的努力。到那时，代替死刑的

---

[1] [法] 米歇尔·福柯：《规训与惩罚》，刘北成、杨远婴译，三联书店2007年版，第117页。
[2] 张文等：《十问死刑》，北京大学出版社2006年版，第133页。

刑罚便不外乎是终身监禁或比一般的无期徒刑更重的特别的无期徒刑"。[1]可见，这种轻于死刑，但又重于一般的无期徒刑的特别监禁刑，实为废除死刑过程中的一种过渡。然而，对于死刑替代刑的评价不可绝对化，需要以建设性的思维，力推其改进、完善。如对疑罪，是否可以考虑死缓，如替代刑的运用，虽然是出于对当前社会犯罪形势的总体把握，但也不应该完全由可变性较强的政策、命令等取代，还是需要寻求更符合法治要求的法制化途径，力求以更为稳妥、更加周详的刑事立法来落实，使其真正制度化、成文化，而不会因个别人一时一地的想法而更改。

二、中国古代惩贪的立法创制

"严而不厉"是现代刑法学者提出的一种刑法结构、刑事政策。[2]以唐代廉政法制为代表的中国传统惩贪制度即表现出"严而不厉"的总体特征，"严"，是指对待贪污受贿罪立法的法网严密，"不厉"则指在对官员贪贿犯罪的用刑时，不重不滥、适可而止，尽量避免严刑峻法。"严而不厉"的惩贪法制是中国传统廉政建设的实践经验总结与智慧结晶，它内含崇官与仁恕的传统法治思想，在实际运作中取得了较好的法律及社会效果。

（一）惩贪"严而不厉"的制度表征

中国传统惩治贪官制度的严而不厉是以唐律为突出代表的，因此其制度表征主要体现在唐律有关贪贿犯罪的条文中。在"严"的一面，主要表现为事前预防贪贿的立法制度中的严密无间。唐律采用"罪刑系列"的立法模式规定受贿罪的罪刑，以20条律文疏议规定了总数达57项的受贿罪，总共可分为受财、乞物、强取、借贷、卖买有剩利、役使等六大类。在赃罪的主体上，不只涵盖了各级各类官员，还将官员亲属、部曲、奴婢等同财共居的"关系人"一并纳入，只要这些特殊主体触犯赃罪，都要一体处罚；在受赃的时间上，不仅包括其任职期间，还从严控制官员离任后的受赃行为，使得其无机可乘。对"离任官"根据情况区分为两类情形进行法律制约：去官后

---

〔1〕［日］大谷实：《刑事政策学》，黎宏译，中国人民大学出版社2009年版，第122页。

〔2〕储槐植："严而不厉：为刑法修订设计政策思想"，载《北京大学学报（哲学社会科学版）》1989年第6期。

"家口未离本任所"时受贿的,按照"去官受旧官属士庶馈与罪"处理;如果去官后,家眷也离开任所后受财,则可以构成"因官挟势乞索罪"。[1]在具体受贿情节中,区分了枉法赃和不枉法赃,也就是说即使其受赃却无枉法的行为,仍然可以追究相关的责任;在受赃的具体形式中,不仅包含一般的财物接受,还包括了各类借贷、借用等非直接物质利益,以及在任职地婚娶、纳妾等情色贿赂;可以说,从犯罪性明显的一般受贿到犯罪性不明显的隐性受贿,从事前受贿到事后受贿,从接受财产性利益的受贿到接受非财产性利益的受贿,无不一一规定,立法者把可能出现的唐代社会各种受贿都规定成了犯罪。[2]在对受贿官员的定罪量刑中,根据所受赃物,需要进行一个核算实际价值的"定赃"程序,规定以"上等绢"的价格作为将赃物价值折合成绢数的换算标准,它最终决定对受贿官员的量刑。并且,整个评赃的过程也处于严密的监督之下,防止司法官员借机违法审判、出罪入罪。在刑罚体系中,受财枉法、受所监临财物和坐赃等典型的受贿罪中,严格地以赃物的评估价值数额作为刑罚进阶的依据,依照所受贿赂价值的不同,科以性质不同、幅度不同的刑罚,各刑罚自笞杖到徒刑,首尾相连,依次进阶,形成一个环环相扣的刑罚体系,从而使得古代在治理官员贿赂方面的立法极为严密。同时,在具体确定法律责任与量刑时,又有适中、轻缓的一面。在刑罚的使用上,特别注意保护官员的体面与尊严,通过议、请、减、赎等多种制度的配合运用,使得笞、杖、徒刑等法定主刑大部分可以替换为官当、赎铜来执行。受贿犯罪应定的法定刑与实际的适用刑也就截然分开。在实际追究受贿的法律责任时,还以贬官的行政责任代替刑罚,从而使其刑事责任被完全免除。惩贪制度中责任追究的"不厉",体现出对待官员相当的宽容度,使其既不失体面,又不伤尊严。同时,在法定刑的设置上,严格限制死刑、加役流刑等重刑的设置与使用,法定刑可至加役流的受贿罪仅有受财不枉法罪、主守受囚财物致使有所增减罪两种。在赃值的评估中,规定以上等绢的价格作为将赃物价值折合为绢数的换算标准,从而在量刑上整体有利于受贿官员。可以说,唐律惩贪的具体制度中,追究官员的法律责任是十分慎重地使用刑罚,

---

[1] 谢红星:《唐代受贿罪研究:基于现代刑法的视角》,中国政法大学出版社2011年版,第76页。
[2] 谢红星:《唐代受贿罪研究:基于现代刑法的视角》,中国政法大学出版社2011年版,第77页。

在不得已用刑时也多使用财产刑、资格刑，少用乃至不用生命刑、身体刑、劳役刑。亦即，所谓刑法之"不厉"并不是一味轻刑，更不是宽纵犯罪，慎刑、恤刑、中刑才是"不厉"的核心要素。[1]

当然，在"严而不厉"的内在逻辑里，崇官及其带来的"不厉"不过是其一面，但仅仅通过制度的优遇来促成官员的品德、自律，进而实现廉政是行不通的，因此，严密而不疏漏的惩治贪腐的法律制度也是不可或缺的部分，可以说"不厉"的刑事政策正是由于有"严密"的事前预防制度作为基础。而且，"不厉"也是有限度的，超过限度的贪赃行为，刑罚同样严厉。即使是在唐律中，"不厉"也仅是其内在精神的一面，在对待贪赃犯罪中，严厉的惩罚仍然存在，[2]因此，这里仅是就总体而言，中国传统涉及贪污渎职的法律，特别是唐律，呈现出"严而不厉"的特点，也就是说，在法律制度的设计当中，非常讲究严密性，无论是官员的任职情况，贪渎的形式，还是贪渎的时间，受贿的金额，都作出了详细而缜密的规定，做到了"法网恢恢，疏而不漏"。但是，在追究贪渎受贿犯罪的法律责任时，特别是在量刑时，却又表现出宽缓的一面，不一味求重，不滥施刑罚，通过各种方式，使惩罚不至于过分严酷，做到用刑有度，处罚适中。总体来看，"严"与"不厉"是传统政治维持廉政的两个不可或缺的有机组成部分，没有"严"就谈不上"不厉"，而正因为"不厉"，才更要求治官之"严"。

（二）惩贪"严而不厉"的内在逻辑

以唐律为代表的传统惩贪制度表现出"严而不厉"的总体特征，当然与社会经济的发展阶段、司法技术的有限性等因素密切相关。但更为重要的是中国固有的文化传统，其中尤以"崇官"与"仁恕"最为关键。

1. "崇官"文化

中国传统政治文化及法律制度中，有着强烈的"崇官"意识，"崇官"是指对待正式官员特别的优遇，不仅表现在物质上，也表现在精神层面。具体到刑法中，这当然不是说官员犯罪，特别是贪赃罪可以不受刑事惩罚，只

---

[1] 谢红星：《唐代受贿罪研究：基于现代刑法的视角》，中国政法大学出版社2011年版，第149页。
[2] 即使在唐律中，贪贿价值五十匹以上即可以定为死罪。更不用说明初剥皮实草的重典治吏。故此说传统廉政法制不厉，仅是就总体观而言，并非就其全部细节或时期。

是对此类行为有特殊的制度安排,相应惩罚有别于非官员。这种源自"刑不上大夫"的法律文化传统,虽然与当代法律追求人人得到平等对待并不完全吻合,因此也受到不少诟病,但其中却蕴含着重要的廉政建设实践智慧,却也不能不察。中国政治文化中崇官传统的内在原因主要是,隋唐以来国家即实行科举制度,各级官员都是历经数年苦读,经过层层选拔出来的贤良之士,并且具备了治理国家或地方的才能,这样的人才本就是稀缺资源,国家对之自然十分珍视,即使犯下罪错,也不忍立即施加残忍的刑罚,而只是给予适当的惩戒,希望其能及时迷途知返、知错而改罢了。况且士人出身的官员理应有更高的道德自律意识,更强的不法羞耻感,"今若使与庶民同罪,被囹圄笞杖之辱,则其后将何以莅民?故刑不上大夫者,亦所以维持其威严,保全其自尊,而以观望其后效,盖亦国家惜才之意耳。且若其人果德行有亏,失居上之道,而不足以为治民之士者,则所犯虽微,亦不免除名免官等处分。苟怙恶不悛、犯而屡犯,则居位纵高,历官纵多,终至于官当已尽,等于庶民,陷于刑戮而后已"。[1]因此,这样出于"惜才"考虑的制度安排,并不至于造成一个特殊的法外阶层,导致法律实际执行的不平等。

主政者认为,"崇官慎刑,所以重名位以远货财也"。[2]然天下攘攘,皆为利来,居于官位者同样也难独善其身,但国家的安定与秩序,需要依赖制度及章法,而制度之行,又需要有可靠的官员队伍,如果整个官员队伍都贪图财利、唯利是图,那么社会制度将难以实施,整个国家都可能陷入纷乱。刑罚的目的在于通过惩戒达到一般预防作用,而这种惩戒预防的效用,对于品性不同的人是完全不同的。"故救死而不暇治礼义者,匹夫匹妇也。宁死而不食嗟来之食者,重礼轻生之士也。愚民不感肌肤之凄,则不知悛,居官者岂必待鞭箠拷掠而后知非哉。"[3]中国传统政治文化中的"崇官",主要通过几个方面来实现,一是在位时给予较好的待遇,保障其日常生活,这从历代专门拨付给官员使用的"官田""勋职田",以及"养廉银"等特殊优待中可见一二;二是在官员离任后,仍给予各种特别待遇,帮助其安度晚年,解除

---

[1] 徐道邻:《唐律通论》,中华书局1945年版,第47页。
[2] 徐道邻:《唐律通论》,中华书局1945年版,第47页。
[3] 徐道邻:《唐律通论》,中华书局1945年版,第48页。

了官员的后顾之忧；三是在其因贪渎犯罪后，在定罪量刑方面给予特殊的照顾，比如前述的八议、官当之制，使其免受过分的刑罚之辱。明代之初，朱元璋为了惩贪，开始时大力动员民众监督各级官员，甚至可以随时绑缚地方贪官入京请罪，但最后还是深深感到"军民动辄绑缚凌辱，有伤大体"，最后不得不终止了这样的极端做法。"崇官"促进官员廉政还可以从与胥吏的对比中发现，同样服务于皇权体制，但与出身为"士"的正式官员不同，服务于基层衙门的皂隶、公人、差人等胥吏，没有法定收入，地位特别低，甚至为正式官员所轻视，但容易贪渎受贿、滥用权力的恰恰是这样一类人。因为没有了外在的"崇官"优遇，也就完全解除了内在的道德约束，于是私欲可以无限膨胀，难以制约。

当然，需要指出的是，惩贪律法中的"崇"与"严"是相辅相成的，对于居官之位者给予特别优崇的待遇，相应的是对其更为严格的拘束，其中最为严格的为对接受及索要贿赂的限制，以唐代为例，"监临主司"受财而枉法，一尺杖一百，数额达到"十五匹"即可定为死罪；即使不枉法受财，事过后受财，离职后受财，无事受任官地僚属的财物，或进行借贷、役使，等等，都不免受到贪赃的指控。

2. 仁恕司法

严而不厉的治官理念来自"礼治"精神。儒家"礼治"的主要含义为"别"与"仁"，"别"意味着依据礼的价值理念在官员犯罪中给予一定的优待是正当的，这也正是优崇官员的表现；另外，"仁者爱人"，重视人的生命与价值，关注人的存在，从人的角度观照社会和自然，是中国传统儒家政治哲学的出发点。[1]孔子说，"天地之性人为贵"，荀子说，"人最为天下贵"，宋理学家周敦颐也主张，天地之间，"惟人也，得其秀而最灵"，强调人的高贵性和本位性。"仁"虽强调人的本位，但具体到优崇官员，又意味着要限制这种优待的正当性，或者说，"礼治"虽然要求对待官员犯罪要给予优待，但这种优待必须有理、有度、有节，不能够过分到使官员百姓如同异类，互相对立。如果造成如此结果，则"仁"的精神便荡然无存，这种优待也变成了

---

[1] 孙季萍："中国传统司法中的'仁恕'理念"，载《人民法院报》2011年8月12日，第5版。

猛于虎的苛政。儒家虽然讲"别",但对于不"仁"的官员贵族,一样主张诛之讨之,也就是说需要以"仁"作为根本的要求,如果违背了"仁",绝不应吝于刑罚,必须从严惩治,令其承担相应的责任。这样,民心方能顺,百姓方能安。儒家仁学还包含了刑罚本身仁恕的一面,忠恕是孔子仁学思想一以贯之的理念,在忠恕思想的指引下,传统法制理念具有宽容的色彩,尤其是在法律伦理化之后。仁恕司法直接产生了"慎刑"的理念,它源于宽和、仁爱的思想,宽容根治于伦理的普适化。[1]仁恕与"慎刑"的观念,使得"不厉"的刑罚观自然生成,对待芸芸百姓尚且需要宽容,被认为在道德与智识上超于常人的官员阶层,自然更需要有足够的宽容。宽容、仁恕的司法观最终落实在量刑当中,宽仁量刑首先体现在对主观恶性小的过失类犯罪从轻对待,宽仁量刑还要求司法官以悲悯平恕之心对待奸恶之徒,公正司法。总之,是以"不忍"之心,循宽宥之意,适度刑罚,这是传统司法决狱量刑的重要原则。这既是针对一般犯罪的总体司法原则,当然在职官贪贿犯罪中也不例外。

当然,这种仁恕、宽容主要是指作为犯罪后果的刑罚而言,它绝不意味着事前预防机制的宽容或宽纵。因此,司法与刑罚中"不厉"的一面,并不会削弱"严"的一面,并未妨碍惩贪法制治官安民效用的发挥。对待官员受贿犯罪,并非丝毫不加刑,只是在用刑时多用财产刑、资格刑,少用生命刑、劳役刑、身体刑,这样做,一方面保住了官员的体面,使其个人与所在官僚阶层免受折辱,另一方面对于"十年寒窗始得官",并且自视甚高的贪贿官员而言,未免不是一种更重的折磨。再者,立法中"严"的一面,同样未削弱"不厉"的另一面,未弱化优崇官员的精神。"严"是指定罪严,法网严密,本身不涉及用刑的问题,因此,罪名多、法网密并不必然导致刑罚苛重,严法与中刑完全可以并存。在惩贪法制中,儒家"仁"的思想与刑法"严"的原则相互融通,损益折中,也成为传统廉政法制治官的重要实践智慧。

---

[1] 孙万怀:"刑事正义的宣谕:宽容",载《环球法律评论》2012年第5期。

(三) 惩贪"严而不厉"的当代意蕴

1. 廉政制度的严疏之辩

虽然中国传统法治思想十分强调"法深无善治",一些学者也提出了立法体制的繁与简的问题,并对过度强调立法细密化、繁杂化及立法万能的趋向提出了批评,[1]但是具体到廉政制度方面,立法的繁简之辩需另作别论。有时候,一定程度的法深、法密,无论对国家,还是对官员,未必不是好事。从廉政制度建设的世界经验来看,廉政制度建设从来不厌"繁",只有制度严密,才能管住权力恣意的冲动;也只有制度严密,官员才有章可循,才可以"不逾矩"。细密的制度规定,使官员行动有了规范依据,同时也分清了责任,这未尝不是对官员的另一重保护。事实上,中国目前的廉政制度不是太密,而是远远不够严密,有评论指出,中国的反腐机制尚不完善,远没有达到法网严密的程度。因此,在中央不断加大制度建设力度、推行政务信息公开的当下,传统廉政制度建设"严"的经验值得汲取,"严"的一面,侧重的是预防,也就是说,"防重于惩"是传统廉政制度"严而不厉"的内在追求,只有建立严密的、细化的制度,权力才可能被规范化,各种贪贿行为才能有效减少。

2. "崇官"文化新释

"崇官"文化在中国传统社会中有其存在的价值,它看起来温情脉脉,但是,其内在的话语却是将官员不自觉地放置在更高的道德、社会层级之上,事实上导致了官、民的二元对立,这与现代"人民公仆"的为官理念显然无法并存。因此,我们难以再用传统的"崇官"理念要求当代的廉政制度,但是,这并不意味着"崇官"的观念完全过时,在新的时代条件下,或可以对"崇官"文化作出新的解释。传统的"崇官"文化,其外在的表现在于贪贿中定罪量刑的种种优遇,而其内在的理路却是,作为官员,自身的道德品质需要高于常人,也就是首先对官员课以更高的道德要求。因此,对官员外在的特别优遇是以内在的高道德标准作为先决条件的,即"崇官"表象的背后是更高的道德要求,这是认识传统"崇官"文化首先需要注意的。此外,从

---

[1] 参见沈玮玮:《持法深者无善治:中国古代立法的繁简之变》,法律出版社2016年版,第69页。

节约与优化整个社会成本的角度，也可以对"崇官"作出一些合理解释。从社会成本的角度看，中国目前实行大规模的公务员公开招考制度，仅此一项，国家每年即耗费甚大，再加上行政官员日常的教育培训，后期的投入更是庞大；从人力资源的角度看，尽管随着教育科学的普及，新时代的各种人才辈出，但在日益精细化的分科制体系下，具有全局、宏观视野的，能真正在实践中经国济世的"治世之才"仍属罕见，对于整个社会而言，他们也算是可贵资源，因此需要加以珍惜。就此来看，不管是从其内在的道德要求看，还是从现实的角度看，"尊重"和珍惜官员的"崇官"理念并不过时，当然这种崇官一定是有原则的、有限度的。只要没过这个界限，那一系列的崇官措施都适用，而一旦超过这个界限，不仅不能得到优遇，还要受到更严厉的惩处。就本质而言，"崇官"不是在平时给予官员过分优厚的待遇，亦不是要在官员涉罪时给予不同于常人的处罚，而是说通过严密的廉政制度体系，使官员避免发生廉政风险，这本身即是对官员最大的保护与尊崇。

就此而言，当代新加坡的公务员体制，实际深得中国传统"崇官"之道的精髓，一方面对在职公务员给予高薪等优厚的待遇，另一方面实行严格的廉政法制，防微杜渐，任何细微的贪渎行为，都要受到严厉的惩治，相应的一系列优厚待遇也要一并取消，这样的机制，在绝大多数的理性人面前，都不难作出明确的抉择，贪贿现象自然绝少出现，从而形成一种良性的养廉体制。这一机制当然需要与一定的社会经济发展相适应，但给予官员其他制度方面的安排，更好地激励其廉洁、高效地工作，应该是不难实现的，这也是中国传统廉政建设留下来的重要经验。

3. 贪贿犯罪死刑问题

法律经济学与犯罪学的很多研究已经表明，对犯罪的有效预防与减少主要不在于重刑，而在于法律惩罚的不可避免性，尽管这样的分析主要是出自抢劫杀人等恶性犯罪，[1]但其基本逻辑对贪贿犯罪未必无效。贝卡里亚针对"刑罚"的作用亦指出，对人类心灵发生较大影响的，不是刑罚的强烈性，而是

---

[1] 苏力曾指出，抢劫中杀人灭口的目标是降低受任何惩罚的概率，因此重刑对此无益。正确的刑事政策是，加大查处抢劫杀人案的各类资源投入，提高这类罪犯实际受惩罚的概率。参见苏力：《法律与文学：以中国传统戏剧为材料》，三联书店2006年版，第79页。

刑罚的延续性。一种正确的刑罚，它的强度只要足以阻止人们犯罪就够了。[1]从惩罚权或刑罚的最终目的而言，刑罚的目的不是要摧残折磨一个感知者，也不是要消除业已犯下的罪行。只要刑罚的恶果大于犯罪所带来的好处，刑罚就可以收到它的效果。[2]亦即相对于预防与减少贪贿行为的最终目的而言，死刑并非必要的。从刑法哲学的角度看，国家也不应该以刑法制度之名剥夺人的生命，人作为独立的个体，为自身的目的而存在，因此具有作为主体的尊严。从严控制和减少死刑条文，应该成为中国未来刑法改革的一个趋势，限制乃至取消贪贿、经济等非暴力犯罪的死刑适用可成为优先实施的步骤。

中国传统廉政法制中的"严"与"不厉"是紧密结合的两个方面，二者相辅相成，不可或缺。事后惩罚的"不厉"，是以事前从"严"治理作为前提的；事前的严密限制，也有效减少了贪贿犯罪的发生，最终实际减少了严刑峻法的适用。因此，对待贪贿犯罪正确的刑事政策应该是：制定严密、细致的廉政预防制度，规范各种行政行为，将腐败发生概率降到最低。在刑罚适用中，则需要本着"仁恕"的精神，适度、有节、宽容地用刑，用刑的主要作用在于惩戒和预防，而不在于无端地"摧残与折磨"。惟其如此，才能在促进政府公务廉洁的同时，也走向刑法的文明，实现社会的和谐。

三、唐律在东亚世界的传播与影响

唐律是中国传统法律文化的集大成，在它颁布实施之后，就对东亚世界产生了重大的影响，并形成了以唐律为母法，以日本、朝鲜、越南等国法为子法的中华法系。

唐王朝在东亚世界确定了以自己为中心的国际关系秩序，采用册封或者羁縻的形式，将东亚世界的其他国家纳入这一国际关系体系之中。韩昇认为，"共同的文化基础，形成东亚世界的国际道德与正义，并建立起以文化的先进或者落后来定位国家间上下关系的价值取向。唐朝因其制度文化的先进而居于最高地位，成为国际道义的裁判"。[3]唐王朝依据国家实力、制度文化的先

---

[1] [意]贝卡里亚：《论犯罪与刑罚》，黄风译，中国法制出版社2005年版，第58~59页。
[2] [意]贝卡里亚：《论犯罪与刑罚》，黄风译，中国法制出版社2005年版，第52~53页。
[3] 韩昇：《东亚世界形成史论》，复旦大学出版社2009年版，第280页。

进，成为东亚世界的文化中心，从而出现万邦来朝的局面。以唐王朝为中心的东亚国际秩序的建立，唐王朝所拥有的一套先进的政治、文化、法律制度，确保唐朝社会在法治环境下繁荣发展，这为正在建设中央集权政治制度的东亚各国起到了巨大的示范作用，东亚各国争相学习模仿唐王朝，而其中又以法律制度的学习移植最为显著。于是在这样的国际关系环境下，唐律在东亚世界得以传播开来，为东亚各国法律制度的建设提供了模板。

有唐一代，唐朝政府以开放的心态坚持对外开放政策。在经济上，当时的长安是世界贸易中心，通过陆海丝绸之路的传播，长安汇集世界各地的商人和商品，大唐西市成为外国人聚居的繁华之所。在文化上，唐朝政府采取开放的政策，帮助外国人来中国学习，同时支持唐朝人远渡他国宣扬唐朝文化。唐朝政策上的开放和优待吸引了众多外国留学生和使节、僧侣来到唐朝。唐朝海上交通的发达与贸易的繁荣，与唐朝航海技术的发展密不可分。这也就使得如日本、琉球、越南等国家可以通过海上交通，派遣使者，将唐朝先进的法律制度移植回国，唐律也才能通过海上交通传播至日本、琉球、越南等东亚诸国。

唐律代表了中国古代法制的最高水平，经魏晋南北朝的大分裂、大融合，到了隋唐时期再度统一，唐朝的法律体系，空前完备，律、令、格、式四者和谐统一，从而组成既稳定又灵活的法律体系，其内容涵盖国家体制、公文格式，使得唐王朝整个国家的运行处于有法可依的状态。这种严密的法律体系是中国法律制度长期发展成熟的产物，代表了当时东亚世界的最高成就。

唐律比较全面地制定了调整唐代政治、经济、文化、军事、司法、社会、家庭等各方面的法律规范，更加契合统治集团的利益以及中央集权制国家的需求。唐律基于调整对象的不同，以各种法律形式进行协调配合，形成以刑法为主，民事、刑事法律不分，行政与司法合一，道德与法律混合，实体法与程序法杂糅的律、令、格、式相对完整、稳定的法律体系。[1]以《唐律疏议》为代表的唐律502条，内容复杂，逻辑严密，注疏解释法律规范、统一，显示了唐代高超的立法技术。正如日本著名中国法律史学者仁井田陞所言，"像

---

[1] 张晋藩主编：《中国法制史》，中国政法大学出版社2007年版，第106页。

唐律那样的刑法发达程度,可以说在当时世界上无有望其项背的"。[1]

(一) 唐律对日本法律制度的影响

日本著名中国史学者内藤湖南曾说过,"日本文化,总括一句话,便是东洋文化亦便是中国文化的延伸,是从中国古代的文化一直延续到现在"。[2]在法律制度的移植方面,日本继受与移植外来法治文明最为突出,近代日本主要学习、模仿欧洲,主要是德国,古代日本主要是学习、模仿中国,日本著名法学家穗积陈重在其《日本新民法》中曾说:"日本法律属于中华法系已有1600年,虽自大化改新后历经变化,然日本法制的基础仍属于中国道德哲学与崇拜祖先的习惯及封建制度。"[3]而在模仿、学习、移植中国法律制度方面,又以对李唐王朝法制度的移植最为显著,桑原骘藏也认为:"我国大宝律大体上是采用唐律,只不过再考虑我国国情稍加斟酌而已"。[4]

1. 唐律对日本法典编撰之影响

自"大化改新"伊始,日本即全面模仿唐律制定法典。天智天皇(662—672年)在位期间,以唐《武德令》《贞观令》为范本,制定《近江令》,据《大织冠传》记载:"(天智天皇七年)先此帝令大臣撰述礼仪,刊定律令,通天人之性,作朝廷之训。大臣与时贤人,损益旧章,略为条例。"[5]

天武天皇十四年(686年),《天武律令》修撰完成,此律令编撰者伊吉博德为遣唐留学生,在其留学长安期间,《永徽律》已经颁行天下。故日本著名学者泷川政次郎认为:"《天武律令》之蓝本必《武德》《贞观》《永徽》三律令之一。"[6]

---

[1] 刘俊文主编:《日本学者研究中国史论著选译》(第八卷 法律制度),姚荣涛、徐世虹译,中华书局1993年版,第102页。

[2] 马小红主编:《输出与反应:中国传统法律文化的域外影响》,中国人民大学出版社2011年版,第78页。

[3] 孟祥沛、郑志华、姚明铭:"日本近代法制:'脱中入西'",载《探索与争鸣》1999年第12期。

[4] [日] 武安隆编著:《遣唐使》,黑龙江人民出版社1985年版,第207页。

[5] 此问题杨鸿烈先生进行了细致考证,参见杨鸿烈:《中国法律对东亚诸国之影响》,中国政法大学出版社1999年版,第180页。

[6] [日] 泷川政次郎:"律令之研究",载刘俊文、[日]池田温主编:《中日文化交流史大系》[2](法制卷),浙江人民出版社1996年版,第18页。

日本大宝元年（701年），《大宝律令》编撰完成。《大宝律令》篇目及次序与唐律极为相似，同时参与编撰《大宝律令》的主要成员，伊吉博德为遣唐留学生，萨弘恪为唐人，土部甥、白猪史骨皆留学唐朝数十年，故泷川政次郎亦认为，《大宝律令》是以唐高宗永徽二年（651年）的《永徽律令》及武后垂拱元年（685年）的《垂拱格式》为蓝本制定。[1]《大宝律令》是一部承前启后的法典，《大宝律令》的制定和实施在日本法典编撰史上占有重要地位。

到元正天皇时期，《养老律令》编撰完成，《养老律令》以唐《永徽律令》为蓝本，同时参考了唐《开元律令》以前的其他法律，它是对《大宝律令》的继承与发展，承袭《大宝律令》的许多具体条文。[2]

《养老律令》颁行天下以后，天皇为适应日本国情，对律令作出一定的修改，同时模仿唐朝的法律形式，制定"格""式"，逐渐完善日本的律令体系。称德天皇时期，颁行《删定令式》，嵯峨天皇敕命颁布《弘仁格式》十卷，清和天皇时期颁布《贞观格式》，醍醐天皇时期颁布《延喜格式》。

2. 唐律对日本经济法律制度之影响

土地制度、赋役制度是国家的基础经济制度，唐朝颁行《均田令》《赋役令》，施行均田制与租庸调法，日本模仿唐朝，同时根据本国国情，制定相应的土地、赋役制度。[3]

唐朝施行均田制，日本模仿唐朝，颁布《班田令》，参照唐朝《均田令》创制土地制度，据《大宝令》与《养老令》记载："在土地种类的划分、口分田的分配、田宅地和山川薮泽的使用上明显以唐制为准。"[4]日本在模仿唐朝赋役制度的同时，根据日本国情，因时制宜、因地制宜地作出了相应的调整，但主体上仍以唐律为主，日本学者在《略论儒学对日本政治和法

---

[1] [日] 泷川政次郎："律令之研究"，载刘俊文、[日] 池田温主编：《中日文化交流史大系》[2]（法制卷），浙江人民出版社1996年版，第18页。

[2] 具体内容参见刘俊文、[日] 池田温主编：《中日文化交流史大系》[2]（法制卷），浙江人民出版社1996年版，第222~223页；[日] 池田温："隋唐律令与日本古代法律制度的关系"，载《武汉大学学报（哲学社会科学版）》1989年第3期。

[3] 张中秋："继受与变通：中日法律文化交流考察"，载《法制与社会发展》2003年第2期。

[4] 参见刘俊文、[日] 池田温主编：《中日文化交流史大系》[2]（法制卷），浙江人民出版社1996年版，第206~209页。

制的影响》中即指出,"日本在唐律的影响下,制定《班田收授法》《户籍法》以及庸调等税法",以此促进日本社会经济的发展,维护以天皇为中心的统治。

3. 唐律对日本行政法律制度之影响

中国的官僚制度在唐朝发展臻于成熟、高效,中央建立起"三省六部"的中央官僚体系,地方上建立州县制的地方行政体系。日本仿效唐朝,建立起一套上自天皇、下至地方的官僚体制。杨鸿烈详细地比较研究了唐代中央官制与日本中央官制的异同,认为二者的中央官制机构较为相近,并且各官职中官吏的职责也很相似。[1]

4. 唐律对日本司法制度之影响

在司法制度方面,唐朝实行大理寺、刑部、御史台联合审判的"三司制度",日本的具体司法操作与唐朝相似,只是简单化一些。同时唐律中的"亲亲相隐制度""同居相为隐"制度,日本也模仿唐朝作了相似的规定。[2]日本法律在司法体制、司法制度方面基本上与唐律规定相同。正如张中秋所指出,"日本国家司法制度中的诉讼制度、回避制度、用刑制度等,类似于唐制,只是在具体名称和量刑上略有出入"。[3]

(二) 唐律对朝鲜法律制度的影响

杨鸿烈先生曾认为,"1905年以前高丽(朝鲜)所施行之法律,都是对中国法律的模仿。高丽法律之原则及性质与施行于中国者无甚显著之差异。中国谨严之保守主义统治高丽者为时深久"。[4]可见朝鲜与中国文化极为相似,历史上朝鲜的法律深受中国传统法律的影响。

1. 新罗王朝时期

朝鲜半岛的三国时代,高句丽、百济、新罗,都在中国的影响下,建立了自己的法律制度。新罗的职官制度与唐朝颇为类似,其主要中央机构四部

---

[1] 参见杨鸿烈:《中国法律对东亚诸国之影响》,中国政法大学出版社1999年版,第190页。
[2] 马小红主编:《输出与反应:中国传统法律文化的域外影响》,中国人民大学出版社2011年版,第41~42页。
[3] 张中秋:"继受与变通:中日法律文化交流考察",载《法制与社会发展》2003年第2期。
[4] 杨鸿烈:《中国法律对东亚诸国之影响》,中国政法大学出版社1999年版,第23页。

八府,是借鉴唐朝三省六部制度,其名称、职能皆与唐朝基本相同。其主管司法审判事务的部门称为理方府,类似于唐朝的刑部和大理寺。[1]同时新罗在统一三国以后,设置律博士数人,效仿中国体制,颇为明显。故日本学者泷川政次郎认为,"唐时首都长安有新罗留学生260人,可知唐之法制输入新罗殆为无可怀疑之事"。[2]

2. 高丽王朝时期

公元936年,高丽重新统一朝鲜半岛,建立高丽王朝。高丽法律制度皆模仿唐朝,以唐律为蓝本。法典编撰方面,《高丽史·刑法志》亦记载:"高丽一代之制,大抵皆仿乎唐,至于刑法亦采《唐律》,参酌时宜而用之。曰《狱官令》二条、《名例》十二条、《卫禁》四条、《职制》十四条、《户婚》四条、《厩库》三条、《擅兴》三条、《盗贼》六条、《斗讼》七条、《诈伪》二条、《杂律》二条、《捕亡》八条、《断狱》四条,总七十一条,删繁取简,行之一时,亦不可谓无据。"[3]张春海详细地比对了《唐律》与《高丽律》的异同之处,[4]其虽重点分析《高丽律》与《唐律》的不同之处及其产生的原因,但我们发现《高丽律》与《唐律》在刑种规定、罪名设置等方面重合度非常高,足见《唐律》对《高丽律》的影响深远。

(三) 唐律对越南法律制度的影响

中国与越南山水相连,很早就有文化交往,戴可来认为,"在长期的历史交往中,两国人民之间的经济、文化交流十分频繁。可以说,世界上没有任何一个国家与中国关系之密切,有如越南者"。[5]

李氏王朝统治越南时期,李太宗明道元年(1042年),删定律令,编写《刑书》三卷,大都依循唐律,遵用唐宋旧制。

在刑事法律制度方面,李朝法律规定对于老小废疾采取免刑或者轻刑的方式,"诸年七十以上、八十以下,十岁以上、十五岁以下及身有残疾,至于

---

[1] 杨鸿烈:《中国法律对东亚诸国之影响》,中国政法大学出版社1999年版,第27页。
[2] 杨鸿烈:《中国法律对东亚诸国之影响》,中国政法大学出版社1999年版,第27页。
[3] 杨鸿烈:《中国法律对东亚诸国之影响》,中国政法大学出版社1999年版,第27页。
[4] 张春海:《唐律、高丽律比较研究》,法律出版社2016年版,第101~175页。
[5] 戴可来、杨保筠校注:《岭南摭怪等史料三种》,中州古籍出版社1991年版,第1页。

皇室、大功、期亲以上犯罪者，许赎，犯十恶者不能"，[1]《唐律疏议》亦有此方面的规定。可见越南李朝法律制度以唐律为蓝本，正如杨鸿烈先生指出，"安南自秦、汉至唐入于中国版图，其法制与中国无大出入"。[2]

中国传统法律文化对东亚世界产生了重大的影响，并形成了以唐律为母法，以日本、朝鲜、越南等国法为子法的中华法系。由此看，唐律不仅在中国法制史上具有重要的历史地位，也在世界法治文明发展史上留下了辉煌的印记。

四、明清时期的立法思想

"法律是治国之重器，良法是善治之前提。"建设具有中国特色的法治，需要完善以宪法为核心的中国特色社会主义法律体系。为此需要深入推进科学立法、民主立法，对于完成这项历史性的重大任务，浩瀚的立法历史的经验将会给我们提供一些镜鉴。[3]在明清时代律学家看来，立法的目的在于富国强兵，核心是废除恶法、与时俱进与法律平等，明代张居正多次阐述"富强"的立法思想，吕坤主张"以民为本"的法治观；薛允升耗费一生心血撰写《读例存疑》，为清末变法修律奠定了基础，薛氏致力于为晚清政府创立与时俱进、趋于平等的良法、善法，以适应社会的发展需要。

（一）明代思想家的立法思想

明代法治思想强调"强国富民"之法律的目标价值。明代中叶，各级官吏奢靡之风兴起，国家内忧外患深重。为了挽救时弊，以法强国就构成张居正法律思想的主旨，他所处的时代，南方有倭寇，北方有虏患，王朝上下颓靡不振、国力衰微，是故，张居正所申之新"政纲"，是为了救时急务，"其目的则在富国强兵"，他专门论述"饬武备"，认为"今军伍虽缺，而粮籍具存。若能按籍征求，清查影占，随宜募补，着实训练，何患无兵？捐无用不急之费，并其财力，以抚养战斗之士，何患无财？悬重赏以劝有功，宽文法

---

[1] ［越］吴士连：《大越史记全书》卷二《本纪·李纪》，陈荆和编校，日本东京大学东洋文化研究所1968年版，第72页。

[2] 杨鸿烈：《中国法律对东亚诸国之影响》，中国政法大学出版社1999年版，第7页。

[3] 张晋藩："中国古代立法经验镜鉴"，载《中共中央党校学报》2015年第1期。

以伸将权,则忠勇之夫,孰不思奋,又何患于无将?"这一论述体现着法家"富国强兵"的精神,而窥其要旨,最终还是服务于"尊君",在《陈六事疏》中,张居正反复申述的就是确立君主的权威,首言"省议论",明确"谋在于众,断在于独",提出"欲为一事,须审之于初,务求停当;及计虑已审,即断而行之";再言"振纪纲",要"皇上奋乾刚之断","张法纪以肃群工";又言"重诏令",痛斥当时"禁之不止、令之不从"等现象,认为"君不主令,则无威;臣不行君之令而致之民,则无法,斯大乱之道也"。[1]张居正省议论、振纪纲、重诏令等建议,归根结底都指向"尊君"。由此,强国与尊君构成明代法家,尤其是明前期法家思想的主流。

实现有效治理,需要一定数量的立法,但法律法令又不是越多越好。在立法疏密方面,明代"思想家"作了辩证性思考。中国古代法典体系,自秦汉发轫,至唐代已趋成熟,宋明以后又有新发展,这也使得明代思想家有机会重思立法轻重、繁简辩证之道。丘濬借用唐高宗时期赵冬曦"法条简明"之语,认为隋朝以后以文饰义、法条苛繁,指出"立法贵乎下人尽知,何必饰其文义,简其科条?请更定科条,直书其事,毋假文饰,以其准加减比附量情,皆勿用之,使愚夫愚妇闻之必悟,切中后世律文之弊"。丘濬又从防止官吏上下为奸、民众通晓易行的角度,论述了法令应简明划一,若过于繁杂,"民既难知,是启吏之奸而陷民于法。……今所定律令,芟繁就简,使之归一,直言其事,庶几人人易知而难犯"。顾炎武提出法令繁密之弊:"夫法制繁,则巧滑之徒皆得以法为市,而虽有贤者,不能自用,此国事之所以日非也。"不停立新法,"于是法愈繁而弊愈多,天下之事日至于丛脞,其究也,眊而不行,上下相蒙,以为无失祖制而已"。朱元璋亦反对立法繁密,而倾向于法制简明,"法贵简当,使人易晓。若条绪繁多,或一事两端,可轻可重,吏得因缘为奸,非法意也。夫网密则水无大鱼,法密则国无全民"。立法繁密之弊,黄宗羲也有议论:"后世之法,藏天下于筐箧者也……天下之人共知其筐箧之所在,……故其法不得不密。法愈密而天下之乱即生于法之中,所谓非法之法也。"[2]吸收道家思想,主张个性自由的李贽走得更远,奉行"法

---

[1] 张居正:《张文忠公全集》,商务印书馆1935年版,第3页。
[2] 黄宗羲撰,李伟译注:《明夷待访录》,岳麓书社2016年版,第25页。

令清简，不言而治"，在云南姚安任知府时，"一切持简易，任自然"，因"边方杂夷，法难尽执，日过一日，与军与夷共享太平足矣"。[1]有关立法繁简的思想，延续了秦汉以来法令疏密之辩，并由立法延伸至法律执行及其效果，体现出明代法家思想的成熟。

刑罚及治理问题是传统法律思想的核心之一，明代思想家自然也不例外，但具体认识又有诸多差异。明初朱元璋倾向"重法"，其钦定的《大诰》初编有："今后官民有犯罪责者，若不顺受其犯，买重作轻，买轻诬重，或尽行买免，除死罪坐死勿论，余者徒、流、迁徙、笞、杖等罪贿赂出入，致令冤者不伸，枉者不理，虽笞亦坐以死。"[2]明代法家思想不只体现为立法上的"重"，更表现为施行中的"严"。张居正痛斥当时"纪纲不肃，法度不行，上下务为姑息，百事悉从委徇"，力谏"张法度以肃群工，揽权纲而贞百度。刑赏予夺，一归之公道，而不必曲徇乎私情；政教号令，必断于宸衷，而无致纷更于浮议。法所当加，虽贵近不宥；事有所枉，虽疎贱必申"。这种严于执法，还体现为对儒家"原情"的排斥，张居正将顺民之好恶行法斥为"徇情"，"不顾理之是非，事之可否，而惟人情之是便而已"。这样做，与法治所要求之"整齐严肃"背道而驰，故他主张应该严格执行法律，"振作者，谓整齐严肃，悬法以示民，而使之不敢犯。孔子所谓'道之以德，齐之以礼'者也，若操切，则为严刑峻法，虐使其民而已。故情可顺而不可徇，法宜严而不宜猛"。严与猛、顺情与徇情，体现出明代法家思想的辩证法，其最终又以法制的公道、有效为旨归，而非不顾是非之"乡愿"。严格地执行法律，也为吕坤所肯定，他阐述了执法严与立法密的辩证关系，"为政者立科条、发号令，宁宽些儿，只要能真实行、永久行。若法极精密而督责不严、综核不至，总归虚弥，反增烦扰"。吕坤又阐释了"以杀止杀"之理，实际上暗含着犯罪预防的道理："圣人之杀，所以止杀也。故果于杀而不为姑息，故杀者一二而所全活者千万。后世之不杀，所以滥杀也，不忍于杀一二以养天下之奸，故生其可杀而生者多陷于杀。"他还辨析了刑罚宽与严之关系："姑息以养民之恶，卒至废弛玩愒，令不行，禁不止，小人纵恣，善良吞泣，则孔子之罪人

---

[1]（明）李贽：《焚书　续焚书》，张建业译注，中华书局2011年版，第333页。
[2] 杨一凡："明《大诰》的实施及其历史命运"，载《中外法学》1989年第3期。

第四讲　法治典范：法典化时代的法治及影响

也。故曰居上以宽为本，未尝以宽为政。严也者，所以成其宽也。"[1]仁爱、宽平，自然是儒家的观点，但吕坤之意，一味地追求宽，实际上是小人为恶的放纵，反使善良、守法者饮泣，实与孔子之仁政相悖，杀一二而救千万，亦能成就"大仁"。故在为政治理中，仍需要贯彻法家的精神，以严"成其宽"。王守仁强调赏罚的及时与"必行"，他总结治理盗贼的经验，"今朝廷赏罚之典固未尝不具，但未申明而举行耳。……古者赏不踰时，罚不后事。过时而赏，与无赏同；后事而罚，与不罚同。况过时而不赏，后事而不罚，其亦何以齐一人心，作兴士气？"[2]赏罚之行，表面上指的是对兵士的激励，但从犯罪治理的角度，亦不失一般性意义。他进而提出申明赏罚实现善治之道："夫刑赏之用当，而后善有所劝，恶有所惩；劝惩之道明，而后政得其安。"赏罚分明，以法律促进治理目标，亦成为一个十分重要的经验。

明代法治思想，开始向基层社会的法律治理延伸。先秦法家多关注君主权威、王朝治理，而明代以降，法律思想更趋发展，关注领域逐渐细化，向基层治理渗入。太祖朱元璋在推行《大诰》的同时，就开始制定并推行《教民榜文》，加强对基层社会的控制，其中宣讲圣谕六言，读大诰三篇、行乡饮酒礼、里社祭祀、兴办社学等，实质上，它是"通过设立里老，并以里甲为基础，结合里社、社学、乡饮等制度，以调解民间纠纷、施行教化的制度性规定"。王守仁在从政实践中，关注到州县及乡村的治理措施，针对地方盗贼，他不仅调兵遣将、围剿控制，更采取政教、经济等综合治理措施，并尽量减轻民众负担，与民生息，"为照建立县治，故系御盗安民之长策，但当大兵之后继以重役，窃恐民或不堪"。他注重发挥里老及"乡约"的作用，通过法令推行教化，"务于坊里乡都之内，推选年高有德，众所信服之人，或三四十人，或一二十人，厚其礼貌，特示优崇，使之分投巡访劝谕，深山穷谷必至，教其不能，督其不率，面命耳提，多方化导。或素习顽梗之区，亦可间行乡约，进见之时，咨询民瘼，以通下情，其于邑政，必有裨补"。[3]吕坤亦

---

〔1〕（明）吕坤撰：《吕坤全集》（中），王国轩、王秀梅整理，中华书局2008年版，第834页、第858页。

〔2〕（明）王守仁撰：《王阳明全集》，吴光等编校，上海古籍出版社2011年版，第1371页。

〔3〕（明）王守仁撰：《王阳明全集》，吴光等编校，上海古籍出版社2011年版，第1271页。

提及基层治理中法令的作用，"法度严明，即不择约正、保正，而约保正自不敢为恶。只一宽松，全不照管，而约保正借法以作奸，虽有贤者亦不能自保，胥化而为恶矣"。严明法度之外，吕坤强调保甲与乡约的综合并用，制定并推行《乡甲约》："以一里为率，各立约正一人，约副一人，选公道正直者充之，以统一约之人。约讲一人，约史一人，选善书能劝者充之，以办一约之事。"〔1〕乡甲约统一负责约内治安、救济、解纷等事务。针对地方贼盗，他还提出：一是禁游惰之民，二是严流寓之民，三是逐强壮之乞人，四是重捕获之赏，五是禁淫赌之徒，六是缉窃盗之主，七是宽首盗之令，八是密远僻之防，九是清边鄙之民。"乡甲约"的直接目的是减少盗窃等犯罪行为，但它以多方面的制度设计，发挥着改善乡村治理的作用。

（二）清代律学家的法律观

"陕派律学"是盛行于清同治、光绪年间的传统律学流派，以陕西籍刑部官员薛允升、赵舒翘、吉同钧为代表。陕派律学家践行关学"经世致用"的学术风气，在晚清"千年未有之大变局"的时代浪潮中，著书立说，发起了变法修律、监狱改良、删除重法的先声，对于当代中国法学理论发展提供了有益的历史借鉴。

陕派律学创始人薛允升自咸丰六年（1856年）中进士以主事任职刑部，"念刑法关系人命，精研法律，自清律而上，凡汉唐宋元明律书，无不博览贯通"，〔2〕后升任刑部侍郎、刑部尚书，为刑部当家堂官，部中刑法专务皆由其负责。薛允升于传统律学研究颇有心得，为一代律学大家，"长安薛云阶大司寇自官西曹，即研精律学，于历代之沿革，穷原竟委，观其会通。凡今律今例之可疑者，逐条为之考论，其彼此抵牾及先后歧异者，言之尤详，积成巨册百余。……司寇复以卷帙繁重，手自芟削，勒成定本，编为《汉律辑存》《唐明律合刻》《读例存疑》《服制备考》各若干卷，洵律学之大成，而读律者之圭臬也"。〔3〕其中《读例存疑》是薛氏最为杰出的律学成果，"惟此编自问颇有一得之愚，而半生心血尽耗于此"，举凡清代制定法之解释与适用上的问

---

〔1〕 牛铭实：《中国历代乡约》，中国社会出版社2005年版，第35页。
〔2〕 闫晓君整理：《乐素堂文集》，法律出版社2014年版，第64页。
〔3〕（清）沈家本：《寄簃文存》，商务印书馆2015年版，第192页。

题，中国传统法制演变的轨迹，清代例的问题，均有详细的研究。此书"（薛允升）屡欲将素所记注者汇为一编，以备大修之用"，[1]本为清朝修例准备，薛氏殁后，沈家本向光绪皇帝上疏，要求将《读例存疑》作为律例馆修改法律的依据。清末颁行的《大清现行刑律》《大清新刑律》皆以此书为参考依据，对于中国法律的近代化，此书起到了承上启下的作用。故薛允升可谓是"中国近代法制改革的先导"。[2]

陕派律学中坚赵舒翘自光绪五年（1879年）代理提牢，次年督理提牢厅事，"刑部提牢一职，管理南北两监，事繁责重，称难治焉。己卯年八月间，堂宪派翘提牢拟陪，自念以孤寒杂厕曹末，忽蒙上官谬加赏识，惧弗胜任，贻陨越羞，自此益懔懔"。[3]在任职年间，赵舒翘悉心收集、考校与本职工作有关的规则、条例、章程、制度及其兴废流变，"一年之内，考校此中情弊，亦微有得焉。谨就浅见所及胪著于册，非敢云旧政必告也，聊以备后任君子，采择云尔"。[4]赵舒翘所编撰的《提牢备考》，是中国第一部监狱学著作，[5]为刑部及全国监狱管理兴利除弊，发起了近代中国监狱制度改良的先声。

清末法律改革，陕派律学殿后者吉同钧名列修订《大清现行刑律》五位总纂官首位，沈家本、伍廷芳奏请开设法律学堂，吉同钧主讲《大清律例》课程，"于《大清律例》一书，讲之有素，考订乎沿革，推阐乎义例，其同异重轻之繁而难纪者，又尝参稽而明辨之，博综而审定之，余心折之久矣"，"于沿革之源流，义例之本末，同异之比较，重轻之等差，悉本其所学引申而发明之，辞无弗达，义无弗宣，洵足启法家之秘钥而为初学之津梁矣"。[6]吉同钧于传统注律之时，讲清律文与英、美、德、法、俄、日相比较，以至于当时《大清律例讲义》一种乃至风行半天下。

清末修律，"礼、法"相争激烈，惟在重法删除上态度却一致。其故或在

---

[1] （清）薛允升：《读例存疑·自序》，光绪三十一年刊本，卷首。
[2] 华友根：《薛允升的古律研究与改革——中国近代修订新律的先导》，上海社会科学院出版社1999年版，第385页。
[3] 闫晓君整理：《慎斋文集》，法律出版社2014年版，第269页。
[4] 闫晓君整理：《慎斋文集》，法律出版社2014年版，第269页。
[5] 何勤华："中国第一部监狱学著作：赵舒翘撰《提牢备考》评述"，载《法学》1999年第7期。
[6] （清）沈家本：《寄簃文存》，商务印书馆编辑部整理，商务印书馆2015年版，第202~203页。

于，新派人物认为，删除凌迟、枭首、戮尸、刺字等，都是与"国际接轨"的重大举措。而在旧派人物看来，这一切又都是"仁政"的切实体现，是歌功颂德的绝佳题材。[1]光绪三十年（1904年），吉同钧撰写《上刑部长官减轻刑法书》，以《唐律》为参照，言"中国之法网密矣，刑罚重矣"，废除恶法之意，"惟细按《唐律》，死罪不过斩、绞，而现律加以枭首、凌迟、戮尸，是较《唐律》为重矣。《唐律》死罪不过百余项，凡误杀、戏杀、擅杀、盗窃、强奸、私造印信均不至死，而现例死罪多至一千五六百项，是较《唐律》为繁矣"。[2]这一份奏折要比沈家本《删除律例内重法折》早了整整一年，足见是吉同钧掀起了清末删除重法的波澜。

"立善法于天下，则天下治；立善法于一国，则一国治。"薛允升耗费一生心血撰写《读例存疑》，致力于为清政府立一与时俱进、趋于平等的良法、善法。这种精神正是立法者所应该学习的。当代中国的立法者，应继续坚守立良法、立善法的传统精神，为创建顺应最广大人民意愿、维护最广大人民利益的良法、善法，构筑全面依法治国的坚固基石而努力。

思考题

1. 论述唐代惩贪法治中的有益经验。
2. 论述唐律在东亚地区的影响。

阅读书目

1. 胡兴东：《中国古代死刑制度史》，法律出版社2008年版。
2. 谢红星：《唐代受贿罪研究》，中国政法大学出版社2011年版。
3. 杨鸿烈：《中国法律对东亚诸国之影响》，中国政法大学出版社1999年版。

---

[1] 俞江："倾听保守者的声音"，载《读书》2002年第4期。
[2] 闫晓君整理：《乐素堂文集》，法律出版社2014年版，第115页。

第五讲 刑以弼教

中国古代刑案中的法律智慧

自秦汉到明清，历代司法机关、司法官员留下了数目可观的案例，这些案例不仅记录在司法档案、判例判牍中，还记载在审判者的个人日记、书信或笔记中，通过这些案件及其处理过程的丰富记录，能够展现中华法治文化的独有特质。

一、刑以弼教的刑法思想

《资治通鉴》记载，贞观六年（632年），"辛未，帝亲录系囚，见应死者，闵之，纵使归家，期以来秋来就死。仍敕天下死囚，皆纵遣，使至期来诣京师。……去岁所纵天下死囚凡三百九十人，无人督帅，皆如期自诣朝堂，无一人亡匿者"。[1]这一刑案反映了中国古代刑狱案件中所体现的法律智慧。

"离监探亲"是一项蕴含着浓郁中国特色的法律制度，源自历史上的类似司法实践，展现出"刑以弼教"的传统立法观。在唐代，太宗李世民在勾决死刑时，萌生恻隐之心，将三百多名死刑犯全部"假释"，允许他们回家团聚，处理后事，来年秋后再返回受刑。结果，第二年，三百多名死刑犯一个不少返回监狱，太宗感慨之下对他们予以赦免。太宗赦免死刑犯的故事不免传奇，但其蕴含的思想却值得深思，即在中华法文化中，刑罚之目标不只是"报复"，更包含着教化的意味，而这一思想又源自先哲对人性的理解，以及对法律功能的独特思考。

（一）中华法文化中的人性预设

刑以弼教的刑罚思想，与中国人对人性的辩证认识有关。自先秦以来，关于如何看待人性，思想家们就进行了深入的探讨，并从客观的、理想的层面对人性作出理性的预设，它成为这一刑罚观的思想基础。

对于人性，儒家从理想的层面，更多保持乐观的态度。孔子未明确说人

---

[1] （宋）司马光编撰：《资治通鉴》，中华书局2009年版，第2350页。

性善恶,"性相近,习相远",就是明示人先天没有善恶的分别,贤不肖是由于后天的熏染,故存在教化的必要。孟子从社会实际观察出发,认为人人都有恻隐、羞恶、辞让、是非等善的萌芽,故而人性善,"人性之善也,犹水之就下也。人无有不善,水无有不下"。[1]就是说,人之性善,如同水向低处流一样,是自然的本性。同时它也是社会生活的基础,可以称之为自然法。

荀子对人性则有不同的理解。他首先由区分性、伪出发,界定了人性的内涵,"凡性者,天之就也,不可学,不可事"。即人性是天生而来的,"不可学、不可事而在人者谓之性,可学而能、可事而成之在人者谓之伪"。[2]荀子认为人性生而好利,生而有疾恶,生而有耳目之欲望,这就会导致争乱。可见,荀子之性恶,就是指人都有欲望,如果任其发展,就必然产生争议,争则会乱。因此,才需要制定礼义、法度,为社会"度量分界"。与此同时,荀子仍是从积极的角度看待人性,即便人之天性是争夺好利的,但却是可以教化的,正如同"工人斫木而成器",人也可以通过教育而趋善,"故圣人化性而起伪,伪起而生礼义,礼义生而制法度"。礼义、法度之所以出现,原因还在于人存在着向善的可能。

比较中西对人性的预设,不难发现,基督教文化影响下的人性观,对人性持一种消极悲观的态度,法律制度被动地去约束人性潜在的堕落。中华文化则不同,从孔子到荀子,先哲对人性多持乐观、积极的态度,即便是人之本性中存在自私自利的因素,也可以通过礼义制度,通过教育感化使其符合圣人之礼,亦即人性中存在自主性向善的潜能,这成为"刑以弼教"的思想基础。

(二) 刑罚的威慑与教化功能

原始社会的刑罚多是出于血亲复仇,作为氏族的武力自卫形式。国家出现以后,刑罚逐渐具有了指引、威慑的作用,用以保护一定的法律秩序。然而,中华法文化中的刑罚,更多地被赋予教化的功能,通过刑罚的执行,是

---

[1]《孟子》卷十一,参见杨伯峻译注:《孟子译注》,中华书局2010年版,第235页。
[2]《荀子》卷十七,(清)王先谦撰:《荀子集解》,沈啸寰、王星贤整理,中华书局2012年版,第421页。

要实现"礼"的秩序。

传统文化中"明刑弼教"的说法因此而来。也正因为对"礼"这一根本价值的尊崇,孔子等儒家代表人物对片面地强调刑罚极不赞同,反对"折民惟刑"。孔子认为,对人民进行道德教化,可以使他们为善,而刑罚却没有强人为善的力量,故"道之以政,齐之以刑,民免而无耻;道之以德,齐之以礼,有耻且格"。单纯用政、刑来治国,民众只会因畏惧而避免犯罪,只有采取德和礼的方法,才能真正提升民众内心的善。孔子明确区分了政刑与德礼,但目的却很明确,即善治最终需要指向人心的教化,刑罚同样要服务于这一目标。

唐代法律"一准乎礼",同样渗透着"刑以弼教"的思想。贞观十一年(637年),魏征上书论说礼刑关系:明德慎罚,惟刑恤哉,"夫刑赏之本,在乎劝善而惩恶",[1]意思即是刑罚不单纯是为了报复,而更在于"劝善",从改造人性的角度,实现德治的目标。这一思想得到唐太宗的认可,特意询问大理寺卿孙伏伽刑罚的执行,"朕尝问法官刑罚轻重,每称法网宽于往代。仍恐主狱之司利在杀人,危人自达,以钓声价"。[2]唐太宗留意刑案司法,表露刑罚宽平之意,仍是本教化之旨。

朱熹发展了孔孟的思想,系统阐发了刑与礼的关系,"政者,为治之具。刑者,辅治之法。德礼则所以出治之本,而德又礼之本也。此其相为始终,虽不可以偏废,然政刑能使民远罪而已。德礼之效,则有以使民日迁善而不自知"。[3]这里的"政刑",就是法制与刑罚,政是统治的工具,刑是辅助统治的方法,"先立个法制如此,若不尽从,便以刑罚齐之"。但刑罚是不得已而行之,针对的是为非作歹、冥顽不灵的人,统治更高的目标指向德礼的教化,要使人"日迁善不自知",刑罚自然也要服务于教化的目标。

明代思想家吕坤论及押解囚犯,认为不必过于苛责,"囚经过家门,亦不许入,但令亲族就省,如馈酒肉,亦不必禁"。[4]不许囚犯入家门,自然有安

---

[1] 骈宇骞、齐立洁、李欣译注:《贞观政要》,中华书局2009年版,第275页。
[2] 骈宇骞、齐立洁、李欣译注:《贞观政要》,中华书局2009年版,第275页。
[3] 《论语集注》卷一,载(宋)朱熹撰:《四书章句集注》,中华书局2011年版,第55页。
[4] (明)吕坤撰:《吕坤全集》(中),王国轩、王秀梅整理,中华书局2008年版,第1056页。

全的考虑，但却允许家人探视，甚至馈赠酒肉饭食，这对于囚犯而言，同样也是一种感化。吕坤不仅作此认识，还身体力行，在做云中令时，有一名叫董鸿儒的囚犯，是士人子弟，因与人争执殴人致死被依法监禁。监禁期间，他的父亲及伯父去世，两人除了董鸿儒，都没有其他子嗣。眼看着就要归葬了，董母哭着来找吕坤，说其夫就要入土，请求暂时释放董鸿儒，使其尽一日为子之道，她愿意以其舅父作为"人质"。吕坤怜悯而许之，狱卒担忧不敢去枷锁，吕坤言：鸿儒执丧，就是表明死者有子嗣，如果不去枷锁，还不如不去。[1]于是，枷锁镣铐皆除去，只用四个壮丁同去监押。董鸿儒回家后，主丧、送葬、谢客，总共有七日，葬礼后即由其母亲送回。释放重罪囚犯回家"执丧"，自然存在风险，但它正是通过一种信任、仁恕来实现对犯罪者的感化教育。正如吕坤所言："刑、礼非二物也，皆令人迁善而去恶也。"即便是罪人狱囚，也可以礼教化，"君子见狱囚而加礼焉，今以后皆君子人也。……刑法之设，明王之所以爱小人而示之以君子之路也"。[2]正因为刑与礼具有共同的指向，故对狱囚施加礼遇，更能够帮助其弃恶从善，走上君子之路。

（三）刑以弼教与社会的善治

内含人性趋善的"刑以弼教"思想，是出自先贤对社会朴素的经验观察和感性认识。随着现代法律科学的发展，特别是犯罪人类学的研究，人们对犯罪这一古老的社会现象有了更深入的了解。确实，某些犯罪者存在天生的或遗传的因素，这种因素是在未成年时期获得并变得与其心理结构不可分离，还有些极端犯罪者，存在着迥异于常人的心理与思维特征，对于他们似乎很难作矫正或教化。然而，刑罚，或者更为广义的刑事法律，面对的是更为宽泛的社会，影响数量更大的普通民众，从激发人之善念、实现社会善治的角度看，"刑以弼教"的思想无疑有积极的价值。

现代刑罚制度的发展，尽管仍不无"复仇"的因素，但其主旨无疑发生了重要的变化，刑罚被认为是保护法秩序的方法，因而也是促进国家善治的保障。刑罚制度的设立与执行，不应停留于血亲复仇，也不能局限于被动的

---

[1]（明）吕坤撰：《吕坤全集》（中），王国轩、王秀梅整理，中华书局2008年版，第1056页。
[2]（明）吕坤撰：《吕坤全集》（中），王国轩、王秀梅整理，中华书局2008年版，第833页。

犯罪威慑，而是需要着力提升社会一般人的道德良知，挖掘自然人性中善的成分，这使得通过刑罚的教化成为可能。

现实生活中的违法犯罪复杂多样，旨在教育感化的刑罚观，在立法中，是要遵循"刑法最小化""刑法谦抑主义"，应该将刑法处罚的范围限制在绝对必要的限度内，在行为对他人造成伤害的场合，"国家应当优先尝试使用教育、劝诱等非刑事手段"；[1]在司法中，不是片面地追求轻刑，甚或免刑，而是要求司法者更加审慎地确定罪名、适用刑罚，特别是对初犯、未成年犯，他们的心智还处于形成发展期，本着教育之旨确定适当的刑罚，完全有可能使其走上自新之路，这才能为优化社会治理播下善良的"种子"。

劝人向善的刑罚观，其实与马克思主义的犯罪观存在诸多的契合。马克思主义强调社会经济基础的决定作用，犯罪往往是缘于特定的社会经济原因，犯罪者仍然是人，其作为"人"的本性并非不可救药，他们可以通过教育等方式改造自身。由此，我们也足以重新检视并发掘中华法文化的时代价值，历史与文化并非"陈迹"，法律进步的步伐是缓慢的，在中国的时代变革中，法律仍然应该根植于中华文化与时代精神联结在一起的正义观之中。

二、敦煌文书案例中的法律智慧

敦煌文书的再现是中国文化学术史上的重大发现之一。与安阳殷墟甲骨、居延汉晋简策、明清大库档案相较，敦煌文书具有形式多样、数量庞大、跨越时间长、使用语言多、内容丰富、史料翔实等特点，具有极高的文物珍藏价值和学术研究价值。敦煌文书中大量的司法案例为我们进一步地认知中国古代的司法智慧提供了重要的史料。本节针对敦煌法制文书之文明判集残卷中记载的一起唐代致人死亡案例，在有学者提出评议的基础上，结合《唐律疏议》，及现代刑法理论给予再评议，该案例中的郭泰应该是具有过错，需要承担刑事责任，而不能简单地认定为意外事件。

（一）案情简介

拟判案例之十：第 136—140 列。

---

[1] 何荣功：《刑法与现代社会治理》，法律出版社 2020 年版，第 159 页。

奉判：郭泰、李膺，同船共济，但遭风浪，虽被覆舟。共得一楼，且浮且竞。膺为力弱，泰乃力强，推膺取楼，遂蒙至岸。膺失楼势，因而致殂，其妻阿宋，喧讼公庭，云其夫亡，乃由郭泰。泰共推膺取楼是实。郭泰、李膺，同为利涉，扬帆鼓枻，庶免倾免倾危。岂谓臣（巨）浪惊天，奔涛浴日，遂乃遇斯舟覆，共被漂沦。同得一楼，俱望济己。且浮且竞，皆为性命之忧，一弱一强，俄致死生之隔。阿宋夫妻义重，伉俪情深，悴彼沈魂，随逝水而长往，痛兹沦魄，仰同穴而无由期。遂乃喧诉公庭，必仇郭泰。披寻状迹，清浊自分。狱贵平反，无容滥罚。且膺死元由落水，落水本为覆舟，覆舟自是天灾，溺死岂伊人之咎。各有竞楼之意，俱无相让之心，推膺苟在取楼，被溺不因推死，俱缘身命，咸是不轻。辄欲科辜，恐伤猛浪，宋无反坐，泰亦无辜，并各下知，勿令喧扰。[1]

王斐弘认为，李膺之死的直接原因是"舟覆落水"，而"覆舟自是天灾"。在这一前提下，制判者分析后得出李膺"被溺不因推死"的事实判断，这就将李膺死亡的直接因果关系与间接因果关系区别开来，同时还将"但遭风浪，虽被覆舟"这一天灾所造成的意外事件加以界定，为郭泰的免责奠定了坚实的基础。对于"推膺取楼"这一关键情节，从法理上、情理上也作了分析："同得一楼，俱望济己。且浮且竞，皆为性命之忧，一弱一强，俄致死生之隔。"尤其是"各有竞楼之意，俱无相让之心"，令人信服。既然对意外事件郭泰不负刑事责任，根据《唐律疏议》之《斗讼律》"诬告反坐"的规定，阿宋应负反坐之罪，但念及"阿宋夫妻义重，伉俪情深"，遂判"宋无反坐"。这一法外开恩的判例，实际上是《唐律疏议》之《名例律》中的"德礼为政教之本，刑罚为政教之用"的充分体现。[2]

（二）根据唐朝法律的评判

根据现有史料，我们已经难以准确判断上述案例是具体发生在哪一年，

---

[1] 刘俊文：《敦煌吐鲁番唐代法制文书考释》，中华书局1989年版，第581页。

[2] 王斐弘：《敦煌法论》，法律出版社2008年版，第33页。另参见王斐弘："敦煌写本《文明判集残卷》研究"，载《敦煌研究》2002年第3期。

第五讲 刑以弼教：中国古代刑案中的法律智慧

也就无法确切地说明应该适用唐朝的具体哪一部法律，但是以作为有唐一代发展最为成熟完善的法律大典——《唐律疏议》来进行评判，应该不至于会有太大的出入。《唐律疏议》中关于杀人命案，规定有故杀、斗杀、谋杀、戏杀、过失杀等不同的形式，被后人总结为著名的唐代"七杀"理论。"七杀"理论基于司法实践的经验，涵盖了"命案"犯罪的主客观各个方面，在实践中得到很好的应用（据说一直到清末民初改法修律后，当时的大理院仍倾向于适用"七杀"理论裁判命案）。结合本案例，不难发现，造成李膺死亡的（且不论是直接还是间接）郭泰在整个事件中确实并无杀人之心，他只不过是在"舟覆落水"这一危急时刻，与李膺共争救命之物——楫，李膺力弱，未能争得楫，从而导致了死亡的不幸结果。如果暂时排除主观动机和客观因素不谈，在该事件中，毕竟造成了死亡的结果，所以是可以归入"命案"的，既是命案，就可以首先使用唐代刑法中的"七杀"理论进行分析。其一，唐律中对于"谋杀"是这样规定的："谋杀人者，谓二人以上；若事已彰露，欲杀不虚，虽独一人，亦同二人谋法。"[1]即唐代的"谋杀"是要求具有"二人以上""对谋"这样一些要素，该案仅有郭泰一人，非"二人以上"，其次也没有"对谋"的情节，所以"谋杀"是首先被排除掉的。其二，关于"劫杀"，唐律也有明确的规定，"若因窃囚之故而杀伤人者，即从劫囚之法科罪"，[2]就是指因劫夺囚犯而杀人，在所引案例中，也看不出李膺是"有罪之人"，也不是发生在劫夺囚犯的情况下，所以也不是劫杀。其三，唐律中的"戏杀"是指"以力共戏，因而杀伤人"，[3]李膺、郭泰同舟，落水后各自出于本能争抢一楫，均是出于理性的行为，而绝非"嬉戏"之举，所以也不能划入戏杀的范畴。其四，唐律中的"误杀"是指有杀人意思，但是现实中被杀的人并非所想要杀死的人，即错置了杀人对象，对照本案，郭泰显然也不能称为误杀。其五，"过失杀"在唐律中是指"耳目所不及，思虑所不至"，即因过失而杀人，郭泰显然不会不知道推李膺入水可能造成的严重后果，行为不具有过失性，所以也不是"过失杀"。排除了上述"五杀"，那就只有两

---

[1] 刘俊文撰：《唐律疏议笺解》，中华书局1996年版，第1274页。
[2] 刘俊文撰：《唐律疏议笺解》，中华书局1996年版，第1277页。
[3] 刘俊文撰：《唐律疏议笺解》，中华书局1996年版，第1597页。

种可能，要么是"故杀"，要么是"斗杀"。唐律中关于"故杀"如此规定："以刃及故杀者，谓斗而用刃，即有害心，及非因斗争，无事而杀，是名故杀"，[1]强调的是争斗中即有害人之心；而对"斗杀"是如此解释的："斗殴者，元无杀心，因相斗殴而杀人者，绞。"[2]不强调有"杀心"，杀人只是斗殴的一种"意外"结果。如果仅仅以上述条文来看，郭泰的行为似乎更符合"斗杀"，两人争斗，而导致一人死亡，郭泰"元无杀心"，因相斗而致人死亡，理应属于斗杀。但是，仔细分析，斗杀又有不合，因斗杀的前提是要两人相斗，即有斗殴之行为，郭泰、李膺两人在生死关头共争一桡，是出于本性，并非有心而斗，所以定为斗杀仍然欠妥。这样分析下去，似乎"七杀"皆与本案不合，郭泰应属无罪。

但是，在《唐律疏议》中还有一类条款不能不提，那就是"以……论，准……论"的准用型条款，翻检律文，可以发现仅仅是故杀，就有好多准用型条文。《唐律疏议》之《贼盗律》中，"以物置人耳、鼻及孔窍"及"故屏去人服用、饮食之物"而准用故杀条就与本案有诸多契合之处。该条疏议曰："若履危险，临水岸，故相恐迫，使人坠陷而致死伤者，依故杀伤法。"[3]该条之罪为结果犯，一般没有杀人故意，"至有杀心，即以谋杀科之"。[4]郭泰等人"被覆舟。共得一桡，且浮且竟"，可谓是"履危险"，"膺为力弱，泰乃力强，推膺取桡"，"推"当为一种逼迫，称之为"故相恐迫"也不为过，所以，该条疏议的表述最为接近本案。

综合以上分析，对于郭泰的行为，根据《唐律疏议》之规定，依照"故屏去人服用、饮食之物"条，准作"故杀"论，较为妥当。

(三) 现代刑法理论的分析

现代刑法理论对于犯罪的认定，一般要求其具有刑事违法性、社会危害性、应受处罚性等要件，究其实质，主要还是要认定一个人在刑法意义上的责任，即他是否具有刑法上的责任的问题。这就需要考量何为刑法上的责任，

---

[1] 刘俊文撰：《唐律疏议笺解》，中华书局1996年版，第1478页。
[2] 刘俊文撰：《唐律疏议笺解》，中华书局1996年版，第1478页。
[3] 刘俊文撰：《唐律疏议笺解》，中华书局1996年版，第1295页。
[4] 戴炎辉：《唐律各论》，成文出版社有限公司1988年版，第372页。

"责任的本质应当是行为人对自己的行为及其危害结果应受谴责（非难，责备）性"。[1]这是其实质要件，就外在形式而言，又要求其具备违法性，即是国家刑法中明文规定的行为，所谓"法无明文规定不为罪，法无明文规定不处罚"，只有具备这些基本的要件，一个行为才有可能被认为是犯罪。由此评判，不难发现郭泰推李膺入水致死的行为显然是具备"应受谴责（非难，责备）性"的，但是，考虑到当时落水遇险、生命垂危的特殊情况，又符合现代刑法理论中的"避险"行为，应认定为是一种"避险"，至于是不是刑法所要求的合理的"紧急避险"，则又需要进一步讨论。

在现代刑法中，认定"紧急避险"行为一般应具备如下条件：一是采取紧急避险的目的，必须是为了使国家利益、公共利益、本人或者他人的人身、财产和其他权利免受危险。二是指"危险"正在发生，使上述合法权益受到威胁。尚未发生的危险或者已经结束的危险，以及主观假想的危险或者推测的危险，都不能采取紧急避险的行为。三是紧急避险行为是为了使更多更大的合法权益免受正在发生的危险，而不得已采取的损害另一种合法权益的行为，因此，紧急避险所造成的损害必须小于避免的损害。对于前两个条件，郭泰无疑是符合的，但是对于第三个条件，却有待商榷。对于合法权益大小的比较，一般来说，若可以折算成相当数量的货币金额，是不难作出判断的。而具体到本案，需要作出比较的合法权益是双方的生命，这就产生一个难题。一般认为，生命无价，数个不同的生命也无法作出孰高孰低的价值比较。所以，在危急之中郭泰即使是为了救自己，造成的损害（李膺死亡）也显然不能说小于因此而"避免的损害"，只能说两种损害相当。事实上，根据大陆法系（德日刑法）理论，该案件属于紧急避险，且属于阻却责任的紧急避险（不属于阻却违法的紧急避险）。而如果按照我国刑法一般的四要件犯罪构成理论，则无法解决该案，只能认定为避险过当，因为我国《刑法》规定"紧急避险超过必要限度造成不应有的损害的，应当负刑事责任"，而对于"超过必要限度造成不应有的损害"，学界往往理解为保全的利益要大于损害的利益，当两利益价值等同时无法认定为紧急避险而只能认定为避险过当。平面

---

[1] 参见阮齐林：《刑法学》，中国政法大学出版社 2008 年版，第 151 页。

式、一次性的评价,无法像立体式、渐进性的德日刑法理论那样将保全与损害的利益价值等同的避险行为认定为紧急避险,而只能认定为避险过当。综上所述,郭泰的行为在当前我国刑事法律体系下也可以认为是一种"避险过当",而绝不是毫无"违法性"可言。

避险过当指避险行为超过必要限度造成不应有的危害的行为,一般而言具备以下特征,"一是客观造成了不应有的损害,即避险行为造成了大于或者等于保全利益的损害;二是主观上对不应有的损害存在过失(过错),应受到责备"。[1]对照上述特征,该案例中郭泰的行为基本上是符合的,郭泰的行为应该被认为是避险过当。避险过当虽然仍属于避险行为,但由于造成了不应有的损害,所以依据现代刑法理论,也是要根据造成的损害后果而承担刑事责任的。

此外,需要指出的是,有一种可能还未考虑,即所谓"桡"的具体情形,在作出对于郭泰罪与罚的认定时,这也是一个需要考量的关键因素,因为,如果桡可以承受二人,郭泰却故意不愿意李膺也得到桡,推之入水,那就是典型的故意杀人了;而如果桡本身承受力有限,仅能承受一人时,那么郭泰的行为才具备了紧急避险的客观条件。在古文中,"桡",意思之一为桨或楫,即船桨;意思之二为小船,如桡客指船家,桡姬指船家女。如果案件所指之桡仅为船桨,那从常理而言,是无法承载二人的重量的,郭泰的避险行为成立;如果桡是指小船(也不能排除当时的大船上也备有小船),那郭泰的行为就是故意杀人无疑了。但是,无论何种情况,就算是"避险"成立,也属于避险过当,承担刑事责任当无疑问。

不管如何,同样落水的郭泰在事发突然的情况下作出"推膺入水"的行为,也算是事出有因。但这并不能排除其行为的应受谴责(非难)性,李膺之妻愤而上告,也并非无理取闹,因为她也是代表了一个普通人对于"犯罪、责任"的认识、看法。然而,纵然在古代已经是十分先进的《唐律疏议》,仍然没有所谓"紧急避险"的规定,只能依据当时律法的规定作出判断。根据上述分析,笔者以为,依唐代的法律,"以故杀论"更为妥当。当然,这只是

---

[1] 参见阮齐林:《刑法学》,中国政法大学出版社 2008 年版,第 165 页。

拟定的罪名，至于刑罚，我们今天已经不好评判，但依据古代"原心定罪"的基本原则，恐怕也是要酌情从轻的。至于依照现代刑法，固然可以适用紧急避险理论，郭泰的行为应该认定为是"避险"行为，只是有"避险过当"的问题，尽管仍要承担刑事法律责任，但"避险"则成为法定的从轻或减轻处罚的因素。

简述之，不难得出两个关键性的结论，其一，这是一个"意外事件"；其二，对"意外事件"郭泰不负刑事责任。根据上述分析，不难得出判断，如果"但遭风浪，虽被覆舟"这一事件的背景尚可以认为是意外的话，郭泰推李膺入水致死就决然不是意外了，而是有意为之的。李膺之死，也不是真如制判者所言"膺死元由落水，被溺不因推死"，而是在郭泰之"一推"和大风浪共同作用下而发生的，郭泰的行为无疑是致死的重要因素之一。换言之，郭泰是要对李膺的死负刑事责任的（即使是适用今天的避险理论），所以制判者所判恐怕也难以"令人信服"，更难说是"言简意赅，透辟精到"，[1]反而是与"断罪俱引律令格式正文"的要求相违背。而据此分析者所言也难免有失牵强。

形成上述分析的原因不外乎用一个刻板的理论去硬套多变的法律实践，对于中国传统法律，尤其是汉唐以来的法律，多数人都会以"德主刑辅、刑以弼教"称之，其实早有学者敏锐地指出，这是一种"刑法志"式的正统法律思维，其实在正统之外，还有许多非正统的情形；在主流之外，尚存几许非主流意识。现实社会生活及司法实践纷繁复杂，不必也不可能都用儒家"刑以辅德""仁恕之道"的理论去生搬硬套，否则，不免会使自己的思维囿于前见，最终得出不恰当的评判。所以，对于中国古代的立法与司法，不能一概而论，对具体问题如果不加审慎分析，而沿用已有理论去阐释，难免会削弱历史解释力，也无益于当代法治建设。

三、唐代盗窃案中的法律伦理

与抢劫、"故杀"一样，盗窃可以算是人类最古老的犯罪之一，无论中西

---

[1] 参见阮齐林：《刑法学》，中国政法大学出版社2008年版，第32页。

皆然。盗窃侵害私人财产权，是个人道德不彰的重要表现，故其历来受到人们的愤恨，乃至唾弃。然而，是否所有的盗窃行为都"十恶不赦"，理所当然应该得到人们的憎恶，并受到国家法律的严厉惩处？事实似乎又不尽然。20世纪从甘肃敦煌出土的中古法律文书中，记载了一起特殊的"盗窃案"，让人们有机会反思盗窃的另一面，以及惩处盗窃犯罪的法律伦理。

后来被命名为"行盗侍母"的这一案例，大约发生在唐代。盗窃案的"主人公"名叫秦鸾，他为人忠厚，对父母孝敬，无奈家庭突遭不幸，其老母罹患很严重的疾病，终日卧病在床。孝顺的秦鸾十分希望为老母亲做些什么，即便不能医治好她的病，至少可以让其享用一餐难得的美味。然而，贫寒的家境，又让秦鸾心有余而力不足。眼看老母亲病情日日加重，为其准备一餐的愿望仍没有着落，秦鸾连日寝食难安，心情失落到了最低点。就在秦鸾左右为难之际，一次偶然的机缘，使他决定铤而走险。秦鸾伺机盗取了附近市场中的财物，换成金银，并用它买来了非常丰盛的晚餐。老母亲在弥留之际，终于吃到了一生中最可口的晚餐，带着欣慰的笑容离开了人世。她不知道，秦鸾为此付出了怎样的代价，盗窃的行为，很快被当地捕快侦查清楚，秦鸾也因盗窃被拘捕归案。

同当时世界多数国家的法律一样，盗窃在唐朝当然亦属于犯罪。《唐律疏议》规定："诸窃盗，不得财笞五十；一尺杖六十，一匹加一等；五匹徒一年。"疏议解释说："窃盗人财，谓潜形隐面而取。盗而未得者，笞五十。"[1]面对唐朝法律的这一规定，以及秦鸾"行盗侍母"的现实，主审此案件的法官作了难，特别是在法律"一准乎礼"的唐朝，符合"礼"的孝道，与强调秩序的国家法律规范，形成了尖锐的冲突，如何定罪科刑，成为面前的一道难题。

秦鸾的母亲患了重病，卧床不起已经多日。作为孝子的秦鸾，自然心生忧惧，无时无刻不在为母亲的病情忧虑，他当然希望母亲的病能快快好起来，即便不能如此，至少能减轻母亲的病痛，哪怕是一顿美味的晚餐带来的片刻欢愉，孝子的这种心理，完全是人之常情。但现实是，秦鸾家徒四壁，搜遍

---

[1] 刘俊文撰：《唐律疏议笺解》，中华书局1996年版，第1382页。

家什,也找不出一点值钱的东西,他的心意自然无由实现,只能徒然地愤恨自己。于是,秦鸾因其家贫,犯下盗窃之罪,虽然有违国家律令,但伸张了"孝道",顺了老母亲的心意,这样看起来,为了"膝下之福"而取"梁上之资",一切似乎是理所应当,秦鸾的"盗窃"行为几无可指摘之处,甚至还应该是受到奖励的孝行。

事实果然如此吗?主审法官转念再想,如果不是秦鸾"行盗侍母",而是以盗窃之资供奉佛祖,以"梁山之资梁上之资"供养亲斋,那就是以盗窃之资财,树立了某些人的孝名,成就了某些人的"果业",这样说来,一斋一饭是盗窃的原因,而"佛"与"孝"倒成了犯罪的根源。若因盗窃而获得福报,那恐怕世间人人都要效仿此行追逐未来之"果业",家家追求至孝的名声,若真如此,岂不是极度的荒谬无理吗?因此,按照事理,秦鸾的行为也不能全算是"孝道",而依照法律,更有明确的罪名制裁,行孝这一人子情分因手段的违法,导致了结果的违法,在情法冲突中需要维护法律的尊严,盗窃财物就应该受到法律的惩罚。最终,秦鸾之盗窃罪,根据财物所值"匹数"的多少,依照唐律确定量刑。

一千多年前秦鸾的盗窃案以"入罪"终结,由判词分析这一审判结果,很大程度是基于其社会效果的考量,维护了唐朝律令的权威。然而,由秦鸾"行盗侍母"出发,有关盗窃法律伦理及正当化惩罚的思考并未画上句号。几百年后的《元史》中记载了另一件非常类似的盗窃案,结果却判然有别。当时,有"庾人"母亲病重,无以为食,遂盗窃"糟糠"意图让母亲吃,被官府发觉逮捕。这一疑难案件一路被送到皇帝那里,皇帝亦感到为难,有大臣奏议说,盗窃糟糠,固然违反了大元法律,是可恶的行为,但是依律"杀之,恐乖陛下仁恕心",也就是有违皇帝忠孝仁恕的主张。皇帝听从了大臣的建议,下诏赦免了"庾人"死罪。

同样是盗窃,何以结果完全不同?要解释这些案例,就需要深入盗窃罪的内在机理。盗窃罪的设立,首先是基于对财产权的保护,换言之,它是在人类经历了原始的财产公有制之后,进入财产私有的时代才出现的罪名。在《反思财产》一书中,英国学者彼得·甘西(Peter Garnsey)分析了一种极端情况下的盗窃行为,其理论背景正是自然法下的财产共有制。他提出,当一个人快要饿死之时,"偷窃因必需而正当"。他分析说,每一个人都要维持他的生命,而要实现这一点,没有外部财物无法达到,因此,根据自然法,一切自然界的财产"共有",每一个人对于这个世界共同的外部财物拥有一种所有权和一种确定的"权利",这一权利不能被合法地弃绝。[1]甘西对"盗窃可原"的论证,显然是基于原始时代财产共有的想象。类似的,恩格斯在分析英国工人阶级状况时,也批判了财产的神圣性,"当无产者穷到完全不能满足最起码的生活需要,穷到处境悲惨和食不果腹的时候,那就会更加促使他们蔑视一切社会秩序"。[2]可见,不考虑盗窃的社会经济条件,抽象地定义或惩罚犯罪,并不能真正地带来秩序。

随着文明的发展,人类社会不仅建立起清晰有序的财产制度,更出现了各种伦理道德体系,以孝悌、忠信、仁恕为要义的儒家伦理观,成为中华文明的主流。此时,盗窃罪就不仅关涉财产制度,更与儒家伦理道德密切相关。在法律儒家化的时代,父亲因贫困盗窃子女的财物,不是要依法惩处偷盗的父亲,反而是要惩处"供养有缺"的不孝子女,以维护"孝道"。还有一个案例,父亲翻越墙垣入室盗窃儿子的财物,儿子误以为是盗贼,举棒殴打致其死亡。当时主审官认为:"杀贼可恕,不孝当诛。子有余财而使父贫为盗,不孝明矣。"最终判处儿子刑罚。同样,在儒家仁恕的价值取向之下,盗窃罪的处罚亦受到很大程度的制约,《金史》"牛德昌传"中记载了另一件盗窃案,当时陕地适逢灾荒,饥民遍野,一些饥饿难耐的贫民,就开始到处盗窃食物以充饥,被官府捕获者甚众。时任大监的牛德昌了解灾情后说:"民苦饥寒,剽掠乡聚以偷旦夕之命,甚可怜也。能自新者一不问。"牛德昌对饥民盗窃的处理,更多体现的是儒家仁恕思想。

提出对盗窃处罚的伦理道德考量,绝不是要为某些盗窃罪开脱,正如唐代的那份判词所言,如果人子孝道、佛之"果业"都可以作为托词,那么犯罪的根源岂不是"孝"或者"佛"?但是,人类社会生活的复杂性,也需要不时地提醒"法律人",设定盗窃犯罪,惩处"盗窃"等犯罪行为,其最终的目标到底是什么,涉及财产的法律的实施是否要锱铢必较?假若保护财产

---

[1] [英]彼得·甘西:《反思财产》,陈高华译,北京大学出版社2011年版,第245页。
[2] 《马克思恩格斯文集》(第一卷),人民出版社2009年版,第429页。

权的目的，与保障孝悌的伦理价值，乃至与维系个人生命的急迫需求发生了冲突，法律又应该作何抉择，这不仅体现出刑事法治的智慧，更蕴含着刑法的"温度"。

四、唐代复仇案中的礼律之争

复仇案在古代是一个屡有争议的话题，儒家经典认为"父之仇弗与共戴天"，复仇成为儿子的一种义务，甚至可以延至百世，"即使百世之后也允许复仇，无论九世。而且，不仅古典思想是这样，现实社会也认同和实行着复仇。官府不但不制裁，有时还要表彰这种私刑"，[1]但复仇伤人，毕竟是法律所禁止的行为，片面鼓励复仇也造成社会秩序紊乱，故在实践中面临诸多难题。

唐朝武后时，发生了一起不太寻常的凶杀案。同州下邽县（今渭南市临渭区之渭河以北）有个叫徐元庆的人，父亲徐爽因事被县尉赵师韫"所杀"，元庆闻知后一心复仇，他改变姓名为"驿家保"，伺机接近赵师韫。过了很长时间，已经升任御史的赵师韫，恰好下榻于元庆所在的驿站，元庆即亲手杀掉杀他父亲的仇人，随后自缚报官请罪。武后念其孝心，本来想赦免元庆的死罪，不料却引发了陈子昂与柳宗元之间的一场激烈论争。

徐元庆复仇的故事因此而闻名，被记载在《新唐书·列传》之"孝友"中，后收入《柳宗元集》的《驳复仇议》对此案也有记述。这一案件看起来十分简单，元庆为报父仇，预谋杀死仇人，按照唐律之规定，应该归入"谋杀"罪，因唐律之故杀源于"斗殴杀人"，"斗殴者，原无杀心，因相斗殴而杀人者，绞。以刃及故杀者，谓斗而用刃，即有害心；及非因斗争，无事而杀"。《唐律疏议》之《贼盗律》"谋杀人"条载："谋杀人者，谓二人以上。"[2]也就是说谋杀的典型形态为二人以上共谋杀人，然而，独谋杀人亦可归入"谋杀"，它是唐律谋杀的特例，《唐律疏议》之《贼盗律》"谋杀人"条载："若事已彰露，欲杀不虚，虽独一人，亦同二人谋法。"疏议进一步明

---

[1] 刘俊文主编：《日本学者研究中国史论著选译》（第八卷 法律制度），姚荣涛、徐世虹译，中华书局1993年版，第145页。

[2] 刘俊文撰：《唐律疏议笺解》，中华书局1996年版，第1274页。

确:"假有人持刀杖入他家,勘有仇嫌,来欲相杀,虽止一人,亦同谋法。"[1]即唐律对于"独谋杀人"是有条件地与其他谋杀行为同等对待,其条件即律文中所规定的"事已彰露,欲杀不虚"。史书记载徐元庆杀人的简单案情,无法获知其是否"事已彰露",但他显然不是偶然地"无事而杀",而应归入有所预谋的"谋杀"。不论具体罪名在唐代如何,有预谋地杀人,并且"已杀者",依唐律都应处以斩绞之死刑。

如果能全面了解犯罪情节,刑法上罪名的认定并不困难,但徐元庆的杀人案如何定罪量刑,仍然引起了一场激烈的争论,其背后的原因,恐怕只能从唐朝律令的文化之维去理解。唐律最为后世称道的,是其"一准乎礼"的立法精神,也就是说,儒家"礼"的规范,构成了唐律的内在原则。"在礼父仇不同天,而法杀人必死",礼、法兼是唐朝坚持的原则,而这一个案中的矛盾如何处理就成为难题。负责谏言的左拾遗陈子昂对元庆"杀身"以成其德的论证,也正是循着"礼"展开的,他首先分析了唐代立法的初衷,"先王立礼以进人,明罚以齐政。枕干仇敌,人子之义;诛罪禁乱,王政之纲。然则无义不可以训人,乱纲不可以明法。圣人修礼理内,饬法防外,使夫守法者不以礼废刑,居礼者不以法伤义,然后暴乱不作,廉耻以兴,天下所以直道而行也"。也就是说,国家"修礼"是为了提升人的道德修养,而设立刑罚,则是维护社会秩序,二者相辅相成,才能实现天下大治。对徐元庆复仇案而言,其一意报父仇,又能"束身归罪",精神确实值得肯定。但"齐政"之法有"杀人者死",又不可任情屈法。陈子昂进一步说:"臣闻昔刑所生,本以遏乱;仁之所以利,盖以崇德。今报父之仇,意非乱也;行子之道,义能仁也。仁而无利,与同乱诛,是曰能刑,未可以训。"如此,则依律诛之不可,法外赦免也不行,似乎陷入了两难。陈子昂最终提出了一个解决方案,既然元庆做好了"杀身成仁"的准备,不如干脆"正其刑",既维护了国家律法,又成全其"德义",执行后再"旌闾墓"以彰其德。

陈子昂的方案看起来两全其美,却遭到礼部员外郎柳宗元的批驳。柳宗元认为,刑法与礼制,其目的都是"防乱",两者目的相同,但适用则有差

---

[1] 刘俊文撰:《唐律疏议笺解》,中华书局1996年版,第1274页。

第五讲　刑以弼教：中国古代刑案中的法律智慧

别，"旌与诛，不得并也"。若处罚可表彰之行为，就是滥刑；反之，若表彰了应惩罚之行为，就是僭越，更会严重地破坏礼制。对于徐元庆案，必须作具体分析，如果赵师韫携官吏戾气，虐杀无辜，地方官又不及时追究其罪责，反而官官相护，元庆无法通过法律途径获得正义，转而处心积虑报复仇人，"是守礼而行义也"，作为父母官为此应感到羞惭，谢罪都来不及，还谈何惩罚？假若其父本身即犯罪，赵师韫杀之，并不违背律法，则其"非死于吏也，是死于法也"。法律可以仇视吗？"仇天子之法，而戕奉法之吏，是悖骜而凌上也。执而诛之，所以正邦典，而又何旌焉？"按照礼制，所谓"仇"，"冤抑沈痛而号无告也，非谓抵罪触法，陷于大戮，而曰：彼杀之，我乃杀之，不议曲直"。他又援引《春秋》解释说："父不受诛，子复仇可也；父受诛，子复仇，此推刃之道。复仇不除害。"[1]按照《春秋》的经义解释徐元庆案，才算合于礼。"不忘仇，孝也；不爱死，义也。元庆能不越于礼，服孝死义，是必达理而闻道者也。夫达理闻道之人，岂其以王法为敌仇者哉！议者反以为戮，黩刑坏礼，其不可以为典明矣。"与陈子昂将礼与律对立起来不同，柳宗元认为二者具有同一性，"礼"虽认同为父报仇，但也要讲"理"，看其是否合宜。在复仇案中，这种"理"，就是"当诛"，若父亲本身犯罪，被依法处刑，就不应该再行复仇，国家更不应该表彰这一行为。

徐元庆案至今已一千多年了，但因之而产生的律与礼的论争，却仍闪烁着智慧的光芒。现代法治社会，当然不允许私人复仇，但由此引申出法律与道德的关系，却是一个永恒的话题。为了维系良善的社会秩序，法律与道德均不可或缺，但是，正如徐元庆案，有时对法律的评价却不可泛道德化。现实中的不少犯罪，确实各有其独特的"情由"，甚至从某种道德价值观去看，还不乏"正当性"。对此，若反过来苛责法律，乃至质疑执法者，那破坏的不仅是国家的法治，更会损害正常的道德秩序。在现代社会，道德与法律虽属不同领域，具有不同的作用，但更应认识到二者内在的一致性，特别是在正义、良善方面的一致，故需要通过个案的妥善解决，更好地发扬其一致性。

刑法是治国之重器，对之适用不能不慎重，如何通过刑法的实施，实现

---

[1] 刘尚慈译注：《春秋公羊传译注》，中华书局2010年版，第681页。

国家治理的正义、良善，也是执法者必须思考的问题。在个案中刑法的适用，当然是解决一个具体的问题，但却不能不考虑其广泛的社会影响，它到底是在倡导什么样的道德指向，又在贬抑什么样的价值观念，必须经过审慎的思考。柳宗元在论述元庆案时，不经意流露出不义之"相互仇杀"导致祸乱不止，正是对损伤国家治理秩序的忧虑。从更优治理的角度，就需要权衡刑法适用的原则性与灵活性，把握好严与宽的尺度，既实现法治之"正义"的要求，又能兼顾民众"良善"的道德伦理期待，进而导向一种更理想的社会秩序。

五、清代应敏斋析盗案中的司法智慧

陈其元是清朝人，生于浙江海宁一个鼎族之家，先任直隶州知州，后发往江苏补用，受到江苏巡抚丁日昌的青睐，代理青浦、上海等多个县的县令，六十二岁辞官，侨居杭州。陈其元博学多见，又宦游四方、见多识广，赋闲后泉石优游，著成《庸闲斋笔记》一书，所记斐然。其中有《应敏斋精于折狱》一章，对清朝州县地方盗案及其侦捕、审理多有详细记述，成为后世观察清朝，乃至古代中国刑事司法实践的一个窗口，其中多有创见，颇引人深思。

应敏斋，名宝时，字敏斋，浙江永康人，道光年间举人，曾任苏松道道员等职。咸丰时，无锡曾经发生一起盗窃案，犯人多次承认又多次翻供，但是赃物证据均有，即便是"发审诸委员"，也都认为该犯就是真正的盗贼。恰在此时，应敏斋担任该地廉访使，听闻此案后，即亲自提讯。应敏斋发现，受害之"事主"长得又高又大，而盗贼却又矮又小，经多次诘问，"事主"只认定赃物作为证据。于是，应敏斋就拿出赃衣反复查看，后突然招呼"事主"上前，指着一件马褂说："这是你的衣服吗？"事主回答说是的。应敏斋就命令他把衣服穿起来，却显得很短小，不合身。应敏斋又叫"盗贼"穿这件衣服，结果十分合身。"盗贼"哭着喊道："今天我见到了青天大老爷！这本来就是我的衣服。"原来，这年无锡盗窃案层出不穷，却没有一件案子得到破获，捕役害怕无法按时完成任务受到处罚，就随意地抓获一个人强迫他承认偷窃了东西，又嘱咐当事人竭力确认赃物，希望以此来逃避责任。这些缘

由，被"事主"历历供出，应敏斋闻听大笑，重重责罚了捕役，又拿出一件又长又大的马褂赐给失窃的当事人穿上离开，并对他说："以后我终究会替你找到真正的盗贼，可不要再帮捕役诬陷别人。"

该案案情虽然简单，但却反映出"冤案何以发生"这一大问题。捕役惮于受罚，随意地抓人，并给其安上盗窃的罪名，并非毫无来由。捕役的压力，实际来自州县，古代中国社会生活相对简单，刑事案件种类有限，命案、盗案就是最重大的刑事案，它们被作为考察地方官治理能力的重要指标，如果命案、盗案发案率居高不下，破案率又无法保障，那必然会影响到对地方官员的评价，进而对其升迁产生负面影响。因此，对于盗案，州县必然十分重视，要求必须侦破，捕获嫌犯，这种压力，就会被传导至直接负责缉捕罪犯的捕役身上。

从犯罪心理学的角度看，提高破案率，对盗窃案、命案保持必惩、严惩的态势，有利于更好地预防此类案件的发生，因为真正对潜在犯罪者形成抑制作用的，主要是必然受到惩罚的心理压力，故提高破案率，甚至提出"命案必破"以减少犯罪，有其合理性，这一刑事政策也确实能对潜在犯罪人形成震慑。

然而，若将对破案率的追求推向极致，过分强调盗案必破、命案必破，就必然会出现应敏斋所遇捕役"诬人"的情形了，"严刑之下，何求不得？"对于刑事案件破案率的极致追求，也反映出人类理性的自负。在18世纪的法国，经历过启蒙运动，人们开始相信人类的智慧不但是可以提高的，而且能够尽善尽美，人们对理性的信念达到了极致。这一观念也反馈到司法中，穆雅尔·德·沃格朗的法学教科书将刑事审判程序描绘为一个能够发现事实的精确算术工具，既然犯罪是一个亟待解决的难题，并且能够解决，那么，拘留犯罪嫌疑人时的犹豫不决，肯定是不正义的。"为了人类的幸福，不能有任何犯罪没有得到惩罚。"然而，古今中外的无数案例却说明，人类的认识能力并非无限，很多刑事案件历经多年无法侦破，更有不少当时以为破获，乃至已执行刑罚的案例，最终被证明是错误的。怀着"理性的自负"，必然会导致所谓"案件必破"，甚至会推出"对被告人进行刑讯合理"等荒谬论断。

当然，比"命案必破"更可怕的，是侦审不分，甚至以侦代审。应敏斋对嫌犯、"事主"详细询问，最终使冤案真相大白，这当然是其个人司法智慧的展现，但一般地看，这也反映出侦、审分离，独立审断的重要性。作为"侦"的一方——捕役或可被要求尽力地破案，但对嫌犯的讯问、对证据的确认，必须由相对中立的司法机关来审理，嫌犯也应该获得辩护等一系列权利，只有严守客观、中立等法律的"正当程序"，全面考察犯罪的事实与证据，才能有效地防止冤案的发生，这一道理，古今皆然。

六、清代吴宏审案中的法律正义

命案、盗案往往性命攸关，古往今来的司法者莫不审慎处之，不敢稍有疏忽。中国传统法多强调执法原"情"，此"情"，并非全指情理、人情，往往还意为"实情"，即案件的真实情况。在命案中，通过仔细侦讯，获得翔实案情，是实现法律正义的第一步。

清代时多年为幕的吴宏就处理过一起特殊的命案。该案"被害人"胡文孙，本系胡氏族人，是年二月初五夜里二更时分，其翻越寡居的胡氏之墙，敲击房门想要进入。胡氏恰好在做鞋而未就寝，听到急促的敲门声，以为是歹徒闯入欲行不轨，慌忙从窗户跳出，大声呼叫救命。此时恰逢保长胡弘宽与巡夜的更夫经过，听到呼救，胡弘宽等人即奔去相救。胡文孙本是族人，他若当时以乡音自报其名，束手就擒，也不会发生后来的命案，但他自知行为不端，又害怕暴露身份，遂口说官话，还威胁众人说"来一个死一个"。此种情形，更让胡弘宽等确信他是贼盗，又担心还有同党，于是一个劲儿地鸣锣，召唤更多的族人来救，很快村族的众人围拢过来。胡文孙躲在院墙内，眼看着难以逃脱，即拆下门闩想要打出去，正中了胡弘宽的额头，他又被族人簇拥着向前，混乱中夺下门闩进行还击，夜里光线昏暗，又是互相信手乱打，不幸击中了胡文孙的头顶囟门，胡连等其他族人持棍棒打伤了胡文孙的左廉胁，直到此时，族人们都不知道被打者是胡文孙。直至胡弘宽按住胡文孙之手，将其拖出门外，族人们就着火光仔细分辨，才认出他就是族人胡文孙。

夜已深，报官尚需天亮，胡弘宽与族人们就将胡文孙拖扯到宗族祠堂，怕他脱逃，胡弘宽用汲水的粗井绳将其紧紧绑缚，以待天亮后，再送去县衙惩治。不料，胡文孙本已经被殴伤重，再加捆缚动弹不得，即于五更时殒命。胡文孙虽然有错在先，但因在族人追捕中而受重伤，最终酿成命案，村族已经不能处理，遂被报至县衙。

县衙接案后，即提审了胡弘宽。在审问中，胡弘宽坚称自己并不是有意要致命，当时情况危急，又不知道他是族人胡文孙，夺取门闩乱打，失误伤其囟门。后来拖拽其出门，致多处擦伤，一直到有亮光处，才认出是族人胡文孙。主审的州县认为，胡弘宽等人殴打胡文孙致伤，拖拽其出门后认出，胡文孙已经身负重伤，循理不应该再担心其乘夜逃脱，胡弘宽等却以粗井绳捆缚，是否超过必要限度？此外，胡文孙头顶囟门受伤殒命，死亡的直接原因是门闩殴击，而不是后来的捆缚，殴击在未捆缚之前，而捆缚在已经控制胡文孙之后，故胡弘宽虽本意在救人，但后续的处置失当。

依照清朝律例，"罪人持杖拒捕，捕者格杀之……皆勿论"。但在此一般规范之外，又规定有：夜无故入人家，已就拘执而擅杀伤者，减斗杀伤罪二等。至死者，杖一百，徒三年。[1]法律规定得很明确：为了鼓励民间积极缉捕罪人，允许对拒捕者"格杀之"，但条件应该是"当场"，并且是在未能"拘执"之前，也就是犯罪人仍然存在人身危险性的情形下。一旦犯罪人受到控制，就不应该再肆意殴打杀伤，若拘执后擅杀的，仍然要承担法律责任。这里体现了捕罪治安与罪人基本权利两种价值的平衡，即缉捕罪犯虽然具有正当性，但人命至重，纵然有过错和犯罪嫌疑，仍应留待官方处置，缉捕的民人只能出于自卫而"格杀"，肆意擅杀是不允许的。

律意虽然如此，如何适用法律条文，还需要回到对案件实情的仔细辨析中。这里的关键是"拘执"，不可擅杀是在拘执之后。检视胡文孙命案，表面上胡文孙持门闩乱打，有拒捕情状，保长胡弘宽仓促下手，似乎符合拒捕登时格杀之条文。但仔细审视案情，胡文孙受拘执并不是在捆缚后，而是在被击中囟门，失去还击能力，被拖拽而出之时。或者说，胡文孙之死，是多重原因造成的。胡弘宽混乱中击中其头顶囟门，自然是重要原因，但后续拘执后，不仅未及时救治，反而以井绳严加捆缚，更是其丧命不能忽视的因素。

---

[1] 张荣铮等点校：《大清律例》，天津古籍出版社1993年版，第428页。

对照律例条文，胡文孙是在被拘执之后殒命的，虽然其后胡弘宽等并未再直接殴打，但前已重伤，加之井绳捆缚，最终导致了胡文孙的死亡，故此情形可以类同于"已就拘执而擅杀"之条文。也因此，主审的州县最终判处胡弘宽"已就拘执而擅杀至死律"，处杖一百、徒三年；胡连与胡文孙虽有服制，但殴打时并不知其是胡文孙，依照"余人律"，处以"满杖"；胡青、徐观佑虽不曾打，手持木棍，听闻警讯而来，作为族人情有可原，唯徐观佑与胡三等在祠堂见胡弘宽捆缚胡文孙，却不加以劝阻，于理不合，但准予宽宥免责，其他人等均系帮忙救助，亦不予追究。

古今法律条文不同，但推其律意、精神，却颇有相通之处。正如吴宏在《纸上经纶》中所言，"命、盗二案，民命攸关，一有未确，则上干驳诘，往返解审途毙者有之，兔脱者有之。故盗案必赃经主人，命案必伤杖相符。即使罪当情真，落笔时尚宜审慎"。[1] 故处理命案，一是要"情实"，即仔细检视命案发生的客观事实；二是要"审慎"，罪与非罪、此罪与彼罪，必须依据律例条文，审慎辨析，如此才能作出更为恰当的判决。胡文孙命案的正确处理，正是遵循了"情实"、审慎的原则，若没有对胡弘宽等先殴后捆之事实的详细了解，没有对律文"登时格杀""拘执"原意的准确理解，正确的判决便无由得出。

当然，随着社会发展，现实生活中罪案越来越纷繁复杂，犯罪嫌疑人或证人的陈述、各种证据常常真假难辨，想要接近客观真实往往难之又难。但是，面对刑事案件，特别是命案，司法者只要本着"民命攸关"的精神，努力地拨开重重迷雾，不懈地去追寻真相，同时能审慎地分析法律原意，正确地适用法律条文，就能够不断地接近正义。

七、清代李毓昌案中的司法检验智慧

嘉庆十三年（1808年）秋天，江苏中部等地连续大雨，淮扬大水，水患所到之地，百姓流离失所。清廷拨出四十多万两白银，以赈济灾民。这么一笔巨款发放下去，本来是为了体现了皇帝的仁恤，希望解除百姓的疾苦，但

---

[1] 郭成伟、田涛点校整理：《明清公牍秘本五种》，中国政法大学出版社2013年版，第135页。

清朝自乾隆以来，内外官员勾结舞弊，各省官吏徇私贪渎屡见不鲜，故对于此次赈灾款项是否能发放到位，朝廷并不放心。

不久，新任官员李毓昌就受江苏布政使委派前往受灾较重的山阳县查赈事。李毓昌字皋言，山东即墨人，嘉庆十三年（1808年）进士以知县分发江苏候补，也就是说，他虽然算是个学业有成的读书人，但在官场上，却十足是"愣头青"。是年九月，李毓昌接令后，即带领家人长随李祥、马连陞等前往山阳县各乡查赈，十月二十八日返回淮安城。十一月初，山阳县令王伸汉宴请查赈各员后，李毓昌回至善缘庵寓所。查赈至此，不过是上级来查下级接待的寻常故事，一切似乎正常。但第二日，事情却突然发生了变化，李毓昌被人发现"自缢"身死，后经当地府县会同仵作检验，亦"证实"确系自缢而死。江苏省巡抚汪日章在数月后，即以查赈官员因病自缢身故，抄报至吏部。

李毓昌赴山阳查赈时，适逢其伯父李泰清前往探望，辗转到山阳时，发现胞侄竟逢意外，他详细追问，李祥等告之李毓昌到山阳后精神恍惚、语言颠倒，似乎是疯迷了，因此才自缢身故。李泰清信以为真，遂随同灵柩起身回即墨。嘉庆十四年（1809年）正月，适值侄子"五七"，按照当地习俗，李家人开棺验视衣袍，这一看不得了，发现侄子身上有血迹，脸上青黑色，甚至浑身都青黑，这才怀疑李毓昌并非吊死，而可能是被毒死的。李泰清等便上京控告，称"胞侄李毓昌奉委查赈，系经人毒毙，并非自缢身亡"。控告书被送进了专司监察的都察院。都察院接受控告后，发觉事情确有蹊跷，不敢怠慢，迅速启动了程序，案件最终送到清仁宗那里。仁宗批阅后，亦感觉其中疑窦颇多，很可能有冤抑，且被害人系查赈职官，生死不明必须彻查，于是令山东巡抚将李毓昌尸棺提至省城委派大员详加检验，又令两江总督将山阳知县、长随李祥等迅速予以审讯，之后这一干人证被解交刑部审讯。至此，李毓昌身死案全面升级。

然而，尽管案件得到了包括皇帝在内最高权力层的重视，对之究竟如何处理，仍需要有对案件基本事实的全面了解，其中，对李毓昌尸体的司法检验，就成为案件处理中的关键。山东巡抚接到检验之令后，迅速派员会同山东按察使、济南知府、即墨知县等，将李毓昌尸棺押解至省，随即进行了仔细的开棺验视，富有经验的仵作"将尸舁出，如法蒸检"。检验发现，李毓昌顶心囟门俱微有散漫青色，额颅骨生前有小眼一个，左右两太阳穴俱有散漫青色，左右腮颊微有青色，上下牙根里微青色，左右颊车骨外面俱赤色，胸前龟子骨上截里面左微有青色一点，心坎骨系黄白色，两肩并臆骨两血骨俱青暗色，左右胳膊骨上截骨缝内俱系黑暗色，两臂骨上截均散漫青色，左右手指骨下截俱青暗色，手指尖骨俱青赤色，两腿骨上下截骨缝内俱有黑暗色，相连两胫骨上截俱黑暗色，两脚趾骨下截俱暗色，两脚趾尖骨俱青赤色，两肋骨微青色。据《洗冤录》载，凡自缢者血阴直入发际；凡中毒尸骸检骨上下黯黑色，胸膛心坎牙根十指尖骨俱青色。仵作分析说，该尸体发际血阴不全，沿身骨节俱有黑暗及青黑等色，牙根十指等处也俱有青色，不应是自缢而死，系属生前受毒后缢死。这里唯有一处存疑，即为何龟子骨仅仅是微青色，而心坎骨则全无青色？仵作对此解释说，凡人受毒先入四肢，待毒气攻心才能毙命，故受毒身死之人胸膛心坎骨俱作青色。然而，假若受毒之后旋因他故身死则毒气未及攻心，此时其胸膛心坎等骨就没有青色。此外，检验中还发现尸衣两袖有血迹，若真如山阳县第一次检验所言，系自缢而死，如何有血能从口鼻出，即使有这种情形，自缢之人两手垂下，又怎么能举起袖子擦拭其血呢？这更加证明了是受毒在先，山阳县的检验存在明显问题。[1]检验至此，案件真相应该基本清楚了，但出于谨慎，山东巡抚仍未作定论。李毓昌究竟因何受毒，又如何悬吊致死，因为相关嫌疑人已经俱押解赴京，山东又无法直接提讯，具体实情仍存有疑问，故只是将检验详细情形"填图录供"，一并呈送刑部，并上奏仁宗批示。

清仁宗得到这一份检验报告后，更加确信李毓昌是受毒后被缢死的，于是下旨切责具体审理案件的刑部大员，要求对于山阳县的一干人犯严加讯问，切实了解李毓昌究竟如何被毒死，不得有丝毫掩饰。之后，历经多轮审讯，案情很快真相大白。原来，"愣头青"新官李毓昌经过认真访查，已经查明山阳县王伸汉冒领赈灾款项等情，欲报告藩司等处，继续核查追责。孰料其长随李祥已经与王伸汉等私下勾结，他将这一情况密告包祥，后者转告了王伸

---

[1] 参见唐瑞裕："清嘉庆朝知县李毓昌冤死案之探讨"，载唐瑞裕：《清代吏治探微》，文史哲出版社1991年版，第117~125页。

汉。王伸汉等恐其不法行为败露，遂与李祥等密谋杀害李毓昌。当日设宴款待时，王伸汉等即将毒药预先放入茶杯，由李祥倒毒茶给李毓昌，待李毓昌喝下后即神情恍惚。王伸汉等仍恐毒性太轻不能致死，李祥、马连陞等三人又一起动手将李毓昌吊起，最终导致李毓昌死亡。李祥因积极协助王伸汉，获得白银一百两，而马连陞等人亦得到相应的酬劳。[1]

李毓昌被冤杀一案，牵涉贪渎、赈灾等诸多因素，侦破过程又极为曲折，因此被列为明清奇案之一。案件侦破后，李祥、王伸汉等穷凶极恶之犯得到了应有的惩罚，李毓昌作为居心公正、品行端方的官员，得到了朝廷格外的恩恤。然而，暂且不论清朝官场贪渎成风、草菅人命，毫无法纪观念，也不论本来最应信任的仆役家人重利忘义、人性沦丧，仅就冤案昭雪中司法检验一节，便足以展示出多重法律意蕴。

传统中国的司法固然存在诸多不完备之处，但在司法检验的实践中，确实总结出诸多十分有益的经验，宋朝时宋慈所作《洗冤录》就是传统司法检验智慧集大成者，自此，严谨、职业的司法检验也成为固有的司法传统。刑案审判当然指向正义，但审理案件必须首先注重证据，也需要以翔实可靠的司法检验为基准，特别是在命案中，准确的验尸报告更是至关重要，仵作验尸是否认真，整个司法检验机关能否做到客观、公正和中立，可能直接影响到案件最终的判决。从另一个角度看，体现科学性的司法检验，如果能被理性、准确地运用，再配合以公正的司法审理过程，也足以击穿一切伪饰与谎言，呈现更为客观的司法真实，最终实现法律所欲求的公平正义。在一定程度上，所谓"天网恢恢，疏而不漏"，此之谓也。

从应敏斋、吴宏，再到宋慈，古代刑事司法中确实蕴含不少法治智慧，但作为一种流传甚广的文化，仍需要检讨。司法中重惜"人命"、仁恕审慎等精神值得肯定，但有些内容未必符合现代法治精神，需要辨析。如司法中的"仁恕"，作为一种司法"话语"，自然值得称道，但在司法实践中，从轻惩罚或者各种"赦宥"，"通常有利于财力雄厚和有影响的人"，[2]这与法治的

---

[1] 参见（清）昭梿撰：《啸亭杂录》卷八，中华书局1980年版，第245页。
[2] [美]步德茂："顿起杀机：18世纪清朝刑科题本中所反映的官僚制及仁治思想"，载张世明等主编：《世界学者论中国传统法律文化（1644~1911）》，法律出版社2009年版，第201页。

平等原则相悖。再如历代文学戏剧多有清官故事，形成"青天"文化，如包青天、狄仁杰等，其探案故事被渲染得神乎其神，甚至有被害人托梦、"乌盆子"〔1〕诉冤。老百姓渴望公平正义，热盼的"青天"，有着超常的探案能力，至于其行为是否符合正当程序，法律适用是否恰当，法律推理是否符合逻辑，民众似乎并不特别关心。〔2〕实际更重要的是，需要认识到公平正义最终依靠法治原则下的审判，有赖于对权力的制约，有赖于公开透明的机制与正当程序，如果只是期望"青天"、神探、钦差大臣，那公正很难得到稳定的实现。

思考题

1. 传统刑事法中如何平衡情理法？
2. 传统法如何避免冤错案？

阅读书目

1. 刘俊文撰：《唐律疏议笺解》，中华书局 1996 年版。
2. 邓冰、苏益群：《大法官的智慧：美国联邦法院经典案例选》，法律出版社 2010 年版。
3. 徐忠明、杜金：《谁是真凶——清代命案的政治法律分析》，广西师范大学出版社 2014 年版。

---

〔1〕（明）无名氏撰：《包青天奇案》，岳麓书院 2016 年版，第 108 页。
〔2〕徐忠明：《情感、循吏与明清时期司法实践》，译林出版社 2019 年版，第 138 页。

第六讲 民法基因

中华法治文明中的民事关系

传统中国法被认为是"以刑为主",而中国古代有没有民法,成为一个争论已久的学术话题。由于文化上的王道主义,"政治上的人治主义",[1]确实造成古代民事法律不发达。但不论采取何种概念上的"民法",作为其基础的买卖、借贷、继承、婚姻等民事关系毫无疑问是普遍存在的,它们得以顺利进行,必然存在着真实有效的"法律"规范,无论是作为"礼",还是作为习惯,它们就是中国的民法基因。

一、中华法文化中的家族基因

家族本位是中华法文化的重要特征之一,"'家族'是中国文化的一个最主要的柱石,我们几乎可以说,中国文化,全部都是从家族观念上筑起,先有家族观念乃有人道观念",[2]家内成员的伦理位置及法律权责又是古代法制关注的重点。何为"共同生活的人",它与家庭成员有什么联系及区别,是法律实施中需要解决的一大问题。从文化的传承性、贯通性角度,有必要从中华法文化的发展变迁中,探讨中国社会"共同生活的人"之可能意涵。

(一) 中华法文化中的"家"

"共同生活的人"系我国《反家庭暴力法》附则条文中的一个概念,它的整体法制背景仍然是"家庭暴力",因此,探讨"共同生活的人",仍然有必要从中华法文化中的"家"入手,只有理解了"家"的含义,才能够更好地理解何为"共同生活的人"。

中华法文化中的"家",不只是社会的组成细胞,更承载着祖宗祭祀、家族传承的文化意涵,这一"家文化"自西周就已产生。西周时代的家庭制度受宗法制度的制约,故家庭有广义与狭义之分,广义可包括家族与宗族,狭

---

[1] 潘维和:"中国古代民事法不发达之原因",载吴经熊等:《中国法学论著选集》,汉林出版社1976年版,第87页。

[2] 钱穆:《中国文化史导论》,商务印书馆1994年版,第51页。

义上仅指家族，或者说是"共同维持家计的生活共同体"。[1]最初的族，即血族，由母系而成。其后，族的亲属日益增加，偌大的血族不可能都生活在一起，于是便在保留基本血族的基础上，将其余的血族分离出去，这就产生了"宗"。一族之中，要有先祖的继承人，先族死后，他就成为此族主要的负责人，这就是"大宗"；先族的其他后代，又各自分离，自立成宗，也叫作小宗。最早的始祖的直接继承人，叫宗子，其余无继承权的受宗子抚养，叫宗人，宗人共同尊奉宗子。

受到周礼的指引，西周时代的宗族内，秩序井然。一宗之内，大功以上的亲属有同财异居的关系，就是说，堂兄弟之间，有同财关系，却各自分居。《仪礼·丧服》说："昆弟之义无分，然而有分者，则辟子之私也。子不私其父，则不成为子。……异居而同财，有余则归之宗，不足则资之宗。"郑注说："子无大功之亲，谓同财者也。"这说明大功以上的亲属是异居同财关系，所谓异居，是指各家族各自分家而过；所谓同财，是指同宗大功以上亲属在经济上有一定共同的财产，互相援助，并受到宗族法的规制。同财异居的宗族，其宗族大权归宗子掌握，从法律上看，宗子掌握宗族祭祀权、共有财产权，他还是宗族内的"法官"，宗族内日常事务的最后裁决权和干预权，都由宗子一人垄断。

每一个分门别居的家庭就是一个家族。家族内的人都是直系。家族尊卑之间，有一套礼仪法规制度，确立家庭中父母的权力，并区分父母子女的关系。一般而言，作为家长的父母掌握家族的财产权，父母掌握子女的婚姻权，婚姻承祭祀、继后室，系家族大事，其决定大权在父母，西周礼法认可父母的主婚人地位。此外，父母还享有对子女的惩戒权，父母不仅有权责罚犯错的子女，甚至享有生杀大权，这种权力一直延续到秦汉时代。甚至到清代民国，家长在家内的权力仍具有无上的权威，以至于演化成"天下无不是之父母"的俗谚。

在中华法文化中，家除了作为私法意义上的存在，还是公法意义上的存在，即亦是通过国家权力掌握人民的单位。从公法的角度看，家实际上被看

---

[1] [日]滋贺秀三：《中国家族法原理》，张建国、李力译，商务印书馆2013年版，第59页。

作"户",所谓的"户籍"就是其字面意义上的"户"的账册,即是为了把家作为公法上的,主要是作为课税对象来掌握的底账。唐代之"户令"中"诸户主皆以家长为之",《唐律疏议》之"户婚"章中"诸脱户者,家长徒三年;无课役者,减二等",[1]中国传统法的原则是尽可能把作为社会性的、现实的私法上的家,主要作为一户来把握。然而,从私法的角度看,家主要涉及财产权利的分配,是故,滋贺秀三才认为,中国语境中所提到的家,"可以说意味着共同保持家系或家计的人们的观念性或现实性的集团,或者是意味着支撑这个集团生活的财产总体的一个用语"。[2]就此而言,生计、财产及其权属关系构成了中国家文化的最重要因素。

从前述中国家文化的变迁,不难发现,家的意涵除承接祭祀、延续子嗣外,更重要的是其在财产制度中的意义。在中国文化中,若提到"败家""破家",多是意味着家的财产,特别是土地、房宅等不动产转移到他人之手或变成空无所有。谚语中所谓"儿承家女吃饭",说的也是家产的意思。受农耕文化的影响,人和土地被认为是家庭的支柱,财产和家族人数逐渐地多起来是家的荣耀,而其反面"家破人亡",则意味着家的败落。从这样的意义上讲,我们可以继续探讨中华法文化中由家而生的"同居"概念。

《唐律疏议》之"同居相为隐"条,解释了"同居"在法律中的意义:"同居,谓同财共居,不限籍之同异,虽无服者,并是。若大功以上亲,各依本服。"[3]考察唐律之"同居",一是不限户籍之同异,二是不限血缘亲族,就"同居相隐"而言,不只是"大功以上亲",家庭中的奴仆如"部曲"、奴婢等,同样"听为主隐",并不得入罪。唐律提示了中华法文化中"同居"的一个基本意义,即"同财共居",这主要是从家庭财产制度及居家生计而言的,它透露出传统法文化中"同居"的些许本质意涵。正因为"同居"含有"同居共财"之义,唐宋刑法上的盗窃罪在同居的亲族间是不成立的,唯有在卑幼没有得到尊长的许可而消费掉家里的财物时才构成犯罪,但只不过是问作"私擅用财"之罪。同居"共财",其财产权并非家长独有,而是整个同

---

[1] 刘俊文撰:《唐律疏议笺解》,中华书局1996年版,第914页。
[2] [日]滋贺秀三:《中国家族法原理》,张建国、李力译,商务印书馆2013年版,第60页。
[3] 刘俊文撰:《唐律疏议笺解》,中华书局1996年版,第466页。

居家庭所有，因此被称作"当家财物""本家财物"等，而不是称为"父的财物""尊长的财物"。在唐宋时代，法律以家族共产制为家族生活的常态，"作为其前提的是民间普遍的风习"。家族共有财产的保有，也关系到家族的维系与传承，日本法律史学者中田薰解释说，同居共财关系，是"始于亲子间，中间又没有经过财产分异，其绵延数世的子孙仍继续保持的关系"，而且是"同居共财亲在进行财产的分异而别居的场合，当其中有人生了儿子时，于他的家内也形成父子间的同居共财"的关系。也因此，"同居共财"的关系，在中国传统的家族生活中具有"原理性"的意义。

与"同居同财"相关的，中华法文化还有"同居共㸑"之说。"㸑"就其字形，不难窥知其意，作为名词，它是指"炉灶"；作为动词，则指烧火做饭。《礼记·檀弓上》有"从母之夫，舅之妻，二夫人相为服，君子未之言也。或曰同㸑缌"。孔颖达疏曰："既同㸑而食，合有缌麻之亲。"即是说，此二人如果同灶吃饭就可以相互服缌麻。故此，家族的共同生活，就是共同使用炉灶，吃一个锅里的饭，进而实现同火、同食、同居。明令中，父亲将其儿子视为"同居共㸑的家小"，妻子和在家未婚女子也是同样的。明代小说《醒世恒言》中则说成"合锅儿吃饭"——吃一个锅里的食物。与之相反，家族共同生活的分裂就是"异居异财"，即㸑、火不同，分㸑而别火，也就是所谓的异㸑、异烟、分烟、析烟之类。"同居"的这一解释，十分类同于日耳曼、斯拉夫或印度的家族共产制，它亦是火、烟、食、居的共有、共用，其家族的分类则是火、食、居的分类。再如法兰克时代，家族共产生活据说就是过"共一个粮升、炉火和面包"的生活，而到了法国的中世纪，家族共产生活，同样是"同一个炉灶和同一个面包"的生活。[1]这说明，共同生火做饭、一起维持生计的"同居"，在世界很多民族文化中有着相通的含义。

在研究清代民事司法时，黄宗智总结提炼了"实体理性"的概念，认为若理性是多元的，中国法的"实体理性"就是一个包含矛盾的概念，法律来自生活实践，并且受到道德原则的指导。[2]若从传统司法之"实体理性"推广

---

〔1〕［日］仁井田陞：《中国法制史》，牟发松译，上海古籍出版社2011年版，第169页。
〔2〕［美］黄宗智：《清代的法律、社会与文化：民法的表达与实践》，上海书店出版社2001年版，第181页。

之，我们可以看到广义的中华法文化中存在的实践理性或实用主义，法律规范、法律概念来源于生活实践，并且在实践中得到解释和运用，"同居"就是这样的一个概念。

理解中华法文化中的"同居"，首先要理解中国式的"家"，它不仅仅是男女因婚姻的结合，而是具有祖宗祭祀、传宗接代等文化意涵，更有着共同拥有家庭财产、一同维持生计等现实意义。因此，传统法文化中的"同居"，不仅仅意味着空间位置的同一，更包含共同生活、相互扶持等含义，其中共有财产、"同爨而食"是最本质的内涵，相对地，在公法上是否属于同一户籍，或者成员间是否具有血缘关系，倒不是最重要的。

当下，我们在《反家庭暴力法》的背景下来理解"共同生活的人"，首先不能离开中国家文化这一"语境"，更应该从财产关系、居家生计的角度来解释，而非以"性取向"这类极端个案作为阐释的出发点。如此，新立法不仅能更好地符合中国人的社会文化心理，更有利于《反家庭暴力法》之"共同生活的人"条款，在更广的范围内发生实际效用。

家庭暴力何以发生？财产纠纷及情感的矛盾是最重要的动因，在"共财""同爨"之共同生计的基础上理解"共同生活的人"，才有可能最大程度地预防"家暴"的发生，也才能够使常规家庭之外的各类"家暴"都能得到法律的惩处。现代都市生活，为了方便，出现有成年子女与父母在单元楼对门而居的情况，虽然分开居住，户籍也不在一起，但时常在一起吃饭，间或有共同的休闲娱乐，是否算"共同生活的人"？若严格按现代民事法律制度考察，恐怕不能算一家，子女与父母也不能算是"共同生活的人"。而从中国家文化的角度看，成员间存在着"共食"的关系，也就是有共同的"居家生计"，他们显然属于"同居共爨"，应该是"共同生活的人"，子女父母之间发生家庭暴力行为，当然应该受到《反家庭暴力法》的规制。再如现行婚姻法律不确认，但在社会中却时有所见的非婚姻"同居"关系，它自然不被法律看作是"家庭"，而其同财、共食的生活事实却不容否认，故从中国家文化的角度，当然应视为"共同生活的人"，进而受《反家庭暴力法》的制约。即便是敏感的"同性恋"话题，如果摒弃立场价值之争，回到作为生活事实的同财、共食层面，其作为"共同生活的人"恐怕亦不应被轻率否定。

(二) 中国古代的任职回避

"家族主义"是中国传统社会的典型特征，家族主义进入官场，就形成了官员选任中的裙带关系，它不仅影响官员选任的公平，也直接损害了官员的廉正。为了避免这一弊病，古代中国产生并形成了相当严密的官员选任亲族规避制度。亲族回避是指不允许官员与亲族在同一官署、同一地区做官，高级官员一定服制内的亲属，也不允许在官员影响所及的官方机构中担任官职。具体在司法审判中，则不允许有亲族关系的官员担任特定司法职务，或处理与本人有亲族关系当事人的案件。中国传统社会官员任用的亲族回避制度，自唐宋发轫，延至明清，发展衍化，渐成定制，成为中国传统官制立法的精粹之一。

官员任职回避的制度自唐宋已经略成雏形。唐代要求亲属不得在同一地区任职，"时制，大功已上不得联职"，即祖孙、父子、堂兄弟、叔侄等亲属，不得在同一部门或同一地区任职。对于长安等京畿地区的官员任用，唐代实行特别的规定，"中书门下及两省五品已上，尚书省四品已上，诸司正员三品已上，诸王、驸马等中期周已上亲，及女婿外甥等，不得任京兆府判官，畿令、赤县丞簿尉"。[1]到了宋代，随着士族门阀势力的进一步弱化以及整个社会的平民化趋向，亲族的影响力大为降低，但官员任用的法律仍严格实行亲族回避制度，且回避的范围相较唐代更为细化，责任也更为明确。两宋时期明确规定："凡官员亲戚于职事，有统摄或相干者并回避。"[2]宋朝几任皇帝在位期间，以诏令的方式，对回避制度有所更易，其回避的范围前后变化不一，宋仁宗康定二年（1041年）正月，翰林学士丁度等言："'详定服纪亲疏、在官回避条制，请本族缌麻以上亲及有服外亲，并令回避，其余勿拘。'从之。"[3]可见，此时任官回避的范围大为扩张，不仅是大功、缌麻等近亲属，连"同居无服、异居袒免"等亲，亦应进行适当回避。官员任用的亲族回避，不仅针对一般官员，有时甚至连皇帝本人亦需要受到限制，隆兴二年（1164年）十一月二十五日，起居郎、权中书舍人何俌札子奏："'伏觌今月

---

[1]《旧唐书·魏少游传》。
[2]（宋）李焘撰：《续资治通鉴长编》，中华书局2004年版，第11487页。
[3]（宋）李焘撰：《续资治通鉴长编》，中华书局2004年版，第3085页。

十七日麻制,陈康伯拜左仆射。康伯系臣再从姊之夫,自合回避。'诏特免。"尽管就一般而言皇帝免其回避,但从"特免"二字看,说明"再从姊之夫"这种关系也是在律法要求回避的范围之内,因此,皇帝亦自知理亏,不得不"特免"。尽管这属于个例,但也说明了回避制度的普遍效力。

到了清代,官员任职回避的法律制度更为成熟,亲属回避的范围包括宗亲、外姻及宗族等,特别是宗族回避,虽然族中之人服制已远,但情谊最为关切,"若在五服之内,虽住处不同,仍应回避"。宗族回避不仅适用于汉族官员,同样适用于满族官员。清代的亲族回避还遵循一套特定的程序,将有亲族关系的官员从同一官署调配开,将现任官员与参加铨选人员之间有亲族关系的,安排在不同官署。现任官员亲族回避的具体做法是:在京各部院官员,凡亲族在同衙门,令官小者回避,同衙门补授的同官,令候补者回避。祖孙父子的程序,因考虑到"祖孙父子名分故关,系堂员,概令司员以下回避;系一同官,无论候补及官小者,概令其子孙回避"。对外姻亲,则令官小者回避。该程序的原则是:在官职上,以小避大,以候补避现任,在亲族辈分上,以卑避尊。这一安排,既保证了官员任用回避的目的,又充分尊重了传统社会的尊卑长幼之序。

值得一提的是,除了普通官员的回避,历代对从事法律职务的司法官员,则有更为严格的亲族回避制度,这些制度不仅涉及司法官员的选任,也约束司法官员对具体案件的处理。唐代司法制度虽然没有严格的亲族回避,但已经注意到司法中特殊关系对案件的影响,《唐律·职制》之"长官及使人有犯"条,明确要求凡在各地的长官及派出官员在派遣的地方有犯罪的,他们的下属官吏不能立即加以审问,而应该回避该案,这就避免了上下级关系导致的司法偏袒。到了元朝,司法官的亲族回避得到了全面的规定,"诸职官听讼者,事关有服之亲,并婚姻之家,及曾受业之师与所仇嫌之人,应回避而不回避者,各以所犯坐之。有辄从法官临决尊长者,虽会赦,仍解职降叙"。也就是说,法官如果有违亲族回避制度的,不仅要追究其刑事责任,还要令其承担相应的行政责任,回避制度较之唐代更为明确和具体。到了明代,《大明律》继续沿用了元朝有关回避的规定,并有所发展及演变,"凡官吏于诉讼人内有服亲及婚姻之家,若受业师及旧有仇嫌之人,并听移文回避,违者笞四十。若罪有增减者,以故出入人罪论"。对因亲族等关系可能对司法的影响,科以更重的法律责任。在清代,负责监督检查百官风纪及刑部、大理院的都察院同样有亲族职务回避的要求,律例规定:"父兄在京现任三品京堂,在外现任督抚,子弟俱不准考选御史。其父兄在籍起文赴部补授及经升任者,有子弟现任科道令其呈明都察院,具奏回避。"作为主审机关的刑部,亲族职务回避规定:"外官有关系刑名考核纠参者,不分远近系族中均令官小者回避。"[1]这一制度,有力地防止了刑部官员亲族影响刑事案件的审判,很大程度地保证了案件处理的公正。

中国传统社会任官的亲族回避制度,表面上看当然是含有"防止官员与亲族朋比为奸,威胁皇权"的意图,但也在实际上保证了官员铨选、任用的公正性与官员职务的廉洁性,在司法活动中则更好地保证了司法的中立、公正。今天社会生活虽然发生了很大变化,但传统的家庭影响仍未根本改变,官员利用影响力任用亲属为官或以权谋私的现象屡见不鲜,这与现代政治要求的开放与公平是背道而驰的,长此以往,也必然造成官员、社会阶层的固化,不利于激发社会各阶层的活力与整个现代文明政治的形成。鉴古知今,传统官制中的"亲族回避"因此仍具有重要的现实意义。

二、曶鼎反映的调解精神

中国传统法律文化源远流长,早在三千多年前的夏商时代,就出现了一些立法,甚至还出现了刑罚与狱政制度。上古时的法律制度,早前还主要见于传世历史文献的记载,但随着甲骨文的发现,及一大批青铜器的出土,相当一部分商周的法律制度得到了实物史料的证实,甚至还发现了一些个案的审判资料,描述西周时期司法处理契约履行的曶鼎,就是这样一件珍贵文物。

曶鼎记载了周孝王二年[2]的一个民事案件。这天早晨,司法官井叔在名叫异的地方处理政务,贵族曶派遣他的一个部属前来告状,被告是另一贵族限,两人因奴隶买卖契约发生纠纷。井叔并未听从一面之词,而是依照程序派人传唤被告限到庭,待双方都到庭后,井叔才允许双方陈述案情。先来告

---

[1]《钦定台规》,光绪十八年刊本。
[2] 无确切纪年,存在学术分歧,依夏商周断代工程则为公元前890年。

第六讲 民法基因：中华法治文明中的民事关系

状的曶的部属首先陈词：我主人通过中介人效父，用一匹马一束丝买了限的五个奴隶，限本来同意了，也签订了契约。不知何故，限突然单方面撕毁了契约，让他的部下把马退还给我，还叫中介人效父把丝也还给我。经过协商，限的部下和中介人效父同意在名为王参门的地方修改契约内容，用货币来买这五个奴隶。我们总共花了一百锊铜，并声明如果限再不给那五个奴隶就要诉诸法律。后来，限又派部属来，仍然说要悔约，并且退还了我们作为价金的铜。对此事实，限的一方没有提出异议，只是反复说不想卖了。井叔见此情形，便当场展开了司法调解，他对限说，你是给王室服务的贵族，是有身份、有地位的人，既然买卖契约已经订立，就需要遵守，不应该随便违约，五个奴隶应该按照约定交给曶，以后也不要再让部下对此有二言了。限承认自己做得不对，答应遵照井叔的指示。庭审结束后，限果然给曶送来了那五个有名有姓的奴隶，曶高兴地接受了，并向井叔叩首表达谢意，另外又拿出了酒、羊和三锊丝作为礼物，以示对限履约的谢意，两个人就此言归于好。[1]

限在初期反复悔约，不愿交付五个奴隶，何以经过司法官井叔的调解，很快就自觉履约了呢？这还得从西周的法律及司法制度说起。西周民事法律禁止随意违约，对违约者要处以面部涂墨以示羞辱的墨刑，这是限不敢不听从井叔建议的法律背景。在司法制度中，作为相对柔性的纠纷解决方式，调解也是有条件的，只有像限、曶这样有地位的贵族，才适用调解，一般平民的纠纷，不属于调解范围。在司法机关主持下调解的民事纠纷，一旦成立就具有了法律效力，调解后，任意一方违反调解决定，再次违约的话，则需要以人身作担保，承担刑事责任。井叔对违约的限适用了调解，好言相劝，已经表示了对他身份的尊重，他若不听从，再行悔约，将会面临刑罚的制裁，这就使得限只能遵照调解决定履约。

从法律技术的层面，曶鼎记载的违约案十分简单，既没有真假莫辨的证据，也没有曲折离奇的情节，但它却反映出中国传统法律文化诸多积极的价值。一方面，尊重契约、信守承诺是中国法文化固有的精神，而由契约精神

---

[1] 胡留元、冯卓慧：《夏商西周法制史》，商务印书馆2006年版，第575页。

推而广之，就是法治精神，它体现了中国源远流长的法治传统。另一方面，司法官井叔以调解解决纠纷的方式，也极具中国文化色彩，司法的目的未必是一定要分出是非对错，而是要解决问题，最终让社会回归到和谐的状态。类似这些法律传统，至今仍不乏现实意义。

三、中国古代的一物多卖

出于经济利益的考虑，一物多卖，或多重买卖的现象一直屡见不鲜，古今皆然。在法理上，多重买卖是指出卖人以某一特定不动产或动产为标的物先后与多个买受人签订买卖合同，从而产生的数个买卖合同皆以同一动产或不动产为标的物的法律现象。多重买卖一般会出现两个问题：一是出卖人与数个买受人分别订立的多个买卖合同的效力如何。二是，如果多个合同均有效，何人有权获得该标的物。对于一物二卖等多重买卖，社会一般观念认为，出卖人失信背义，应保护第一买受人。

多重买卖问题，在中国古代同样存在，而且由于古代买卖自身的复杂性，导致典、当、卖中的多重交易更为繁杂，最为常见的多重买卖出现在土地交易当中。在民间的私契惯例中，多重买卖的问题主要通过追夺担保等方式解决，即通过约定保护当前契约中买受者的权利，如果有另外的"买受者"，则由卖方通过"充替"等方式，赔偿当前买受者的损失。在中国的买卖法原理中，契约的交付就意味着标的物的转移，法律上也禁止两度处分（重复典卖），对之要视同盗窃犯起诉、处罚。可见不只将其作为一种民事经济行为，还从道德甚至犯罪的角度，对其作出了刑法上的评价。并且，所涉不动产归"原典买主"，保护第一典买人之权益。在司法实践中，有时处理则比较灵活，在《巴县档案》中有一份清代的"一田二当"的审理记录。

> 审得张元碧、张显明等于乾隆四十八年（1783 年）用价得当罗继盛弟兄田业一分，前后共立有当约三纸。其田仍系罗继盛佃转耕栽，张元碧、张显明止占房屋居住。嗣继盛等将佃业转当与张天玉叔侄，继盛弟兄搬居黔省，先后身故，余有子侄罗久和等，仍居黔地。兹张天玉等复将此业转当与罗有贵弟兄。张元碧等见伊当价无着，呈控到案。讯查张元碧等所当罗继盛之业，当约三纸朗存，罗有贵、罗有荣已向张天玉等

用价赎转,自应归清当价,以免轇轕。断令罗有贵弟兄代罗继盛子侄罗久和等,先归还张元碧等旧当价钱五十六千二百文,揭回继盛当约存据,俟罗久和等回家,再为凭证清标。其田即归罗有贵等耕栽。有贵、有荣随具遵结,待秋收后措钱交清。张元碧等具亦情甘领价,迁搬遵结了案。[1]

可以看出,在该案处理中采取交付主义,以田产实际占有者为最终权利人。当然,该案处理应该说未严格依照清代律例,而是以一种更为灵活的方式,由后典买人代典卖人返还先典买人价款,并取得土地使用、受益等财产权益,待从原典卖人追回"当价钱"后,再返还后典买人。其司法的逻辑在于,处理着眼于现实的、实际的占有,而不是仅从形式上看谁更符合法定的物权,对第一权利人,即原典买主,可以通过归还当价的方式补偿损失,而不需要通过"业"的实际转移,因为土地耕作是一个较为长期的过程,保护土地的实际占有与适用,也就很好地保证了农耕秩序。无论在立法中,还是在司法中,对重复典卖,均是更注重从实质的角度保护实际占有、使用人的权益,惩罚不守诚信的重复典卖者。

在当代,买卖合同法的学说和判例主流观点认为第二买卖合同的效力并不因第一买卖合同存在本身而受影响。若第二买受人先完成登记,即可取得标的物所有权。2012年《最高人民法院关于审理买卖合同纠纷案件适用法律问题的解释》确定了"支付价款优先,合同成立在先说,以及交付的效力优先于登记"等标准。一些研究认为,一方面普通动产的多重买卖中,出卖人为求私利,不顾诚信,固然可恨。但该司法解释第9条为了维护诚信,防止多重买卖,不顾基本的债权平等原则,任意剥夺出卖人的自主决定权,采取支付价款优先和合同成立在先说,也是不妥当的。在船舶、航空器、机动车等多重买卖中,登记的效力应优于交付,如数个买受人均要求实际履行,法院应按照下列标准:登记与否,交付与否,登记优先于交付。这些司法实践及学理观点,一个基本的出发点在于债权形式主义,这也是我国当代物权法

---

[1] 四川省档案馆、四川大学历史系编:《清代乾嘉道巴县档案选编》,四川大学出版社1989年版,第224页。

所采取的基本原则。[1]按照这样的理论，买卖当事人的德行，货物、价款交付的实际等不再是首要考虑的问题，形式上的债权及物权转移成为关键。[2]因此，登记效力优先等规则自然导出。

世易时移，完全的实质主义处理思路也许并不符合当今的法治现实，但是完全从形式主义的角度去解决重复买卖问题，忽略其道德、实际效果等问题，恐怕也未必十分合适。对于目前房屋等不动产一物二卖问题，研究认为实践中可采取"违约的损害赔偿"救济方式，将出卖人转卖获利的差价推定为买受人所受损害的规则。这一思路，不仅在形式上实现了债权的平等性，维护了登记的公示公信效力，而且有效地限制了多重买卖中的不诚信行为，剥夺了其不当获利，不失为一种兼顾形式主义与实质主义的更优方式。这一思路的论证就其实质而言，与前述清代对"一田二当"的司法处理方式，显然具有某些一致性。而这样的方式，正与当代民法与司法裁判的主流观点形成对照。

四、中国古代的赦免与私债

有人也许会认为，中国古代的皇帝一言九鼎，自命为天子，一定是不受任何约束，可以为所欲为。但实际情况却不然，即使是皇帝，也有很多顾虑和忌惮，"上天"就是其一。每当"天"，就是大自然发生异常，农事不好的时候，按照道家的阴阳学说，古代皇帝总是认为这是因为自己做错了什么，而导致老天的惩罚，他就会想出种种办法来向上天"示好"，请求上天的宽恕。"大赦天下"就是重要的方法之一。

大赦本来是对于犯罪人"罪"的赦免，但有些时候，比如唐宋时期，有的皇帝特别仁慈，不仅是罪过，连民事上的债务也一并赦免了。唐宋时期的这类民事赦免主要有两种，一种是对于欠负官物的赦免，比如商税、地税及其他欠负的官物，等等，（奉天）《改兴元元年赦》就是这类租税赦免的代表。

---

[1] 许德风："不动产一物二卖问题研究"，载《法学研究》2012年第3期。

[2] 《民法典》第224条规定，动产物权的设立和转让，自交付时发生效力，但是法律另有规定的除外。

第六讲 民法基因:中华法治文明中的民事关系

> 其除陌及税间架、竹、木、茶、漆、榷铁等诸色名目,悉宜停罢,京畿之内,属此寇戎,攻劫焚烧,……宜特减放今年夏税之半。[1]

除这种对于当年租税的减免之外,还有皇帝干脆借大赦之机赦免百姓欠负之官物。比如宪宗元和四年(809年)三月《亢旱抚恤百姓德音》。

> 京畿内在城诸色所由人户欠负,从贞元十一年以后至贞元十五年终,主保逃亡,摊征保人,并保人又逃亡,及身在贫穷非家业见存、奸猾延引者,所欠钱物斛斗柴草等项,亦宜赦免。[2]

这一德音(特别赦免的一种),实际上就是在一定条件下,赦免人民所欠朝廷贞元十一年到十五年(795—799年)的债务。

唐代的大赦,还有一种是对于违约不偿还处罚的赦免。本来《唐律疏议》规定的是,如果无利息的借贷,到期违约不偿还的,最高可以处以一年的徒刑。但是如果遇上大赦,则刑罚就可以免除了,当然债还是要还的。如果仍然不偿还,再处罚的幅度就按照大赦后的日期重新计算。所以,也有人认为,这种免罚的恩赦,对于无力偿还欠债的百姓而言,也不过是一纸虚文罢了,并不能真正解决老百姓债务负担过重的问题。大诗人白居易曾沉痛地描写过这种因债务被处罚、大赦不免的情形,他在书中说,听说过去县衙的监狱中有数十名囚犯,已经被关押数年了,妻子儿女都沦落到大街上乞讨的地步,才可以勉强供应他的狱中饭食。有的自身被囚禁几年,妻子也改嫁了;有的死在狱中,又把他的儿子抓来继续囚禁。他们都是欠了官物,无法偿还的。一旦被囚禁,到死都无法自由。国家以前两次降下赦书,今年春天又一次降旨赦免,但至今依然被囚禁着。[3]

所以说所谓的赦免官物,有时可能也只是落在口头上或纸面上一种好听的言辞罢了,真正到了基层官府,该关押的关押,可能并不真的就按照赦书,全部释放,免除债务。严重者甚至是"父死子囚",刑罚的严苛几乎超过了杀

---

[1] (宋)宋敏求编:《唐大诏令集》卷五,中华书局2008年版,第28页。
[2] (清)董诰等编:《全唐文》,中华书局1983年版,第665页。
[3] 参见《奏文乡县禁囚状》,《白居易集》卷五十九。

人重罪，完全不合情理。

后来，朝廷也逐渐意识到这一问题，也颁布了一些诏令，意图解决百姓欠负官物，长期遭受监禁的问题。唐文宗大和八年（834年）二月的诏令就明确说，对于囚禁多年，家财已经耗尽，或者债务人自己亡故，难以追讨等情况，要有所体恤，按照实际情况报告，不允许滥罚，不允许随意监禁。除下诏禁止囚禁欠负官物的人以外，有时也会延展债务偿还的期限。唐代的皇帝为了体恤百姓，经常在农事歉收时，下诏停征一切公私债负。这种恩惠从唐初就开始出现，比如唐高祖武德六年（623年）的《劝农诏》就有："其有公私债负，及追征输送所至之处，宜勿施行。"[1]开元二十三年（735年）又颁布了缓征赋税诏，考虑到当年的粮食收成，虽然稍稍好于往年，但也仅仅能自给自足，并没多少剩余。所以皇帝体恤百姓，对于公私旧债，一概停征。

但不能不说，这类"停征"，也不过是唐宋皇帝偶尔的慈悲罢了，而且还只是暂停征收，并非就完全免除百姓的债务，也就是说等到来年有收成后，仍然要按照原定的数额和方式继续偿还。无论是禁止随意囚禁负债的老百姓，还是延展偿债的期限，百姓实际的债务压力并没有减轻，最为彻底的办法还是下诏直接免除负债，这样的诏令不是没有，但相对很少，而且实效往往很有限。

与此相应的另一类大赦就是对于民间私债的免除。唐宪宗《元和十四年（819年）七月二十三日上尊号赦》就是对于私债的赦免，这份大赦文书说，凡是在城内欠负私人债务长达十年以上，债务人及原契约中的保人都已亡故，又没有其他财产可以追讨的，一概免除。[2]皇帝大赦时候，往往连带减免百姓的租税，但上述大赦竟然干涉民间私人之间的债务，确实是中国大赦的一大特色。

皇帝赦免私人债务的事情，实际上早已有之。北魏的晚期，孝庄帝就有过一次诏令，对于所有的公私债负，如果利息远远偏离正常水平的，都严格禁止，不得私自追讨。这当然是对民间极端高利贷的限制。

唐代时，朝廷对于民间的借贷，大体上采取不干涉的政策，非不得已时，

---

[1] （宋）宋敏求编：《唐大诏令集》卷十，中华书局2008年版，第54页。
[2] （清）董诰等编：《全唐文》，中华书局1983年版，第677页。

绝对不介入。只是出于对债务人权利的保障，对于利息上限作出了规定，要求月息不超过百分之六，年息不超过百分之七十二，[1]而且禁止复利计算，本利合计超过本金一倍的，停止计息。然而，实际上，皇帝考虑到农事不济、庄稼歉收，有时也会下诏免除一切公私债负，不只是百姓所欠官方的债务暂停征收，也直接影响到了民间私人的借贷。

这类对债务的停征或免除，在开始时，还只是免除超过本金的利息部分，如宋高宗时的一条赦令要求民间借贷已经偿还的债超过本金的，免除以后的债务，即不用继续清偿了。后来逐渐发展到连本金也一并免除，比如光宗淳熙十六年（1189年）登基大典，发布赦书，"凡民间所欠债负，不以久近多少，一切除放"，[2]竟然将债权人的本金也一并赦免了。这种极端的连本金一概免除的赦令，对于负债累累的穷苦债务人当然是天大的好事，可却让借贷人，尤其是一些小户借贷人叫苦不迭。有的人已经借贷钱粮数十日，没有得到一点利息，反而连本金也全部失去了，赦免私债看似是一种德政，但一纸文书就免去所有债务，"对债权人的权益无疑是一大侵害"，[3]对于借贷人则显失公平，所以也引发了不小的抱怨。

为了排除皇帝恩赦的效力，减少相关的风险，保证债权人的利益不因恩赦而受到损害，唐宋及其之后的卖地、卖房、卖身、典当、借贷和租佃等部分契约中，常常明确约定了"中间或有恩赦流行，亦不在论理之限"，"中间遇有恩赦，亦不在论限"等担保字样，以此来确保债权人的权益免遭损害。比如吐鲁番出土的《唐乾封元年郑海石举银钱契》中就有"公私债负停征，此物不在停限"，明显就是为了防止一旦皇帝诏令停征债务而造成损失。另一份《酉年下部落百姓曹茂晟便豆契》中也有"如有东西，一仰保人代还。中间或有恩赦，不在免限"，[4]同样是出于这样的考虑。

不仅仅是借贷契约，其他的比如租佃契约、人口买卖契约，都有类似的恩赦排除条款，尤其是买卖土地宅舍的契约最多。如《唐乾宁四年平康乡

---

[1] 郭建：《中国财产法史稿》，中国政法大学出版社2005年版，第238页。
[2] （宋）洪迈：《容斋随笔》，上海古籍出版社2015年版，第289页。
[3] 陈俊强：《皇权的另一面：北朝隋唐恩赦制度研究》，北京大学出版社2007年版，第155页。
[4] 霍存福、刘晓林："契约本性与古代中国的契约自由、平等：中国古代契约语言与社会史的考察"，载《甘肃社会科学》2010年第2期。

百姓张义全卖舍契》中写道："或有恩赦书行下，亦不在论理之限。"《后唐清泰三年百姓杨忽律哺卖舍契》中也有"中间如遇恩赦大赦流行，亦不许论理"。[1] 但是，唐代的实际情形是，皇帝的赦书，大多数只是免除债务的恩德，对于民间的买卖行为一般是不应构成任何损害，于是就有了疑问，那为何这些买卖契约要多此一举，写上恩赦排除条款呢？其实有一种可能是，这些附带恩赦排除条款的，并非真正的买卖契约，而大多是以买卖契约作为伪装的借贷契约，其实质仍然为借贷。债权人为了逃避官府对于利率等的限制，便会要求债务人以买卖的方式，将土地宅舍转让作为抵债。因此，债权人为了防止皇帝大赦损害到他的权益，就在买卖契约中附带了这种恩赦条款。所以，看起来，古人也是十分善于利用法律漏洞的，形式上看，他并没有违法，只是换一种形式，从而巧妙地达到维护自己利益的目的。

如果皇帝的赦免诏令与恩赦排除条款发生冲突，哪一个效力强呢？律法中没有明确的规定，要知道答案，就必须借助于实际的纠纷或判例来看，刚好敦煌文书中也有这样一宗纠纷，很能说明问题。在《丁丑年金银匠翟信子等状并判词》中，金银匠人翟信子等三人于甲戌年向高康子借麦三硕，当年秋天本利已经达六硕，其时偿还一硕二斗。乙亥年本利累计达到九硕六斗，丙子年偿还了七硕六斗，尚余下二硕未还。乙丑年刚好遇上大赦，"矜割旧年宿债"，但高康子不肯赦免二硕的债务。于是翟信子等就告上了官府。最后裁判的结果是翟信子等三人的债务是宿债，因此按照皇帝的诏令，不需要再偿还二硕的麦。在这个案例中，翟信子与高康子按照习惯是订立了排除恩赦的契约的，但是，最后还是被判决不得排除恩赦适用，不需继续偿还债务，这也说明了，真正到了官府，朝廷政令的效力，显然还是高于民间的私约。[2]

本来，官有政法，民从私约，二者互相平行，互不干涉。但是，由于皇帝原本是立意良善的恩德，不经意地就侵犯到私人的领域，损害了债权人的权益。虽然，唐宋一些有识之士已经指出这种将民间债务一概免除的做法的妥当性存在问题，但很少有人反对皇帝恩德干涉民间的借贷行为，可见古代

---

[1] 沙知辑校：《敦煌契约文书辑校》，江苏古籍出版社1998年版，第22页。
[2] 参见陈俊强：《皇权的另一面：北朝隋唐恩赦制度研究》，北京大学出版社2007年版，第157~158页。

对于公、私的领域，并没有完全清楚地区分开来。私人债权经常得不到官府朝廷应有的尊重和保护，这或许也是导致民间"畏讼、贱讼"的原因之一，特别是对于契约、婚姻这些民事纠纷而言。

思考题

1. 论述家族观在古代民法中的作用。
2. 如何理解传统民事法中的习惯？

阅读书目

1. 张朝阳：《中国早期民法的建构》，中国政法大学出版社2014年版。
2. 张晋藩：《中国民法通史》，福建人民出版社2003年版。
3. ［美］黄宗智：《清代的法律、社会与文化：民法的表达与实践》，上海书店出版社2001年版。

第七讲 民从私契

中国古代的契约法治文化

契约在中国民间法秩序中具有重要作用。西周以来的青铜器上就有买卖、赠送等类的契约资料，摩崖碑记中有汉代的契约资料，如东汉的《大吉买山地记》。[1]20世纪初，在中国的新疆、甘肃、内蒙古等地，特别是在古丝绸之路上，陆续发现了一批"文书"。因当时中国战乱频仍，很多珍贵的出土文书流失海外，包括英国、法国、日本、俄罗斯等，都收有藏品，如英国，藏品由斯坦因从莫高窟劫走，"总数约13 300件"。[2]这些文书内容多是佛教典籍，但在其背面，却有大量的契约文书，包括买卖、借贷、婚姻等多种契约。作为民间规范的重要体现，契约文书反映了百姓的法律智慧，依照岸本美绪的说法，它们是支撑中国民间社会秩序的"活法"。[3]

中国古代，在人们的心目中，维持国家秩序的是律法，而守护民间交易秩序的主要是契约，所以，从规范人们交易行为的角度来说，民间的契约具有和国家律法一样的效力，可以说，律法就是国家与民众的"契约"，而契约则是民众之间的律法，二者同样是不可侵犯和违反的。正因为此，民间非常重视契约，大到土地、房舍的买卖，小至一件农具，甚至是一件袍子的出借，都订有详细的契约。而且，也为契约的订立与履行设计了一套相当复杂，又行之有效的程序。所以说，在古代，订立契约是很重要的一件事，有的时候甚至带有几分神圣，几分神秘。

一、不是谁都行：契约中的人

（一）立约人

立约人就是订立契约的人，在中国古代早期，谁能订立契约，可不是一

---

[1] 张传玺："中国古代契约资料概述"，载《法律史研究》编委会编：《中国法律史国际学术讨论会论文集》，陕西人民出版社1990年版，第37页。

[2] 李并成主编：《敦煌学教程》，商务印书馆2007年版，第15页。

[3] 邱澎生、陈熙远编：《明清法律运作中的权力与文化》，广西师范大学出版社2017年版，第1页。

个随便的问题,还要讲究资格,没有资格的人、没有身份的人是不能订立契约的,因为契约意味着有交易,有交易意味着拥有一定财产,而没有财产的人,他自己就不可能、一般也没有人会愿意与他订立契约。西周时,只有贵族才有资格买卖土地、奴隶、牲畜、珍玩等贵重物品,也就是只有贵族才有资格订立买卖契约。奴隶等没有任何人身、财产权利,当然不能订立契约,只可能成为契约交易的标的物。

到秦汉以后,可以订立契约的主体才逐渐扩大,一般平民也可以订立契约了。这时候,立约人的身份非常多样,从平民到官吏、从百姓到僧尼,几乎凡是有一定人身自由的人都可能是立约人。唐代就有不少诸如"僧慈灯雇工契""僧绍进贷粮契""僧法宝贷生绢契"这样的契约,这些契约的出现除说明可以订约主体的变化外,也说明僧人阶层在当时已经成为一个掌握一定财产权的独立主体了。

(二)参与的"家长"

由于中国古代社会特殊的家族主义特征,家庭中的家长或者长辈在某些契约中(特别是涉及不动产的转移)出现就是理所当然的事了。他们出现在契约当中,不仅仅是作为一个见证人,他们的同意或认可,实际上是契约能够有效成立的重要一环。这种家长的参与,对一些已经成年的订立契约人同样如此,家长只要在世,则子孙不得私自买卖田宅、奴婢、牲畜等物;丈夫在,妻子不得随意处置家中财物,除非得到官府的特别批准,否则订立了契约也是无效。《元典章》中规定典卖田宅须问亲邻,"先须立限取问有服房亲,次及邻人,次见典主"。[1]明代甚至还一度限制官员的子女及亲属订立契约,意图防止隐性的腐败,当然这是另一回事了。

(三)中见人与保人

在传统中国的熟人社会里,一个契约的成立,中人的作用是非常关键的。中人在契约中起着介绍引见、说合交易、议定价金的作用,中人也是立约双方获得信任的重要基础。此外,在借贷、租赁类的契约中,中人的作用还不仅仅是介绍引见,还对债务人有督促的责任,中人利用自己的优势,或影响

---

[1] 陈高华等点校:《元典章》,中华书局、天津古籍出版社2011年版,第692页。

力,起到保证契约履行的作用。古代社会的中人一般是交际面比较广的人,在早期,中人也都是临时的,很可能碰巧跟交易双方都比较熟悉,居中撮合一下,促使交易能够成立。契约订立,交易成功,中人也不一定收取什么固定名目的费用,顶多是吃一顿便饭,喝二两酒,就算不错了。

清代,说合人的正式称呼叫作"经纪",在农村一般就叫中人。在契约上写中人,口头上称为说合人。俗话说的是"眼见为证人,说合为中人"。清代的中人或者说合人是在田产买卖中的见证人,其与官中、牙纪不同。清代的中人一般是要收费的,费用一般按照"成三破二",由买卖双方分摊。如陈一本邀请刘岐山兄弟做中,将田卖给温氏,许给刘岐山中人钱5000文。当然,也有的是直接在买卖的正价中约定数额作为中人的费用。

保人由于其特殊的作用,要担保契约能够得到履行,所以一般具有极强的身份属性,一般会要求与所担保的一方具有某种亲缘关系,比如说是当事人的兄弟、父子,等等。由亲属做保人,实际上也反映了古代中国比较浓厚的家族主义色彩,其与刑法中的"缘坐"是不同制度类型下的不同表现而已,但其实质可能有某种相通之处。除此之外,保人还需要有一定的经济能力,只有具备了经济能力,才能保证在契约当事人违约,甚至干脆就隐匿不见的情况下,有能力保证契约的完成,或者进行相应的赔偿或补偿。

见人,或见证人,就是可以证明契约成立的人,这是古代契约中最为常见的一类角色。见人,或见证人大多由乡邻,或乡间具有一定威望,或享有公信力的人士担任。在有些地区的买卖、借贷等类契约中(比如敦煌),大量出现寺僧作为契约成立的见人,僧人充当契约的见人除由于大量的交易与寺院有关外,还与僧人这一群体参与社会生活的程度有关。见人在订立契约的过程中一般会在场,亲自见证契约的订立,并且还要在契约末尾签上自己的名字,或者画押。

此外,由于古代契税的存在,很多契约都是没有正式经官,也就是没有盖上官印的白契,因此中保人的作用就显得更为重要,可以说,他们是在官府印章这一套证明系统之外,广泛存在于民间的,而且也受到百姓认可的契约证明。他们的存在,对于古代契约的有效成立和诚实履行,具有不可替代的重要作用。

（四）书契人

实际上，中国古代普通百姓的识字率很低，能独立书写一份契约的人寥寥无几，所以这一工作一般是由专门的书契人代劳的。书契人在唐代有一个专门的称呼，叫倩书人，或倩书。到了元明清时期，则改称为写契人、书契人、依口代书、依口书契人、代书人、代字人，等等。书契人会根据订立契约双方的口述，将契约书写下来，当然也会有一些固定的套话，帮他们把名字也写好，真正需要立约人做的就是在上面画个"十"字、"七"字，或者按上手印，等等，以表示对契约的认可。

书契人在古代就属于知识阶层，他们可能是从幼年开始学习文化时，作为一种日常应用文书写作，顺便学习契约文书的，现在敦煌发现的契约文书中还有大量这类属于学习契约文书写作的练习手迹，其字体一般比较拙劣，但是契约的用语大都是一些通用的格式套语，也没有具体的人物名字，只是写上某某人约定如何，但是，整个"契约"的各种要素比较完整，体系严密，说明书写契约在当时也是一种专门的技艺，需要接受专门的训练，并非人人都可以完成的。

除普通人学习书写契约之外，唐宋时，由于佛教盛行，到处都是佛教寺院，僧人众多，而僧人由于学习经书，掌握一定的读写能力，属于知识群体，所以，很多时候，寺院的僧人也充当了书契人的角色。

无论是中人，还是书契人，一般都是有酬金的。"中人和契约代笔人的谢金由卖主、买主支付。"[1]清代时，有些地方的谢金被写作"鞋金"，类似于跑腿费，或是今日的中介费。

二、古代契约什么样：从价金到保证

中国古代的契约经历了一个从简单到繁杂的过程，刚开始的时候订立的契约都非常简单，往往是短短的几句话，主要是描述所交易的物品和价格；唐宋以后，契约内容逐渐复杂起来，甚至出现了官方指定的格式契约，基本

---

[1] [日]仁井田陞："中国买卖法的沿革"，徐世虹译，载杨一凡、[日]寺田浩明主编：《日本学者中国法制史论著选（先秦秦汉卷）》，中华书局2016年版，第17页。

上就包含了比较完整的契约要素，也更好地对容易引发纠纷的地方起到规范作用。

那古代的契约到底是什么样子的呢？下面先抄录一件唐代的买卖契约作为说明。

> 开元廿九年（741年）六月十日真容寺与于湛城交用大练八匹，卖与胡安忽娑乌柏特牛一头，肆成。其牛及练，即日交相付了。如后牛有寒盗，并仰主保知当，不干买人之事。两主对面，画指为记。
>
> 练主、牛主安忽娑年卅（押）
> 保人安失药年卅二
> 见人公孙策 [唐开元二十九年（741年）卖牛契]〔1〕

这件契约就是一份比较完整的买卖契约，可以看到契约中有时间、标的物（出卖的物品）、价款（大练八匹），以及保人、见人，等等，基本上代表了唐宋契约的典型样式。而作为一份实际使用的契约，下面这些要素是不可缺少的。

（一）立契的时间

立契的时间很重要，特别是土地、房子等贵重财产的交易，由于涉及赋税的缴纳，何时立契、交付，也意味着土地赋税负担的转移，因此，古人对此极为重视，通常会在契约文书的开头标明立契时间。在土地、房舍等不动产买卖中，立契时间是业主和钱主双方都非常重视的要素。一般情况下，立契时间和买卖时间是一致的。这一时间，就表示对买卖标的物的交付，也就是所有权的转移，在法律上具有时效的作用。而时效应该是从立契时就开始起算，不过从宋代开始征收契税之后，官府就强调了印契的时间，就是只有契约双方缴纳了契税，盖上了官印，这份契约才算是生效了，所有权也才转移。

西周时，记载在铜器上的契约，还没有规范的日期写法，有时候只是写上所属"王"的名字而不写年，或者只写月日不写年号。汉代时，立契的时

---

〔1〕 沙知辑校：《敦煌契约文书辑校》，江苏古籍出版社1988年版，第39页。

间就比较详细而具体了，大多契约都明确写着立契时的皇帝的年号。比如一件卖田的契约写明时间是"光和七年（184年）九月癸酉朔六日戊寅"，另外一件陈长子卖官绔（kù，同"裤"）的契约，也注明"本始元年（公元前73年）十月庚寅朔甲寅"，立契时间已经具体到了某一日的某一时刻，可见古人对于立契时间的重视程度。

魏晋南北朝时期，基本上继承了汉代书写时间的方式，但有一些少数民族政权则采取自己的纪元方式，这也反映在立契时间上。比如一件吐鲁番出土的契约中，西凉地区的汉人张氏的几份契约就采用了东晋穆帝升平的年号，有"升平十一年（367年）四月十五日"等。但实际上，当时内地的东晋已经多次改换年号，但是因为西凉地区距离遥远，信息不通，尚浑然不知，仍然采用"升平"的年号。

后来，又出现了采取同时使用帝王年号和干支纪年的办法，如一件名为"刘宋元嘉九年（432年）王佛女买田砖券"的契约中，就不仅使用干支纪年，还兼用帝王年号，契约中记载"元嘉九年（432年）太岁壬申十一月壬寅朔廿日辛"，虽然冗长繁杂，但却更为精确。另外，北方还有使用干支、岁星纪年的方式，北凉的一件借贷契约中记载"承平五年（447年）岁次丙戌正月八日"，岁次就是每年岁星所值的星次和它的干支。但这样的纪年方式，后代用的也不多。还有一种是以国名冠以立契时间之上的例子，该契约写有"晋咸康四年（1338年）二月壬子朔四日乙卯"，这也是当时比较通行的一种立契时间的写法。

立契时间的精确化发展，体现了立约人对这一问题更为强烈的关注。立契时间实际上就意味着产权的转移时间，而且也关系着诸如土地租税负担的转移等问题，因此，契约双方都非常关心。有一件元代至元二年（1265年）的契约中约定："所有合该产钱麻合抹户苗米二斗八升，自至元二年（1265年）为始，系买主抵纳。"这一约定，就明确地说明了土地赋税转移的问题与立契时间的关系。

（二）当事人

当事人几乎是每一份契约都必备的要素，不少契约还会明确契约当事人的姓名、居住地以及他们的法律或社会身份，比如职业，等等。这样记载，实际也是为了在纠纷发生时，地方官好辨明当事人及其责任，有利于对文书进行管理。

以最为常见的买卖契约来说，作为田产等的出让方，业主的姓名在契约中是必备的。西周时期的铭文契约中已经有业主姓名的记载，但大多是以第三人称写的，大概是因为契约由代书人书写的缘故。到了汉代，业主的信息就大大增加了，不仅书写姓名，而且还在姓名之前书写籍贯、官职或者性别，等等。例如"汉建宁四年（171年）孙成铅地券"中写的是"左骏厩官大奴孙成，从洛阳男子张伯始，卖所名有广德亭部罗佰田一町"，短短一句话，就包含了籍贯"左骏"，职业是"厩官"，身份是大奴，非常清楚明了。这种第三人称式的描述写法，到了隋唐以后，发生了变化，第三人称的写法逐渐改变为第一人称的写法，这时业主的称谓，一般会在业主名字之前加上"立契人、立卖契人"等字样，表示业主是该项田产的权利人。有的契约中还进一步写明业主产权的由来和出卖产业的原因等，这样就使业主的身份更加明确。在"唐乾宁四年（897年）平康乡百姓张义全卖舍契"中，这样写道："平康乡百姓张义全为阙少粮用，遂将上件祖父舍兼屋木卖与洪洞乡百姓令狐信通兄弟。"另一件宋代的契约中则写明："立契人莫高乡百姓马保定为缘家中阙，负债繁多，祝索之间，填还无计。今将前件祖父口分舍，遂出卖与平康乡百姓武恒员。"[1]

由于中国古代家族主义的影响，契约中可能还有其他家庭成员的署名。宋代的法律就规定，买卖田宅，母亲在，则母亲的名字在契约署名的最前面，兄弟之间如果还没有分家，则由兄弟共同署名，只有这样契约才成立。这种母亲或兄弟同署名的，就是所谓的同卖人。在"金大定二十八年（1188年）马用卖地契"中，写着"出卖地业人，修武县七贤乡马坊村故税户马愈男马用同弟马和，自立契将本户下，地二段，共计二亩三厘，立契卖与全真门弟子王太和"。契约的最后由出卖人马用与同卖人马和共同署名画押。乾隆年间李兆春卖田契中，约定"上下伯叔兄弟人等并无干碍"，[2]契尾还有在场兄弟李达春、李建春画押。

---

[1] 沙知辑校：《敦煌契约文书辑校》，江苏古籍出版社1988年版，第39页。
[2] 曹树基、潘星辉、阙龙兴编：《石仓契约》（第一辑），浙江大学出版社2011年版，第117页。

另外，寡居的妇女或老人要出卖产业，则常以儿女为同卖人。明代隆庆六年（1572年）的毕阿王卖宅地契中，就是由出卖人，也就是寡妇毕阿王，与四个儿子毕渊潮、源潮、洋潮、淞潮一起署名画押，订立契约的。还有写着卖主奉尊长之命来立契的。如民国二年（1913年）郑培鹤卖地的契约是："奉母命，立卖契郑培鹤因正用不足，今将自置中地一亩一分二厘七毛九忽五，央中说妥，情愿卖与族叔全禄。"即便在民国司法裁判中，仍然认为"通常习惯家产管理权均属之尊长"，[1]而不能由子女随意处置。

买卖契约的另一方，钱主的署名就相对简单，一般只是写明名字或封号。由于买方有不少是有钱有势的大户，如大地主、大商人，有的时候甚至连真实名字都不写，只是用宗亲来称谓，所谓的宗亲，可能实际上也无任何亲属关系，只是一种习惯的称呼罢了。至于买卖的原因，大多也是不写的。唐代以后，契约一般为单契，即由一方出具，另一方收执，出具方一般为卖方，就是业主。因此，契约上仅仅表明出卖原因，收执契约的买方，就不会费力写上购买原因了。但也有极少数注明购买的原因，如"丙辰年宋欺忠卖舍宅契"，写有"兵马使无屋舍，遂买兵马使宋欺忠上件准尺数舍居住"，就有购买原因。有关所有权向钱主的转移，隋唐时期很少有契约写，但到了宋代之后，就逐渐出现了表达转让所有权的语句，比如常见的卖与某人名下，或卖与某人"永为业"等的语句。宋代咸淳六年（1270年）吴运干卖山地契中，就有"出卖与祁门县义成都张日通、项永兴名下"的词句。元代的元统三年（1335年）郑满三郎卖山契中，也有"情愿立契出卖与同都人郑子寿名下为主"。这些语句，明确了财产关系的移转，使得契约形式更加规范。明代以后，也大致继承了上述写法，有的写钱主的姓，有的写明堂号。如清代乾隆三十九年（1774年）马之林卖房契中有"情愿卖与张名下为业，任凭拆毁"。还有不少卖宅舍契中，钱主只是写明"嘉乐堂、荣厚堂、资训堂"等堂号。

钱主的姓名、称谓还有一点不同于业主，就是他的姓名一般只在契约正文中出现，而在契文的最后署名处就没有了，这是因为中国古代社会的契约大多属于单契，也就是说大多契约是由钱主一方，也就是买方单方面收执，

---

[1]《京师高等审判厅判决书》，北京市档案馆藏，档号：J065-001-00365。

所以业主一般也就不再多此一举了。

（三）四至与亲邻：如何确定标的物

标的物就是在契约关系中立契双方所要转让的财产。根据标的物的不同性质、特点，有不同的确定方法。比如土地就要确定四至、亩数等，宅舍就要确定其坐落、间数等。只有这样，转让的财产才明晰清楚，也可以有效避免日后发生冲突。

土地在古代是最为重要的财产之一，因此对于土地情况的确定，特别受到重视。早在西周时候的契约中，就有有关土地亩数的记载，但还是相当粗略。到了汉代，对于土地确定已经比较详细，面积、四至都开始具体化，如汉代建初六年（81年）的一份买地券，详细记载了土地的长宽、面积，"南广九十四步、西长六十八步、北广六十五、东长七十九步，为田廿三亩奇百六十四步"，但是唯独没有提及土地的具体位置，仍显示出一定的不完善性。但对一些小件物品的买卖，也不过进行简单地描述，如"布八匹，裘一领"，等等。

唐宋以后，契约中对于标的物的特征描述就比较详细了。如果是买卖房屋的契约，则会详细描述房产的四至、坐落、间数，以及与亲戚及左邻右舍的权利关系。比如唐代的张骨子买房契。

> 三年丙辰岁十一月□□[1]日兵马使（张骨子为）无屋舍，遂买兵马使宋欺忠上件准尺数屋舍居住。断作舍价物，计斗升六十八硕四斗，内麦粟各半。其上件舍价物，立契日并舍两家各还讫。并无升合欠少，亦无交加。其舍一卖后，任张骨子永世便为主记，居住中间，或有兄弟房从及至姻亲干预，称为主记者，一仰舍主宋欺忠及妻男邻近稳便卖舍充替。[2]

该契约对于所出售的"屋舍"，不仅有详细的价格、交付方式，还明确了房舍权利清楚，没有任何瑕疵，卖主还承担保证责任。至于土地买卖，就更

---

[1] 原文中间缺两字，后文类似情形不再赘述。——编者注
[2] 中国科学院历史研究所资料室编：《敦煌资料》（第一辑），中华书局1961年版，第456页。

为详细,如唐代天复九年(909年)安力子卖地契。

> 阶和渠地一段两畦共五亩,东至唐荣德,西至道及温子,南至唐荣德及道,北至子渠兼及道。又地一段两畦共二亩,东至吴通,西至安力子,南至子渠及道,北至吴通。已上计地四畦共七亩。曰天复九年己巳岁十月七日,洪润乡百姓安力子及男□□等,为缘阙少用度,遂将本户口分地,出卖与同乡百姓令狐进通。断作价值,生绢一疋,长肆仗(丈)。其地及价,当日交相分付讫,无玄(悬)欠。自卖以后,其地永任进通男子孙息侄,世上为主记,中间或有回换户状之次,任进通抽入户内。地内所著差税河作,随地互当。中间若有姻亲兄弟及别人,争论上件地者,一仰口承人男□□兄弟互当。不干买人之事。或有恩赦流行,亦不在论理之限。两共对面平章,准法不许休悔。如先悔者,罚上耕牛一头,充入不悔人。恐人无信,故立私契,用为后凭。[1]

这份卖地契约也比较典型,开头即明确了土地坐落(阶和渠)、面积(共七亩)、四至,后面又约定了土地税赋的转移,并保证卖方的姻亲兄弟等不会对该地有任何异议,显示此时契约对于标的的确定方法已经相当成熟。

四至的写法在唐宋还有一些讲究,有些契约中的四至后面还要加上诸如"四至分明,永泰无穷"等吉利话。明清之后,大多是将四至写在土地坐落或面积之下,也有少数以很醒目的字体和位置写在契约文书中,还有一种是将其以四柱形式列在契文最后,如:

```
              南   水沟分水为界;   西   培菼(tǎn)
四至分明:     至                   至
              北   卖主林,有志石;  东   水沟
```

古代买卖契约,特别是不动产的买卖,还有一个特定的概念——批凿,就是指不动产所附的定着物的处置约定。比如田地里的定着物有树木、庄稼、

---

[1] Tastsuro Yamamoto, On Ikeda, Tun-huang and Turfan documents, concerning social and economic history, Committee for the Studies of the Tun-huang Manuscripts, the Toyo Bunko, 1978, p84.

屋舍及其他永久性建筑物等，房屋的定着物则有树木、水井等，有的还可能有水渠、池塘、道路、花园，等等。定着物是否一起随同出卖，也是在契约中需要约定的重要问题。这种做法，早在汉代时已经开始出现，比如汉代的一件地券中就约定"根生土著毛物，皆属孙成"。唐宋以后，批凿就更加明确和具体，宋代的一件卖地契约，其中约定，"今将前项四至内山地并大小衫苗，一并出卖与休宁县三十乙都张仲文名下"。元代的一件卖地契中则写着"父祖原买祖契，干碍祖坟，难以分析，就上批凿"。批凿的出现，使得买卖契约的标的物更为明确具体，相应的纷争也因此大为减少。

（四）契约的价格和交付

达成契约的关键因素就是价格，双方在价格上达成一致，并在契约中很好地写明，是契约成立、交易完成的关键一步。在两汉及魏晋南北朝早期，契约中的价格一般只写总价，很少有写单价的。如何进行交付行为，往往也会简单说明。如一件汉代买卖契约中，有"裘一领，直（值）钱千百五十，约里长，钱毕已"，既说明了货物的总价值，即千百五十，又写明价款已经当场给付（毕已）。另外一件卖坟地的契约中约定："冢田六亩，亩千五百，并直（值）九千，钱即日毕。"这就是一个标有单价的例子，但这种契约很少。在一件汉代赊卖契约中，是如此约定交割的，"单衣一领，直三百五十三——钱约至十二月尽毕已"。交割在这里只是涉及契约价款的交付，却未说明所卖物品的交付情形，显得仍不够周全。到了唐代，多数的契约已经能够将交割的具体情形写得具体明了。在唐代的"安力子契"中写道，"断作价直生绢一定（同匹），长四丈。其地及价当日交相分付讫，一无玄欠"。宋代的一件契约中则书"其钱当立契日以一并交领足讫，不零少欠文分。其山地内即无新坟旧冢。今从出卖之后，已任买主闻官纳完，迁做风水，收苗，永远为业"。另外一件民国时期的契约中则简洁地书写"钱契当日两交不欠"，虽然文字不多，但是契约的交割行为却是清楚无疑。

唐代，以及唐代之前，民间大多使用的是单契，即前面所说的由一方出具，另一方收执的契约。所以，卖契就是所有权移转的证明，也是契价的收据，卖方也就不再另外给买家任何其他的字据了。宋代以后，在买契之外，业主一般又会另外书写一份契价的收据，付给钱主收执，这被称为"钱领"。

明代改称为"领帖""领钱文帖""领札",等等。如果不再另外出钱领(收据),而仅仅是在契约上批明收款情况的,又称为"批领"。另外,有的是分期付款,业主多次付给收据的,叫作"碎领"。如果订立契约时,契价一次就付清,业主不出钱领,也不再批领时,要在契文中写明"交付足讫"。不同的写法,充分表明交割在宋明之后,已经非常成熟。清代以后,则有了更为周全的做法:立草契。如果是分期付款,都要先立草契,契中载明"当将款交妥,再立真契"。草契的基本内容和真契大致相同。

(五)业主的担保

中国古代,最晚到汉代时,为了确保契约双方目的的实现,民间契约实践中就逐步发展形成了越来越复杂的瑕疵担保责任条款,以保证各方能够顺利完成契约交易,实现契约目的。唐宋之后,契约的担保制度已经渐趋完善,有效地保证了契约各方的权利,对各种风险起到了一定的防范作用。

中国传统契约中的瑕疵担保责任经历了从无到有、由简到繁的逐步发展完善的过程。就现有资料而言,汉代以前,买卖契约中的瑕疵担保责任基本上是没有的,即使到了汉代,附加瑕疵担保条款的契约也非常少见,经常被人提及的,也就有汉长乐里乐奴卖田券。不仅不普遍,而且,早期的瑕疵担保责任条款在内容上也较为简单,一般仅涉及标的物质量的瑕疵,如数额不足、品质不良,等等。如前述汉长乐里乐奴卖田券。

> 置长乐里乐奴田卅五亩,贾钱九百,钱毕已。丈田即不足,计亩数环钱。旁人淳于次孺、王充、郑少卿,沽酒旁二斗,皆饮之。

该契约中的瑕疵担保就是对标的物自身——田的数量不足而作的担保,如果出现数量不足,即"丈田即不足",卖主要承担"计亩数环钱"的责任,就是要按照不足的田亩数承担返还多收价款的责任。这还仅仅是涉及标的物自身数量的问题,也就是只属于物的瑕疵之一方面。

到了唐代,契约中有关瑕疵担保的内容就更加丰富,不仅有标的物的瑕疵担保,还增加了有关标的物的权利瑕疵的担保责任,如唐咸亨四年(673年)康国康乌破延卖驼契。

第七讲 民从私契：中国古代的契约法治文化

> 其驼及练交想（相）付了，若驼有人寒盗认倍（呵道认名）者，一仰本主及保人酬（承）当，杜悉不知。三日不食水草，得还本主。

该条前半部分即是出卖人对于权利瑕疵的保证，即如果出现有人指认该驼为他人的，其后果一概由出卖人及保人承担，与买主没有关系。后半段文字"不食水草"，又是对于出卖之驼品质的保证，说明其没有"病患"之虞。这已经是趋于完备的瑕疵保证条款了。

宋代以后，有关瑕疵担保责任条款又有了新的发展，不仅仅是立约人在民间交易实践中会主动要求加入这一内容，连国家法律也逐渐强制规定在契约中写入担保、保人的内容，否则契约就会因为形式要件不完整而使效力受损，严重的时候立契约人还要被治罪。而且，还规定在契约中不仅要有保人，甚至还规定了如果标的物存在瑕疵，保人应该承担的法律连带责任，从国家法律层面明确了保人与业主（卖方）共同的瑕疵担保责任。这使得买方在标的物瑕疵方面有了国家法效力的权利救济方式，买方的权利得到进一步保障。

中国传统契约的担保大多数由业主单方面作出，具体而言，瑕疵担保责任条款又可分为物的瑕疵担保与权利瑕疵担保两种类型。

其一，物的瑕疵担保责任，是指出卖人对于标的物自身的品质等方面的瑕疵担保责任。中国古代买卖契约的标的物非常广泛，从动产如布、丝、牛、羊、驼，到不动产如土地、房舍，甚至是当时还没有人格权的奴婢，都被作为契约的标的物进行买卖，标的物的多样性与复杂性，使得其品质的优劣、数量的足缺、使用效能的大小有无，对于契约的当事人，尤其是对买方特别重要，因为这直接关系到契约目的的实现。

在唐代立法中，即有对于物的担保方面的规定，《唐律疏议》之杂律就规定，"诸造器用之物及绢布之属，有行滥、短狭而卖者，各杖六十"，[1]并在疏议解释道："不牢谓之行，不真谓之滥。即造横刀及箭镞而用柔铁者，亦为滥。"[2]该条律文即是对于买卖标的物本身质量（是否为真品，是否为柔铁），以及数量尺寸（是否短狭）等作出明确要求，并对违犯者施以刑罚。

---

[1] 刘俊文撰：《唐律疏议笺解》，中华书局1996年版，第1859页。
[2] 刘俊文撰：《唐律疏议笺解》，中华书局1996年版，第1859页。

在实际交易中，物的瑕疵担保也频繁出现在买卖契约当中，显示了民间契约对于标的物品质的高度重视，一定程度上也是对于"国家法"的某种回应。现存敦煌契约文书"唐高昌赵荫子等博牛券""唐咸亨四年（673年）康国康乌破延卖驼契"中均有"几日内不食水草，得（任）还本主"条文，"寅年敦煌令狐宠宠卖牛契"中更明确提出："三日内牛有宿疢（疾），不食水草，一任却还本主。""宿疢"是指牛有暗疾或老病。之所以约定这类条款，实际就是说如果所购买牛或者驼有不易发现之疾病者（不食水草），允许买主反悔，并解除买卖合同。另外的几份契约中也反复提到一个词——"寒盗"，如"牛有寒盗，并仰主保知当，不干买人之事"。对于"寒盗"，一般认为，"寒"是指牛马等动物的寒疾，如果发生这种情况，那么，这也是标的物存在的瑕疵。而作为买卖契约关系的一方——卖方的主要责任就是交付符合要求的标的物，如果标的物存在瑕疵，势必可能造成订立契约所进行交易的目的无法实现，故而无论是在国家律法中，还是在民间契约中，都反复强调出卖人对于所卖标的物的瑕疵担保责任。

其二，权利瑕疵担保，是指出卖人对于标的物的所有权等权利的瑕疵担保责任。一般认为，权利瑕疵担保就是"出卖人就其所转移的标的物担保不受他人追夺以及不存在未告知权利负担的责任"，此种担保主要是为了防止出卖人将没有所有权或所有权有瑕疵的标的物进行交易，从而危害买受人的权利行使。

唐代买卖契约中的权利瑕疵担保主要是通过在契约中约定有关权利的担保或保证条款来实现的。如唐开元二十一年（733年）西州康思礼卖马契中约定，"其马及练即日各交相分付了，如后有人寒盗识认者，一仰主、保知当，不关买人之事"。该条款的权利担保就比较典型，因上述交易涉及主物"马"及从物"练"，所以，权利瑕疵担保也不仅仅是对于主物，也及于从物。此外，担保主体也不仅仅是买主自身，从"一仰主、保知当"可知，连保人也要承担担保之责任，如此缜密安排，买受人的权利保障应该是比较可靠的了。

在一件元代的郑满三郎契约中，有"其田山未卖之前，与家外人即无公私交易。如有一切不明，并是卖主自行理直，不涉买主之事"的约定。明代的汪思和契约中也写有"如有四至来历及重复交易,一切不明等事,并是出卖人自行抵当,不及买人之事"。而清代的一件卖房契约则约定"自卖之后,亲族人等争竞,由房主、保人一面承管"。这些也都是比较明显的关于权利瑕疵担保的例子。

(六)订约的程序

中国古人对于订立契约是很讲究的,一件正式契约的订立要经过一系列的固定程序,邀请一定数量的特定的人在场,以某种近乎神化的方式见证,这样才可以完成一件契约,也表示出他们乐意接受契约约束的意愿,契约也才算是得到公认,并有效成立。

标准的立约程序要求双方在正式草拟契约之前,要先达成口头协议,有的还要先立预买契约。宋代,对一些比较重要的商品,如建筑材料、粮食及一些北方比较罕见的荔枝、牡丹等的购买,还要订立预买契约。这类预卖,既订立契约,也接受定金,但卖方要承担为买方养护或依契约管理好商品的义务。如果最后买方毁约,则不得收回定金;如果卖方毁约,则要退还定金。

宋元以后,在房屋、土地等不动产契约制度中,还出现了所谓的"亲邻之法"。亲邻之法其实说的就是亲戚、邻人,还有典主等人的"先买权"。它的内容就是,在进行不动产买卖、签订契约之前,首先要征求亲邻、典主的意见,同样的价格下,他们享有优先购买的权利。具体的优先顺序是这样的:首先当然是亲属,这是为了确保财产只在亲属中间流转,亲属还区分亲疏关系,按照先亲后疏的顺序,确定他们的先买权;其次才是邻人,这是出于为连接、扩建以及经营上的方便;最后是典主,就是出卖的土地如果刚好在出典期间,那么典主也享有优先权,他的优先权在亲邻之后。这是北宋和元代的规定。南宋时期,法规曾一度不区分亲邻,认为"亲"和"邻"二者必须一体,也就是说享有优先权的必须既是亲属又是邻人,这样才可以适用。[1]

遍问亲邻(如果是不动产)之后,才到了订立契约重要的一环,就是在见证人的参与下,书写契约。契约写好后,要当着众人的面大声地朗读契约内容,以便所有在场的人都了解契约的内容是什么。除了这个原因,大声朗

---

[1] 参见郭建:《中国财产法史稿》,中国政法大学出版社2005年版,第27页。

读契约，还可能出于血盟的古老方式。据说，中国的契约起源于公元前6—7世纪的血盟，这种通常是对等的诸侯国之间订立的盟约，只有在履行某种仪式后才会有约束力，他们通常会举行献祭仪式，仪式之后，还要召集各路神灵，当众宣读盟誓。参盟者会要求不同的神灵前来见证盟约，如河神、山神乃至太阳神，等等。用来献祭的贡品和一份盟约的副本要埋入地下，另一份副本则存入特别订立的盟柜中。

契约书写毕，并且宣读之后，就要进行更为重要的程序——价款的交付。契约通常会写明是立即付款，还是在当天或以后付款。一般认为只有在付款后，契约才具有约束力。

订约的最后，契约双方，以及见证订约的见人、中人，还有保人等，会举行一个象征性的仪式——饮酒。这种方式在汉代时就比较常见，汉代长乐里的一份卖田契约在写完土地、价款之后，记述道，"旁人淳于次孺，王充，郑少卿，古酒旁二斗，皆饮之"，大家一起参加饮酒的仪式，使得契约更加蒙上了一层神秘的盟誓的色彩，而这种盟誓又使得契约对订约当事人产生了道德约束力和宗教约束力。当然，订约饮酒的习惯也只是部分地方或个别时期所使用的，并不全是如此。

宋元以后的民间契约中，还出现了画字礼的习俗。所谓画字礼，就是要给在契约上画押签字的中见人或亲邻一定数额的礼金，作为一种酬谢。习惯上，画字礼由契约中的买方出，因为画字的一方一般是与卖方具有一定关系的人。比如清代漳州府瑞金县的惯例是，如果儿子出名退田，母亲在场画押，就可以要个画字礼。至于具体的数额，却没有一定的标准，往往是由双方协商确定的。画字礼作为对中见人劳务的酬谢不难理解，而对亲邻的酬谢，一种情况，实际上是对亲邻放弃"先买权"的酬谢；另一种情况，就是上述的例子中反映的，是对卖方的家长确认交易的酬谢。

上述这一些程序还只是民间在私下里订约中可能经历的，宋代以后，契约要得到国家认可，还必须经历印押、纳税的程序。印押就是拿着双方拟定好的契约，到县衙的专门登记机关去挂号、登记，详细报告契约交易的具体内容，包括交易人、交易内容、价款等，登记完毕后，再由地方官府在契约上盖上印章，同时立契约人也按照比例缴纳一定的契约税，契约才算获得了正式的效力，交易也才正式为国家所认可。若隐匿不报，"许诸人首告是实，买主、卖主俱各断罪，价钱田地一半没官，没官物内一半付告人充赏"。[1]可见，立契逃税的处罚很重。

三、手模脚印：签字画押的由来

人们以某个手指或手掌在文书上"画押"，是古装影视剧中常见的情景，这的确是中国古代社会常用的，对身份或者文书内容进行确认的方法。对于契约而言，画押同样关键。在古代，作为一份有效成立的契约，签字固然重要，但在识字率不高的古代，"画押"的意义却更为重要。书写契约条款甚至署名等都可以由别人代劳，唯独画押必须由本人来完成，因为这代表了立约人对契约的最终确认。签字画押，重点还是画押，因为契约只有经过双方画押，才标志着最终的生效。画押最早见于汉代，又可分为画指和押字两项。

（一）从画指到手印

画指最早又称为画指模，就是在契约上自己的名字下面或名字旁用红色的印泥按上整个手指的印记，用指节的长短，作为确认的标记。这样的契约也被称为"下手书"。魏晋之后的契约中多有"画指为信"的套话，说的就是这个意思。唐代把带有画指的契约称为"画指券"。画指的方式也很讲究，一般要求男左女右，指节以取食指、中指为多，经常会画两节或三节，有的契约中在画指的地方还专门标注是"左手中指节"，还是"右手中指节"。由于中国传统以来男左女右的习惯，这样的画指加标注的方式也使得后人很容易区别画指人的性别。画指的具体方式有两种：一是只是画指，不在上面写字；二是在画指的位置直接标注何指或者名字，等等。也有在画指上直接标注画指人的年龄的，样式非常多，这也跟立约人所处的地域有关。上面所说的这些画指的契约习惯，甚至影响到日本、越南和朝鲜等国家，一直到20世纪还在使用。画指除是对契约的确认外，还有不少其他作用：由于其短长、疏密都有不同，因此，不仅可以用来区分性别，还可以用来判断立约人的年龄大小。这也为后续裁断契约中可能发生的纠纷打下了基础。

---

[1] 陈高华等点校：《元典章》，中华书局、天津古籍出版社2011年版，第702页。

画指到了宋代以后又有了新的发展，逐渐形成四种主要的形式：一是指模，就是传统的画指节。二是指印，就是将左手或右手的拇指或食指的纹理印在契约上，这种方式一直流行到今天。三是手印，即将整个手掌，或双手的纹理都印在契约上。四是手模脚印，就是把契约文书写在长达一丈的白布上，债务人将双手双脚的纹理同时印在契约的上下两端。后两种形式多见于古代的人口买卖契约和离婚的休书上面，今天已经不多见。

（二）从押字到签章

东汉的时候，官府中已经开始出现押字的现象，当时主要是政府官员们对公文、告状等材料的一种批示。比如当时任汝南太守的宗资，经常不问政事，所有的衙门事项都交付功曹[1]范滂处理，他只不过在处理好的文书上写上一个"诺"字，表示看过了，都同意。以致当时流行民谣讽刺宗资太守，"汝南太守范孟博，南阳宗资主画诺"，生动描绘了一副懒官的形象。北齐以后，在公务文牍上，改为押"依"字，也说是押"花"字，也都是同意的意思。这种画"依"字的习惯，一直延续到南宋时期。清代以至民国时期，各代官场批示公文，凡是同意者，多写上"行"。现在看到四川南部等地的地方档案中，还有不少书有地方官员押的"行"字，书写得修长飘逸，很有气度。清代的皇帝批示则稍有不同，除个别如雍正等比较勤奋的皇帝，以及一些涉及军国大事的重要奏章外，很多时候，皇帝只是在奏章的末尾用红笔批上"览奏""俱鉴"，甚至是"知道了"几个字，表示了解或同意。

南北朝以后，在一些文化水平较高的名人雅士间，又开始流行起一种另类的签名方式——花押。花押就是以草书的方式书写自己的名字，唐代时，臣子在奏议国政时，奏章正文内容有时候还允许使用草书，但文牍上的署名却必须是工工整整的楷书。文人墨客私下里的书信往来，就比较随意，经常草书其名，这就是花押，也叫作"花书"。唐代著名的人物韦陟就擅长花押，他所书写的"陟"字，看上去就像五朵云彩，非常漂亮，当时的人们都很崇尚，将其命名为"郇公五云体"。北宋政治家王安石也擅长书法，他在署名时，常常把"石"字写得近乎"反"字或"歹"字，也被传为儒林韵事。元

---

[1] 当时辅佐官员的胥吏，具体又分为吏、户、礼、兵、刑、工六曹。

明以后，在官僚士大夫和一般文人中也特别流行花押，[1]人们总是想尽办法，创造各种花样翻新的署名方式。当然，作出这类花押的大多是文人、名士，而且也限于在私人作品中使用，但是，直到魏晋南北朝时期，还很少发现在契约上直接押字的。但这种署名书写方式，或多或少地也影响了契约中的署名方法。

大约到了唐代，开始出现在契约上押字的习惯。个别稍有文化、热衷书法的人，平时也喜欢在契约上用草书书写自己的名字，就是花押，但比例很小。大部分老百姓是没有时间，也没有精力去"鼓捣"这些花样的。唐宋时期，百姓们在买卖田产或房宅等财产时，大多习惯于在契约文书上所写的名字之后，再画上押字。但是，当时民间契约上的押字花样繁多，也没有一定的规范，而且许多老百姓并不识字，常常在自己的姓名下面画上"十"或"〇""七"等简单的符号。到了明清时期，大多是画"十"字，所以今天的人们大多以为画押就是画"十"字。由于早期画押不太规范，所以也很容易引发纠纷，为了避免纠纷，宋代一度要求民间契约，契约、名字等可以有人代书，但是画押必须自己亲自完成，认为"画押，最关厉害，岂容他人代书也哉"。

在清代，契约上的签名就更为讲究，在买卖契约中一般由卖方签名，但如果是法律规定的家庭内财产，则必须由父母行使财产处分权，如果父母同在，就由父亲签名。父亡母在时就由母子同时签名。在兄弟叔侄同居共财的情况下，出卖田宅，要由兄弟或叔侄共同在契约上签名。如雍正年间的一件契约就是叔侄共同署名："立卖契王阿郑（押），同侄王鼎旭（押）"。如果卖方有亲族或邻里作为中见人或代书人的，也要在契约上签名。不难看出，清代的契约签名规范已经非常完备了。

在古代，尤其是唐宋之前，很少能看到在契约上用私人印的。这大概是因为，那个时候签章可不是谁想有就可以有的，没有一定的级别或身份，是不许有签章的。秦统一六国后，规定皇帝的印独称"玺"，臣民等具有一定身份地位的人才有签章，也只能称为"印"。汉代也有诸侯王、王太后称为

---

[1] 参见张传玺：《契约史买地券研究》，中华书局2008年版，第78页。

"玺"的。唐武则天时因觉得"玺"与"死"近音（也有说法是与"息"同音），遂改称为"宝"。唐至清沿旧制而"玺""宝"并用。也就是说，只有皇帝、大臣等具有特殊身份地位的人才有印章，而古代参与契约的人，三教九流都有，甚至还有奴婢等，他们完全是不可能，也没有能力做自己的印章。

现在，随着人们文化程度的普遍提高，绝大多数情况下，在契约上亲自署名是没有问题的，而且还有些有个性的人创造了花样繁多的花式署名，有些极端的花式署名，极为抽象，虽然几乎没有人认识，但有时还确实很美观。不仅署名，现代社会还广泛出现了私人的签章，而且一般认为在契约中签章具有与署名同样的效力，这也不能不说是一个巨大的进步。

四、毁约的严重后果：从违约罚到"抄家"

在古代，不信守契约可不是小事，从民间到官府，都有很多对付违约的办法，轻则是金钱粮谷的处罚，重则是棍棒刑罚监牢伺候，总之是"后果很严重"。当然，民间最常用的手段还是"违约罚金"。

（一）违约必受罚

古人在订立契约时候，一般也会同时明确约定发生违约，或者悔约的处理方式。唐代的买卖契约中经常可以看到"如先悔者，罚麦三硕"的字样，意思就是，如果谁先悔约了，就要给对方三硕的麦作为"违约金"。敦煌契约中有一件标明年份是"未年"的僧人明相卖牛的契约中就有这样的约定：如果订约后有人先反悔，罚麦三石，交给没有反悔的人。这"罚麦"，很明显就是一种违约罚金。

当然，"违约罚金"的最终流向也不只是去守约的一方那里，有时候，国家律法还专门规定，处罚违约的"违约金"：粮谷也好，丝绢也好，统统要交给国家。清代，在交易习惯上，如果对契约反悔，一般就是要将价金的二分之一，交给官府，作为对违约方的惩罚。

有些情况下，毁约的罚金是很重的，比如唐代丙辰年张骨子买宅舍契中约定，（房舍）一买以后，买卖双方就不许再反悔，如果谁先反悔了，那么就要罚黄金三两，交给官府。双方在契约的最后签字画押。该房舍的价格不过"计斗升六十八硕四斗，内麦粟各半"，而毁约的罚金就达到黄金三两，虽然古代金银及粮食的比价是经常变化的，但如果大致作个粗略的分析，也可以发现罚金还是很高的：按照一般比价，或者取平均数字，通常情况下一两黄金约等于十两白银，而一两白银约等于一石米，所以罚金"黄金三两"大约相当于三十石米，几乎是整个房舍价格的一半。所以，这样高的违约罚金，对于立约人而言，还是有相当大的威慑力的。

（二）不还钱，就抄家

如果真的碰上不讲道理、赖账不还的债务人，借贷的一方还有一招，那就是强行拿走他的家产，这种方式在古代就叫作"掣夺财产"。这一方法在唐代甚至被认为是合法的程序，《唐律疏议》中明确规定如果因为债务人破产而导致债权人可能的损失时，债权人有权掣夺财物。掣夺财物的范围很广，包括"家资财物"，也就是说全部家具、衣物、用具和工具，等等，通常牛畜等大牲口也包括在内。不过，根据现存的资料，唐代时敦煌地区可以掣夺的财产还不包括不动产，但吐鲁番地区的掣夺就包括了土地、房屋等不动产。665年高昌王国时期的一件契约案件中，不仅仅掣夺了债务人的"家资杂物"，而且还包括了"口分田桃"，等等。从此以后，类似的掣夺"口分田萄园"约定经常在契约中出现。掣夺财产，特别是剥夺他人的土地，与其说是对于不能偿还债务的清偿，不如说也是对于债务人的一种惩罚。

有关掣夺的例子很多。唐代时，有一个名叫高加盈的自由农民，在一年前欠了僧人愿济两硕麦子、一硕粟，作为补偿，他愿意将宋渠下界的五亩地交给愿济租种两年，土地税还由他负责缴纳。他们还约定，如果有人声称是地主，高加盈就必须寻觅另外一块与此相当的地代替给愿济。这实际上也是变相"掣夺"财产的一种，通过对土地使用权的暂时放弃，来清偿债务。而且，在契约中也约定了将土地"充做物价"，就是所欠的三硕粮食。本质上，这与契约无法履行而进行掣夺是完全相同的，或者说这不过是掣夺的一种实际形式。

契约中关于掣夺的语言也有一些特色，有时候会使用不容置辩的程式化语句来表达，比如让债务人作债权人的主人，"将此契为令六，掣夺——"。如此程式化的语言，也说明了当时的老百姓也明白，掣夺是合法的，国家的律令有规定。

> 诸负债不告官司，而强牵财物，过本契者，坐赃论。（疏议曰）：谓公私债负，违契不偿，应牵掣者，皆告官司听断。若不告官司而强牵掣财物，若奴婢、畜产，过本契者，坐赃论。若监临官共所部交关，强牵掣过本契者，计所剩之物，准予所部强市有剩利之法。[1]

所以，唐代时期官府其实并不严格地反对掣夺财物，律令禁止的，一是不告诉官府，擅自牵掣财物；二是牵掣财物超过本契中的债务。如果债权人的掣夺超过了债务人的债务总额，就要按照赃罪进行处罚了。正因为此，当时百姓作出上述的约定，其实也是遵循了国家法律的规定，是有根据的。

掣夺不许超过债务总额，但是，这个总额是否包括借贷金额利息的增长部分和因无法按时偿还而应该得到的赔偿呢？关于这一点，《唐律疏议》没有明确说明，只是说不超过"本契"。在留存的一些唐宋契约中，这一点也不是很明确，比如约定掣夺是应该"用充麦直"。严格地说，这里的契约的本值就是指所借物品的价值而不包括额外的负担。但在民间契约实践中，掣夺事实上经常包括因未偿还而带来的实际损失的补偿，也就是可能包含了部分利息和罚金的因素。

（三）不仅仅是抄家

如果说掣夺财产是由于国家法律的支持，还稍微可以理解，那么下面的几种对违约人的处罚就很难想了。首先是债务奴役，也就是说，如果通过掣夺财产仍无法还清所欠的债务，债权人有权要求债务人自己或者其子为他干活，以偿还债务。这种方式实际上是对债务人身体自由的剥夺，债务人变相沦为受人奴役的奴隶。如果债务人自己逃跑了，那么，有些契约约定，要求债务人的其他家庭成员必须继续偿还，因为自古以来的规矩就是"父债子还，夫债妻还"。所以，往往一个不负责任的一家之主，会因为躲避债务而导致妻子儿女受到牵连，甚至还被迫遭受奴役。如果契约涉及官府，又不能按时履行的，违约的人还有可能被投进大牢，当作犯罪处理。如唐代，"杂律中规定了不偿还到期债务的罪"，[2]将之列为不作为犯。有时候，由于数额不大

---

[1] 刘俊文撰：《唐律疏议笺解》，中华书局1996年版，第1807页。
[2] 刘俊文主编：《日本学者研究中国史论著选译》（第八卷　法律制度），姚荣涛、徐世虹译，中华书局1992年版，第134页。

的债务，契约中的违约者可能要承受数年的牢狱之灾，因此而妻离子散的人间悲剧也不在少数。

清代，国家律法明确禁止了"役身折酬"这种债务奴役行为，但是在实际生活中契约双方往往通过各种方式，"自愿"以工抵债的现象仍十分普遍。乾隆年间，竟然有人以雇工抵债达六十年之久。也有的因未能及时清偿债务，牵连家属"准折为奴"，这些虽然在律法中是禁止的，但屡屡发生的事实却让人不免怀疑，这是否也是官府所默认许可的呢？

思考题

1. 如何理解中国古代的契约精神？
2. 论述契约在民间财产秩序中的作用。

阅读书目

1. 赵晓耕主编：《身份与契约：中国传统民事法律形态》，中国人民大学出版社2012年版。
2. 冯学伟：《明清契约的结构、功能及意义》，法律出版社2015年版。
3. 王斐弘：《敦煌契约文书研究》，商务印书馆2021年版。

第八讲 乡法自治

中华法治文化的民间经验

法律通过规范人们的行为，在社会治理中发挥核心作用。但在古代中国，"皇权不下县"，国家官方的法律治理较少进入基层社会，广大的乡村地区，更多是士绅、乡约、家族长通过乡规民约予以治理，其中蕴含着简约治理、乡法自治的经验。

一、唐宋"乡法"与地方社会

中华传世法典《唐律疏议》《宋刑统》中，多次出现"乡法"一词。"乡法"，以及与其密切相关的"乡原（元）""乡例"等语词，在西域文献中也多次出现，这使得"乡法"的存在，在立法与法律实践、社会经济实践中得以互相印证。遗憾的是，目前学界对"乡法"的专门研究不多，从法学的角度专论"乡法"的著述更是鲜见。孟宪实以吐鲁番文书为材料，对古代西域国法与"乡法"的关系作了专论。[1]罗彤华在研究唐代借贷时，也讨论了"乡法"的内涵。[2]高明士在一篇涉及古代国法家礼的序言中，也曾谈及唐代的"乡法"。[3]梁治平研究了类似的"乡例""土例"、俗例，但却是将其放在习惯法、民间法的理论背景下进行论述的。[4]同样，仁井田陞的研究，亦将其视为习惯。[5]相关研究尽管已经展现了中国古代"乡法"的不同内涵，但却未能将其作为一个相对独立的法律体系进行正面研究，且对其渊源、性质的认识也存在一些讹误，有待继续拓展和深化。

---

［1］孟宪实："国法与乡法——以吐鲁番、敦煌文书为中心"，载《新疆师范大学学报（哲学社会科学版）》2006年第1期。

［2］参见罗彤华：《唐代民间借贷之研究》，北京大学出版社2009年版，第246~247页。

［3］高明士编：《东亚传统家礼、教育与国法（二）：家内秩序与国法》，华东师范大学出版社2008年版，第2页。

［4］参见梁治平：《清代习惯法：社会与国家》，中国政法大学出版社1996年版，第38页。

［5］参见［日］仁井田陞：《中国法制史研究·法与习惯》（第四卷），东京大学东洋文化研究所1964年版。

(一)"乡法"的源流

在唐代以前的典籍中,"乡法"一词十分罕见。《周礼》"地官"中有:"闾胥各掌其闾之征令。"《周礼正义》注云:"'令者,令其闾内之闾胥里宰之属'者,谓令其当闾之吏也。此官掌国中城郭廛里,盖亦以五家为联。但置设官吏,依乡法,或依遂法,经无明文,故郑兼举闾胥里宰以晐之。"〔1〕此谓择选乡里闾内官吏之法。《礼记正义》中,孔颖达解释天子、诸侯兵赋时,疏曰:"诸侯城方十里,出赋之时,虽革车一乘,甲士三人,步卒七十二人,其临敌对战之时,则同乡法'五人为伍,五伍为两'之属也。故左传云:邲之战,楚'广有一卒,卒偏之两',又云'两之一卒适矣',是临军对阵同乡法也。"〔2〕在这里,"乡法"则指临军对战时,排兵布阵、甲士配比之法,其意大略与天子之"王法"或"军法"相对。上述二者的共同点在于,它们都是区别于正式的"王法"或"国法"而存在的,因而也具有一定的灵活性与变通性。

"乡法"一词真正大量出现,是在唐及之后。比较典型的是《唐律疏议》中共出现三次。在"给授田课农桑违法"条中,疏议引《田令》规定:"每亩课植桑五十根以上,榆、枣各十根以上。土地不宜者,任依乡法。"〔3〕在"失火及非时烧田野"条中,疏议曰:"非时,谓二月一日以后、十月三十日以前。若乡土异宜者,依乡法。"〔4〕《唐令》中也多次援引"乡法",在"田令"中,"诸给口分田者,易田则倍给,宽乡三易以上者,仍依乡法易给"。〔5〕此外,还规定"诸户内课植桑五十根以上,榆枣各十根以上。土地不依者,任依乡法"。《唐律》"疏议"之引当源于此。在《通典》中,关于"易田"的规定稍有不同,《食货》"田制"中规定:"宽乡三易以上者,仍依乡法易给。"《旧唐书》亦有其例:"柳州土俗,以男女质钱,过期则没入钱主,宗

---

〔1〕(清)孙诒让撰:《周礼正义》卷七十,王文锦、陈玉霞点校,中华书局1987年版,第2922页。

〔2〕(汉)郑玄注、(唐)孔颖达、正义、吕友仁整理:《礼记正义·坊记》,上海古籍出版社2008年版,第1957页。

〔3〕(唐)长孙无忌等撰:《唐律疏议·户婚律》,刘俊文点校,中华书局1983年版,第249页。

〔4〕(唐)长孙无忌等撰:《唐律疏议·杂律》,刘俊文点校,中华书局1983年版,第509页。

〔5〕天一阁博物馆、中国社会科学院历史研究所天圣令整理课题组校证:《天一阁藏明钞本天圣令校证 附唐令复原研究》,中华书局2006年版,第386页。

元革其乡法。其已没者,仍出私钱赎之,归其父母。"[1]故罗彤华认为,乡法在唐人观念中非常普遍,律令中的"乡法",或许就撷取自地方上的"乡原""乡原例"等概念,这些地方习惯,即是所谓"乡法"。[2]高明士同样认为,《唐律》中提及的几处"乡法",就是当地的习惯,它接近于法理,在司法审判中起到补充正式法理的作用。[3]此外,由于唐宋律令的传承因袭关系,《宋刑统》中,"乡法"亦多次出现。

因为"法"[4]在中国古代含义相对固定,故"乡法"的含义,可以根据"乡"之不同语义,从以下两个方面予以解读。

第一,将"乡法"之"乡"解释为"向"。清代段玉裁认为,"乡"者今之"向"字,所乡谓向也,以同音为训也。[5]清代徐鼒对一个类似的词"乡原"的解释,亦颇具启发性,"乡原",何晏《集解》引周生曰:"所至之乡,辄原其人情,而为己意以待之。一曰:乡,向也。古字同。谓人不能刚毅而见人辄原其趣向容媚而合之。"朱注曰:"乡者鄙俗之意。原与愿同。《荀子》'原悫'注:'读作愿'是也。盖其同流合污以媚于世,故在乡人之中,独以愿称。"[6]这种从字音的解读具有一定道理,罗彤华也有类似的看法,认为"乡"即"响"或"向",乃从来、过去之意,由此发展出来的地方习惯,即是"乡法"。[7]与之相关的概念"乡原",或"乡例",亦可以从语音学的角度得以解释,"今河西一些地方仍说地方惯例时即称'乡原旧例'",[8]实际上不只是河西一些地方,在今天的陕北等地,仍有此类用法,可见其为一个很普

---

[1] 《旧唐书·柳宗元传》。
[2] 参见罗彤华:《唐代民间借贷之研究》,北京大学出版社2009年版,第246页。
[3] 参见高明士编:《东亚传统家礼、教育与国法(二):家内秩序与国法》,华东师范大学出版社2008年版,第2页。
[4] 不同于"刑","法"在狭义上,是指人们在日常生活中把预期的社会中的行为规则进行"成文化或操作化",参见[日]寺田浩明:"清代土地法秩序'惯例'的结构",王莉莉译,载刘俊文主编:《日本中青年学者论中国史》(宋元明清卷),上海古籍出版社1995年版,第672页。
[5] (汉)许慎撰,(清)段玉裁:《说文解字注》六篇下,上海古籍出版社1981年版,第302页。
[6] (清)徐鼒:《读书杂释》卷十,参见《续修四库全书》编纂委员会:《续修四库全书·子部·杂家类》,上海古籍出版社2011年版,第540页。
[7] 罗彤华:《唐代民间借贷之研究》,北京大学出版社2009年版,第247页。
[8] 黄大祥:"敦煌社会经济文献词语例释",载《西华大学学报(哲学社会科学版)》2009年第5期。

遍的用法。从字义来看，乡是指乡间、乡里，法当然是指具有一定强制力的规范。由于"乡法"屡次进入正式律典，显然并非一个不正式的用词，故单纯从语音的角度解释尚有不足，应从字义入手再作解读，并借以探求源流。

由"乡"的这一语义，可得"乡法"的第一个来源，实际上是乡里民众的生产生活实践，及其内含的"实用理性"[1]，也即"风俗"，或者是习惯。前述韩延寿问以"谣俗"，正是这类民间的习俗。当然，民间的习俗有良劣善恶之分，其在进入"乡法"的过程中，经过了被选择、鉴别的过程。这类来自乡里生活本身的习俗，使得由此形成的乡法接到地气，具有了生命力。在唐宋律令中提及的"乡法"，以及西域契约文书中多次提及的"乡法"，大多是指作为"习俗"、惯例的"乡法"。

第二，将"乡法"之"乡"理解为"乡里之制"。尽管"乡法"之"乡"仅具有抽象性意义，但从源流上考察，其与中国古代乡制不无关系，而"乡里"之制又是中国历史悠久的制度。乡里之制可以追溯到西周时代的"五乡"，"挟日而敛之，乃施教法于邦国都鄙，使之各以教其所治民，令五家为比，使之相保；五比为闾，使之相受；四闾为族，使之相葬；五族为党，使之相救；五党为州，使之相赒；五州为乡，使之相宾"。[2]此一时期，"乡"属于国之下一级组织，且位高于州。此时，虽然还未明确"乡法"这一法律称谓，但一系列具有实质意义的"乡法"多次被提及，《周礼》中，以乡三物教万民，以乡八刑纠万民，"以五礼防万民之伪而教之中，以六乐防万民之情而教之和"，应该说这已经是体系完备的"乡法"，只是此时的"乡法"具有官方性，具有礼教性，并且其"立法"层级一般较高。

到了春秋时期，"乡"之内涵又发生变化，其地位逐渐移到县之下，形成县下基层行政组织的基本形式。[3]"乡"的这一转变，延续至战国，其作为地方基层行政单位，建立在基层聚落的基础上，形成以县统乡、以乡统里的

---

[1] 李泽厚用"实用理性"指"一种肯定现实生活的世界观"，在本节中，则借以说明乡民在选择适用的规则时，出于现实的生活需要，在实际利益的衡量中，表达出的倾向与态度，作出的选择。参见李泽厚：《实用理性与乐感文化》，三联书店2005年版，第29页。

[2] （汉）郑玄注、（唐）贾公彦疏：《周礼注疏·地官司徒第二》，上海古籍出版社2010年版，第367页。

[3] 赵秀玲：《中国乡里制度》，社会科学文献出版社1998年版，第4页。

局面。[1]由此，乡作为县之下一级基层行政组织单位得以确立，一直发展至秦汉隋唐。秦汉以来，乡开始作为基层一级行政单位，并非只具有行政虚拟的意义，而是初步建立了"乡制"。汉代，乡即开始设置"乡官"，即乡里民官率民参政者也，乡官由政府擢任，然其性质与属吏截然不同。乡官虽无一定职事，且有位无禄，但代表民意，领衔呈诉，在沟通上下中发挥了积极的作用。[2]乡官又有乡师与乡大夫之分，《周礼》载，"乡师之职，各掌其所治乡之教，而听其治"，"乡大夫之职，各掌其乡之政教禁令"。法律的形成与生效，需要有一定的权威存在作为前提，而乡官在乡里之内作为一定权威的存在，为乡法的形成奠定了基础。从实践看，乡官在乡法的形成过程中具有重要的辅助作用。汉时颍川乡法之变，就是典型事例。赵广汉为太守时，"患其俗多朋党，故构会吏民，令相告讦，一切以为聪明，颍川由是以为俗，民多怨仇"。到韩延寿为太守时，为了改变这种状况，"欲更改之，教以礼让，恐百姓不从，乃历召郡中长老为乡里所信向者数十人，设酒具食，亲与相对，接以礼意，人人问以谣俗，民所疾苦，为陈和睦亲爱，消除怨咎之路。长老皆以为便，可施行，因与议定嫁娶、丧祭仪品，略依古礼，不得过法"。[3]由此可见，乡法的制定，地方行政官员似乎起到了主导的作用，作为乡官的长老等，只是起到积极的辅助作用。实际上，乡法的实质内容，即"谣俗"，正是来自乡里长老等的口耳相传，及身体力行，故在乡法的形成中，乡里长老才起到实质性的作用。

在这一语义之下，"乡法"的形成，具有一个从礼到法的过程。《仪礼》中的"乡饮酒礼"记载诸侯的乡大夫主持的饮酒礼，据信来源于早期氏族社会的会食制度。[4]"乡饮酒礼"之设，是为了选贤贡举，"立一六命卿为乡大夫，乡内之民有贤行者，则行乡饮酒之礼，宾客之，举贡也，故云使之相宾"。[5]

---

[1] 王爱清：《秦汉乡里控制研究》，山东大学出版社2010年版，第26页。
[2] 参见严耕望撰：《中国地方行政制度史：秦汉地方行政制度》，上海古籍出版社2007年版，第245页。
[3] 《汉书·韩延寿传》。
[4] 杨天宇：《仪礼译注》，上海古籍出版社2016年版，第3页。
[5] （汉）郑玄注、（唐）贾公彦疏：《周礼注疏·地官司徒第二》，上海古籍出版社2010年版，第367页。

这一选贤贡举的做法，逐渐形成一种乡里的惯例，并遵循特定的礼仪。汉代时，不少具有乡法性质的规范，也多接近于"礼"。如卫飒初到桂阳时，认为当地"颇染其俗，不知礼则。飒下车，修庠序之教，设婚姻之礼。期年间，邦俗从化"。[1]秦彭任山阳太守，"崇好儒雅，敦明庠序。每春秋飨射，辄修升降揖让之仪。乃为人设四诫，以定六亲长幼之礼"。[2]这些事例，表现了乡法形成的第一个来源，即一种自上而下的，来自行政官员礼仪教化的结果，这也使得乡法侵染了儒家伦理的色彩。而在某种意义上，中国古代的"礼"本身即有法的含义，"无论是圣人制礼，还是礼俗、礼仪意义上的'礼'，在传统社会都是一种被广为接受的具有一定约束力的行为规范，其中很大一部分应属于我们今天所说的法律的范畴"。[3]因此，早期的"乡礼"与"乡法"亦存在融合互通之处。

这种具有儒家"礼"性质的乡法，很多时候成为特定基层组织的治理规范。与前一类"乡法"不同的是，这类规范、惯例，不再是个体化的、私人化的，而是作为乡里、社邑共同体的组织、治理规范而存在。作为这类规范的指导性原则，就不再仅仅是地方日常的生活逻辑，而更多地受到儒家"礼"的影响。例如俄藏敦煌文书"索望社社条"就有如下约定。

  1 谨立索望社案一道。盖闻人
  2 须知宗约，宗亲以为本，四
  3 海一流之水，出于昆仑之峰，
  4 万木初是一根，分修垂枝
  5 引叶。今有仓之索望骨
  6 肉，敦煌极传英豪，索静
  7 为一脉，渐渐异息为房，见
  8 此逐物意移，绝无尊卑之
  9 礼，长幼各不忍见，恐辱先

---

[1]《后汉书·卫飒传》。
[2]《后汉书·秦彭传》。
[3] 吴正茂："再论法律儒家化——对瞿同祖'法律儒家化'之不同理解"，载《中外法学》2011年第3期。

10 代名家。所有不律之辞，已信
11 后犯。一自立条后，或若社
12 户家长身亡，每家祭盘一〔1〕

在另外一件文书"投社状"中，则有如下约定。

（前略）
11 向化之心；家顺第恭，实抱陈
12 重之泰。忠父慈亲，不妄高
13 柴之幸；六亲痛热〔2〕

由这两份文书，对作为一种乡法的社邑规约之性质或依据，可以作出很好的解读。在"索望社社条"中，从对尊卑长幼之礼的"恐辱"态度中，不难窥见社条的基本精神，而"投社状"更进一步阐明了这一精神原则，"忠父慈亲"，儒家忠孝仁义的底色，已经十分鲜明。

在清代的我国台湾地区，作为"乡法"的村规、公约亦随处可见。戴炎辉在研究清代我国台湾地区的乡治时，曾以雍正三年（1725年）澎湖八罩澳花宅乡之公约为例来说明"乡法"规范下的乡治，"其内容有：特定土地开垦的禁止，刈草、谷物、蔬菜、家畜、牛缧、牛粪、柴草等窃取的禁止，赌博的禁止，牛羊践损园地、五谷的禁止等；视其轻重，定其罚银，尤其对赌博者予以鞭责，或在公众面前加以侮辱。这些罚银，全部充作社庙的关圣帝君庙之'香油之资'"。〔3〕这些涉及经济社会诸多方面的规约，都直接关系着乡村的治理。

综述各种文献中具有规范意义"乡法"的用法，可以发现其主要在以下层面上被使用：第一，作为特定地方民间约定俗成的习惯性做法，或惯例。例如前述《唐律》中"课植桑五十根以上，榆、枣各十根以上。土地不依者，任依乡法"，以及"失火及非时烧田野"条中"若乡土异宜者，依乡法"，均

---

〔1〕 乜小红：《俄藏敦煌契约文书研究》，上海古籍出版社2009年版，第236页。
〔2〕 乜小红：《俄藏敦煌契约文书研究》，上海古籍出版社2009年版，第245页。
〔3〕 戴炎辉：《清代台湾之乡治》，联经出版事业公司1979年版，第153页。

是这样的例子，当然这类习惯主要是基于地理、自然的条件而形成。还有一类地方性习惯，主要是由于长期的生活习俗传承所致，如《宋刑统》"残害死尸"条，特允许外藩客依照本族习俗归葬，"诸藩客及使藩人宿卫子弟，欲依乡法烧葬者听，缘葬所须亦官给"。[1]该条规定，不仅表达了中原王朝对外藩习俗、"乡法"的尊重，并给予适量的物质保障。当然，这类乡法作为地方性习惯，主要是源自地方生活的逻辑，在受到儒家道德影响的士大夫看来，未必都是善良的习惯，柳宗元革乡法即是改变"恶俗"的例证。第二，作为维护特定地方社会生活秩序的规范，这类"乡法"往往比较具体，并具有强制性措施保障其实施，前述的村规、公约、社条均属于此类。

综上所述，可以得出有关"乡法"的一个初步定义，"乡法"之"乡"，即使不作"向"解，也仅具有虚拟化的意义，尽管在春秋战国时期，存在作为行政一级"乡"的规范性"法律"，但在汉唐以后，"乡法"之"乡"基本就不再具有实际的意义，事实上唐代以来，"乡"作为一级行政单位的职能已经大大弱化，甚至仅具象征意义，[2]因此，"乡"可能表示"社"，也可能是"里"，抑或仅仅是表示某一特定地区。所谓"法"，尽管从效力来源、权威属性上与国法大为不同，但无疑是具有一定的规范性，这种规范性，或者是源自约定俗成、习以为常的一种地方群体习惯，或者是乡里、社邑的"乡官"、里长、乡长老等地方权威，以及其在地方官吏的影响下订立的或成文或不成文的组织规范、行为规范，这种规范又渗透着儒家道德文化的色彩。正是在这样一个较为宽泛的意义上，有不少含义相近的词也可以被涵摄，例如乡例、"乡原"[3]、乡原体例，以及在敦煌、吐鲁番文书中出现的异体词"乡元"，等等。

---

[1]（宋）窦仪撰：《宋刑统》，吴翊如点校，中华书局1984年版，第287页。

[2] 在唐代，上报文牒虽然都称呼"当乡"，署名者却往往是一个或数个里正，这说明实际上不存在乡这一级基层权力机构。参见孔祥星：《唐代里正——吐鲁番、敦煌出土文书研究》，载《中国历史博物馆馆刊》1979年第1期。

[3] 乡原，在儒家经典中多次出现，一般被认为是一类人，即乡间喜欢故意作出忠厚老实的样子，讨好所有人，没有立场，昧于是非的人。因此孔子谓"乡原，德之贼也"。而在敦煌、吐鲁番等大量民间文书当中，却经常用乡原（或乡元）指称地方性的惯例，在传统文献中，亦见乡原的用法，例如《名公书判清明集》卷四"高七一状诉陈庆占田"中有"乡原体例，凡立契交易，必书号数亩步于契内，以凭投印"。因此，可对"乡原"作另一种解释，即地方性规则或惯例。

(二)"乡法"的特点

1. 地域性

既然被称为"乡法",地域性必然是其首要的特征。《唐律》对此解释道:"谓北地霜早,南土晚寒,风土亦既异宜,各须收获总了,放火时节不可一准令文。"[1]乡法的地域性差异,正是由于各地的地理风土不同所致,《礼记》在记述风俗时,更进一步解释说,"凡居民材,必因天地寒暖燥湿,广谷大川异制。民生其间者异俗:刚、柔、轻、重、迟、速异齐,五味异和,器械异制,衣服异宜。修其教不易其俗,齐其政不异其宜。中国、戎夷五方之民,皆有性也,不可推移"。[2]换言之,正是因为中国广袤的国土,地大物博,习俗之异理所当然,而主要来源于习俗的"乡法",自然具有了地域性,不同地域,形成或适用不同的乡法,也就不足为奇。乡法源自习俗的这种地域性,在地方志的记述中也多有体现,例如同为陕西关中的礼泉、岐山二县,习俗风尚就截然有别。

> 礼境高原,北多山谷,民性质直好义,勤稼穑重礼法,风气淳朴。
> 礼俗男耕女织,士商或服舶来品,普通男女概服自织棉布,从无文锦绮罗之习。
> 昔年多屡世同居,有均力合作之风,若王璿、张乃恕、陈理、王廷彦、张良琰等,或五世、六世、七世犹同爨焉。[3]
> 岐丰之地文王用以同二南之化,如彼其忠且厚也。周室东迁,以岐地与秦,秦俗强悍,乐于战斗,有由然矣。两汉以降,风俗隆替,历代变更,大抵国家全盛则民俗亦淳厚,敦庞叔季之秋,则风气浇漓,必然之理也。[4]

两地相隔不远,但风俗大为不同,受到风俗影响而形成的"乡法"自然也未能同一。也正是在此意义上,美国学者吉尔兹才认为,"法律,与英国上

---

[1] (唐)长孙无忌等撰:《唐律疏议·杂律》,刘俊文点校,中华书局1983年版,第509页。
[2] 杨天宇:《礼记译注》,上海古籍出版社2016年版,第155页。
[3] 《续修礼泉县志稿》卷十。
[4] 《重修岐山县志》卷五。

院议长修辞中那种密码式的矫饰有所歧异,乃是一种地方性的知识;这种地方性不仅指地方、时间、阶级与各种问题而言,并且指情调而言——事情发生经过自有地方特性并与当地人对事物之想象能力相联系".[1]"乡法"的这种地域性,尽管在国家看来导致了法律的分散性、混杂性,但正由于其源自地方,侵染地方特色,才使其具有了更好的地方适应性。这种地域性的"乡法",在唐代西州的官府文书中,亦偶尔可见,新获"唐永徽五年至六年(654—655年)安西都护府案卷为安门等事"中即提及有关当地安门的"流例"。

(前略)
10 章风尘,天气□□,
11 □皆有扇,士司亦应具知,惟独户
12 □□门扇,若论流例,应合安门。□[2]

显然,这种"流例",应是专指唐时安西都护府的习惯,而不代表所有唐之疆域均有此例。

2. 历史性

乡法主要源自民间,上接先秦礼仪,下承乡里习俗,与一地之风土人情紧密相连,相对而言受到国家政权变动的影响较小,这使其具有了天然的历史性与延续性。乡法之历史性,一是由于其主要受到地理风土的影响,而地理环境的演变又是一个相对漫长的过程,因此,受此影响的乡法亦不会急剧地发生变化。如前述《唐律》之"失火及非时烧田野"所准乡法,完全是基于南北地理风土异宜,由于地理风土的相对稳定性,使得乡法亦具有相当的延续性。二是由于乡法是在长期的生产生活实践中形成的,本身即经历被选择、淘汰的过程,所留存下来的,必然是具有相当大的合理性,至少在乡里普通民众看来具有合理性,因此,不会轻易发生变化。

---

[1] [美]克利福德·吉尔兹:《地方性知识》,王海龙、张家宣译,中央编译出版社2000年版,第273页。

[2] 荣新江、李肖、孟宪实主编:《新获吐鲁番出土文献》,中华书局2008年版,第305页。

3. 规范性

尽管先秦时的"乡法"一度以刑罚作为威慑,[1]具有强制规范的属性,但自汉唐以来,乡法的内容不断扩大,涉及社会生活的更多方面,因此其规范性也具有多元特性。一类以乡俗为主要内容的乡法,基本上是依靠乡里熟人社会的舆论压力、伦理道德要求等生效的,也就是说其仅具有弱规范性。另外一类,则源自礼仪,甚至国法的规定,对"乡法"的违犯,要受到严厉的刑罚,这也使其具有强规范性。前者如规定签订契约方面的"乡法",在吐鲁番出土文书《唐咸亨五年王文欢诉张尾仁贷钱不还辞》中有"银钱二十文,准乡法和立私契",此一"乡法"当指订立契约的一些习惯性做法,抑或一些必要的程式、条款,这些乡法包含"善良风俗"的意思,[2]因此其被采纳、遵从,也是由于习惯的、伦理道德的作用,其仅具有弱性规范的作用。还有一类,则具有较强的规范性,对其的任何违犯,会招致严厉的处罚,例如唐五代时期的社邑规约,[3]即属于此类,如果违反了社邑规约,就要受罚、棒打,甚至赶出其社。俄藏文书《社条残片(一)》规定:"妄生拗拔,开条检案,人各痛决七棒,末名趁出其社,的无容免。兼有放顽,不乐追社,如言出社去者,责罚共粗豪之人一般,更无别格。"《社条残片(二)》规定:"若有不遵社条,七棒,更罚……"[4]这些都是诉诸肉体责罚,以保证社规、社条的有效实施。

4. 良善性

道德性、良善性本是法律的题中之义,也是其借以获得正当性、权威性的重要原因。因此,"乡法"既然也被称为"法",内含一定的良善性是其必然的要求。"乡法"的良善性,最为重要的原因在于其来源,内含儒家道德伦理要求的"礼"作为其来源之一,必然给"乡法"带来符合儒家道德规范的良善性。这种道德性同样为佛教等宗教教义所维护,例如敦煌约定借贷利息

---

[1] 《周礼》中就有"以乡八刑纠万民",其不孝、不睦等,已经初具"十恶"雏形,故其虽未明言刑罚,但应不会是轻刑。参见《周礼注疏·地官司徒第二》。

[2] 参见冯学伟:"敦煌吐鲁番文书中的地方惯例",载《当代法学》2011年第2期。

[3] 在基层民间具有一定效力的规范的意义上,本节对社邑规约、乡法不作特别区分,以下社条亦如此。

[4] 乜小红:《俄藏敦煌契约文书研究》,上海古籍出版社2009年版,第240~242页。

的"乡法",在特定条件下是无息的,正体现了都统司和寺院对某种伦理道德的维护,尽管这也会被人看作是宗教为了赢得声誉,因而具有虚伪性,[1]但受到具有伦理道德性宗教教义的约束,使得"乡法"即使不具有纯正的良善性,至少不至于向"高利贷"等恶俗的方向发展。"乡法"具有良善性的另一个原因在于,某些条件下,"乡法"要受到国法的检视与审验,此时不具有道德性与良善性的"乡法"即会遭到摒斥。前述柳宗元革除良人质债,没入钱主的柳州"乡法",正是由于其有悖于善良风俗,甚至难脱剥削榨取的嫌疑,故因良善性缺失而失去作为法的正当性。也因为此,在官方制度或政策规范下的"乡法",仍属于国法的范畴,具有国法同样的属性或精神原则,与纯粹的民间习惯又有不同。[2]自隋唐以后,"乡法"主要基于儒家伦理道德的良善性开始有所转变,特别是民间生活实践中的"乡法",除了部分地体现"礼"所要求的良善,更表现的是普通民众生产生活中形成的"实践理性",或"大众道德",如北宋《吕氏乡约》要求患难相恤,"凡有患难,虽非同约,其所知者,亦当救恤"。[3]这类"乡法",与其说它是基于儒家道德,毋宁说其更趋于基于互惠的"义务性道德",按照富勒的解释,它必须具备三项条件,第一是互惠关系,由此关系产生的义务必然导源于直接受影响的当事人之间的自愿协议;第二是当事人的互惠式履行必须在某种意义上是等值的;第三是社会关系具备充分的流动性,即今天你对我负有某种义务,明天我可能对你承担同样的义务。[4]显然,"互惠的义务性道德"之条件在中国古代乡里社会同样是具备的,这种看似基于"利己"动机底线的道德,代表了底层民众在生活实践中形成的"良善性",在社会、经济秩序的形成中,有时会比单纯的"利他"道德起到更好的效果。而且,正是因为"乡法"所内含的良善性特征,使其区别于"乡原""乡例"等一般性民间规则或惯例,也就是说,习以为常的、被反复实践着的习惯或规则,可能是"乡原""乡例",但是,只有其具备了良善性,体现了乡里社会的这种基本道德

---

[1] [法] 童丕:《敦煌的借贷》,余欣、陈建伟译,中华书局2003年版,第128页。
[2] 罗彤华:《唐代民间借贷之研究》,北京大学出版社2009年版,第309页。
[3] 牛铭实编著:《中国历代乡规民约》,中国社会出版社2014年版,第107页。
[4] [美] 富勒:《法律的道德性》,郑戈译,商务印书馆2017年版,第28页。

要求,[1]它才可以成为"乡法",得到百姓自觉的遵从。

(三)"乡法"的功能

1. 补充国法维持乡里秩序

中华法系发展到隋唐时代,随着国家政治统治能力的增强,以及魏晋时期律学的深入,立法方面已经达到相当发达的程度。但是,仅仅以500多条正式律文规定进行全方位的社会治理,虽然也堪称"简约",但不免存在"疏漏"的问题,特别是在县以下的乡里社会治理当中,以及民间社会民众之间的各种民事关系,缺乏更为细致的规范。而从中国古代社会现实来看,它并非一个单纯的自给自足的农耕社会,从汉唐以后大量留存的契约文书,就充分说明中国古代民间存在着买卖、借贷、租佃、分家、继承等大量且复杂的民商事法律关系,这种情况下,国家正式法律资源的不足,必然倒逼相应的民间规则形成并发挥作用,"乡法"的存在亦是基于这样的社会背景。作为国法补充的"乡法",主要是闾胥、长老等地方权威的领导下进行区域自治的法律规范,如前述的唐代社邑规约就具有这样的作用,它一方面规定了在里社生活的民众需要遵循的道德行为规范,因而具有强烈的教化作用;另一方面它又内含了具体的法律实施方式,通过调解、教谕等解决纠纷,通过民事、刑事等处罚措施来惩处不端。在"吐蕃寅年十一月杨谦让牒"[2]中提及类似"乡法"的"众例"一语,全文如下。

> 1 社司曰直令狐建充次
> 2 右件人次当充使,不依众烈(例)。往日已前所差
> 3 者,并当日营造。今被推延,故违众烈(例),
> 4 请处分。

在这份社司牒状中,所称不法事就是违反"众例",它正是乡里社会普遍遵循的行为规范。在中古时代的西域地区,对这类"乡法"的违反,还会导

---

[1] 实际上,不管是在律令文本中,还是在司法判牍中出现的"乡法",同样还要经受国法的检视,也就是说,不违背国法,不超出正式的律令制度,同样应该是"乡法"的内在要求。

[2] 杨一凡、徐立志主编:《历代判例判牍》(第一册),中国社会科学出版社2005年版,第732页。

致财产、人身等惩罚。如"违反社条处罚判词"中，对不法者的处理是："准条案，合罚酒一瓮，合决十下。"[1]这也大大强化了"乡法"作为国法补充的实际效力。

在均田制下实施土地收授的实际运作中，西嶋定生推测了乡法的重要作用：其标准田数除田令所规定的宽乡及狭乡的应受田数以外，还依所谓乡原之法，考虑各地的特殊情况，很可能由令式来规定适应各地方的田数。[2]在此，乡法同样起到对国法的某种补充、调适的作用，它同样有助于维系乡里秩序。

明清以来，这种乡法还获得了某些相对的独立性，可以独立维护乡里秩序。光绪二年（1876年）《下茅坝公议乡约辛（薪）赀碑》记载："盖闻五族为党，五党为乡，其中□民著作，难免鼠牙雀角。苟无乡束之规，必有欲速之讼。故朝廷设以官长，官长设以地方，是一乡之有约者由来久矣。"[3]乡法的内容涉及礼仪道德，以及社会行为规范，在光绪元年（1875年）《庙子垭公议乡规碑》中，有如下共同约定。

> 人生孝弟为重，倘为子不孝，为弟不恭，送官定罪。
> 忠信为处世之本，不忠不信非人也。我乡当同凛之。
> 我乡子弟，务宜耕读为本，勿令闲游，恐入下流。
> 礼义廉耻，国之四维。尊宜敬，长宜逊，灾宜恤，难宜救，非分勿贪，毋自贻羞。
> 窝藏贼、盗、赌、匪者送官，知之不报者亦送官。强贼不走者，同执送官。
> 庙子垭铺前立十六牌头，有事先和，不能和即送乡保，皆不得假公济私。[4]

---

[1] 杨一凡、徐立志主编：《历代判例判牍》（第一册），中国社会科学出版社2005年版，第735页。

[2] [日]西嶋定生：《中国经济史研究》，冯佐哲、邱茂、黎潮合译，农业出版社1984年版，第468页。

[3] 陕西省古籍整理办公室编：《安康碑石——陕西金石文献汇集》，三秦出版社1991年版，第261页。

[4] 陕西省古籍整理办公室编：《安康碑石——陕西金石文献汇集》，三秦出版社1991年版，第254页。

尽管"乡法"在一定意义上获得某种独立性，但还未如戴炎辉研究我国台湾地区乡治时所言，乡规达到"官有正条，民有私约"，庄规与官法形成完全并立的局面。〔1〕庄规、私约等自治，主要是"为约束境内民人以维持秩序"。〔2〕就所见我国其他地区的乡法、乡规，还可以处处见到官法的影响，无论是地方官亲自参与制定乡法，还是"乡法"自身诉诸官法的正当性说明，都在暗示着这一影响的存在。但是"乡法"对于地方秩序的约束作用，无疑是极为显著的，"整饬风化、以靖地方"也成为多数"乡法"制定的最直接缘由。

2. 作为国法运用的解释

在国家的正式立法中，有时涉及地方的"乡法"，但又无法对其穷尽列举，于是只能通过"乡法"进行概括的指称，这使得"乡法"的具体内容对国法形成一种解释或说明。前述《唐律疏议》中多次提及"乡法"，即体现了其对国法的解释作用，在《宋刑统》中，同样不乏其例。

> 卷十三户婚律：依田令，户内永业田课植桑五十根以上，榆棘各十根以上，土地不宜者，任依乡法。
>
> 卷十八贼盗律：主客式，诸蕃客及使蕃人宿卫子弟，欲依乡法烧葬者听，缘葬所须亦官给。
>
> 卷二十七杂律：诸失火及非时烧田野者，笞五十。注云，非时谓二月一日以后，十月三十日以前。若乡土异宜者，依乡法。〔3〕

可以发现，传世法典中的"乡法"主要出现在"疏议""问答"等辅助性内容中，而不是在律令正文中，因此对正文起到一种解释、说明的作用。而且，在此类条文中，"乡法"被作为准用性规则在使用，从而对正式律令制度起到释明的作用，也即是说，只有落实到具体"乡法"的语义或情境当中，国法才可以被完整而准确地加以阐释。

同样，在实际的司法裁判当中，"乡法"亦起到某种解释与说明的作用，

---

〔1〕 参见戴炎辉：《清代台湾之乡治》，联经出版事业公司1989年版，第151~153页。

〔2〕 黄静嘉："'淡新档案'研究成果之一范例——戴著《清代台湾之乡治》初读、选录及书后"，载《法制史研究》2005年第8期。

〔3〕 （宋）窦仪撰：《宋刑统》，吴翊如点校，中华书局1984年版，第209页、第287页、第435页。

特别是司法裁判涉及"情理"时，往往通过"乡法"的解释与补充说明，使得裁判更加顺理成章，令人信服。在《永泰河西巡抚使判集》中就有，"虫霜旱涝，盖不由人。类会校量，过应在己。勒令陪备，又诉贫穷。不依乡原，岂可无罪"，在该判集的另一份判词中，则有"来臗合纳正仓，负欠合征私室。人间大例，天下共同"，[1]间接说明了乡原、大例等"乡法"作为行为违法性的一种解释。在南宋《名公书判清明集》中，也多次提及"乡原体例"。

> 高七一状诉陈庆占田：乡原体例，凡立契交易，必书号数亩步于契内，以凭投印。今只作空头契书，却以白纸写单帐于前，非惟税苗出入可以隐寄，产业多寡皆可更易，显是诈欺。
>
> 曾沂诉陈增取典田未尽价钱：虽是比元钱差减，然乡原体例，各有时价，前后不同。曾沂父存日典田，与今价往往相远，况曾沂元立契自是情愿，难于反悔。[2]

在这些争讼中，"乡法"或"乡原体例"，作为乡里社会固有的惯例或习惯，被用来辨法析理，进而对形成的判决作出合理的解释。尽管这是一种官方的视角，甚至还体现了古代国家政权与民间社会相调适，与之对话或互动的努力，[3]但不可否认，"乡法"或"乡原体例"首先是民间社会一种固有的存在，而后才能进入官府司法的视野，并对地方司法，特别是民事司法起到解释或论证的作用。如果没有"乡法"早已存在并被民众普遍接受这一前提，司法审理中这样的解释就不可能出现。

3. 调整民众经济、财产关系

"乡法"的重要作用还体现在调整乡里社会民众间的经济、财产关系上，包括了租佃、借贷、买卖等多个方面。

---

[1] 杨一凡、徐立志主编：《历代判例判牍》（第一册），中国社会科学出版社2005年版，第167页、第169页。

[2] 中国社会科学院历史研究所宋辽金元史研究室点校：《名公书判清明集》，中华书局1987年版，第103~104页。

[3] 包伟民、傅俊："宋代'乡原体例'与地方官府运作"，载《浙江大学学报（人文社会科学版）》2008年第3期。

（1）租佃关系。

在唐代租佃契券"唐吕致德租葡萄园契""唐景龙二年（708年）十一月八日西州高昌县宁大乡肯义租田契"中，分别规定：

（前略）
5 得支还支，得追还追。立契已后，无
6 钱五十文。契有两本，各捉一本，其
7 穗随乡例，两主和合，获指为

（前略）
4 □家平百升量还，须净好，不许滥恶，其田
5 肯义平填，要迳叁熟，修理渠堰，仰肯方
6 □大例，如年月未满，不得忠（中）途改夺，别
7 □各执一本，两和立契，画指为记。[1]

在西域这类土地租佃关系中，类似"乡法"的"乡例""大例"多次出现，就其内容来看，主要涉及所租佃土地的基本情况，以及租金、期限等。

（2）借贷关系。

在借贷关系中，最为重要的规则或惯例就是利息，因此，有关借贷利息的数额又成为"乡法"的另一项主要内容。在吐鲁番出土文书中，有多件借贷契约提及有关借贷利息、利率的"乡法"。

到过其月不还，月别依乡法酬生利。
月别依乡法生利入史，月满依数送利。[2]

作为广义的"乡法"，乡例、乡原（元）等，在西域借贷关系中更为常见。

辛巳年敦煌郝猎丹贷绢契：若于限不还者，便著乡原生利。

---

[1] 荣新江、李肖、孟宪实主编：《新获吐鲁番出土文献》，中华书局2008年版，第372页。
[2] 刘海年、杨一凡：《中国珍稀法律典籍集成·甲编·吐鲁番出土法律文献》，科学出版社1994年版，第875页、第897页。

> 癸未年敦煌沈延庆贷紶契：于月还不得者，每月于乡元生利。
> 乙酉年敦煌张保全贷绢契：若于限不还者，准乡原生利。
> 甲午年敦煌邓善子贷绢契：若违时限不还，于乡元生利。[1]

从这些借贷契约的利息条款看，有关借贷利息、利率的"乡法"似乎是众所周知的，因而根本无需特别说明，仅注"乡法"即可。然而，这种默认的利息，同样还是基于乡法地域性的特征，只有在一定的区域前提下，才可以就利息形成某种默契，如果地域差别过大，一定很难形成这种默契。即便就利息利率而言，据研究，在唐代西域，西州的利息率与龟兹、于阗的月息率并不完全相同，多者相差数倍。[2]故在借贷关系中准用"乡法"之利息率，对于地域必有所特指，或者双方处于一地，或者适用出借方有关利息之"乡法"。

（3）买卖关系。

在买卖关系中，较为典型的"乡法"是亲邻对所卖不动产的先买权。早在唐代晚期，不动产买卖中的这类亲邻先买权已经多有体现，以至于买卖契约中不得不预设条款，以期排除亲邻先买权的任何主张。[3]在典，或者活卖中，还存在加找、加叹的"乡法"，明代谢肇称："俗卖产业于人，数年之后辄求足其直，谓之尽价，至再至三，形之词讼。"（《五杂俎》卷四）而在明清的"加叹契"中，多写明加叹的原因是"因循俗例"，或"缘因俗例"等，[4]这也成为一项为众人所遵循的习惯或"乡例"。"乡法"不仅存在于民间，有时带有官方色彩的买卖也援用"乡法"。例如宋时官田买卖，《宋会要》记载，一些州县在出卖官田时，"寻求公案不见，无凭给卖"，"详酌行下"提出，"以见赁钱数依楼店务自来体例纽折，田产以租佃，依乡原体例纽折，并依建炎元年（1127年）五月一日赦文收赎出卖"。[5]官田买卖中对"乡原"的反复援引，足见其影响力。

---

[1] 张传玺：《中国历代契约会编考释》，北京大学出版社1995年版，第379页。
[2] 参见罗彤华：《唐代民间借贷之研究》，北京大学出版社2009年版，第247页。
[3] 韩伟："习惯法视野下中国古代'亲邻之法'的源起"，载《法制与社会发展》2011年第3期。
[4] 冯绍霆："初探清中晚期上海房地产交易中的加叹"，载［美］曾小萍等编：《早期近代中国的契约与产权》，李超等译，浙江大学出版社2011年版，第214页。
[5] 梁太济、包伟民：《宋史食货志补正》，中华书局2008年版，第63页。

在经济、财产关系中的这类"乡法",由于其是民众长期生产生活中约定俗成并广为熟知的,因此成为一种被默认的、潜在的规则。"依乡法生利""准乡法立契",尽管并不言明其具体内容,但适用各方均心知肚明,一般不致产生误解,因此也成为这类财产性契约的一个构成性要素,并因其内涵清晰、确定,从而使契约简化,进而起到降低"交易成本"的重要作用。同时,对于乡里社会形成稳定、有序的经济财产关系,也具有积极的作用。

(四)"乡法"的定位

尽管在先秦时代,《周礼》等传统典籍中"乡"之层级位于"州"之上,远大于汉代以后"乡"的设置,故彼时"乡法"之位阶应属于较高层面的地方法,并具有官方性质。但自汉唐以来,"乡里"之制逐渐固定下来,"乡"这一概念的内涵与外延也逐渐确定,故"乡法"在中国古代国家法律体系中的定位也逐渐清晰与稳定。要认识"乡法"在国家法体系中的这种定位,需要将其与相关的一些表达地方性法的概念作出区分。

首先,"乡法"不同于明清以来的"省例""成案"等地方性法律制度。"省例"等是指明清时期,省一级政府以各种法律形式制定的用以规范地方事务的法规、政令和具有法律效力的规范性文件的统称。[1]可见,作为"省例",尽管仍属于地方法律,但是,一则其在国家立法中的层级较高,在明清仅次于中央及各部立法,因此成为一种比较正式的官方立法;二则"省例"涉及内容广泛,举凡贼盗、婚姻、钱债、断狱、营造、河防均有规范,而且还有不少涉及吏治的官箴。总之,尽管其中也有不少属于私人的编纂、著述,但其官方性意味甚浓,多数仍属于受到国家认可的正式立法。而"乡法"与此则大为不同,在立法层次上,它远远低于"省例"等正式的地方性法律法规;在法律性质上,尽管"乡法"在指导思想、制定修正中受到地方官吏及正统法律思想的影响,但就其本质而言,仍然属于民众自治性、自发性的惯例,它仅仅为某一区域的民众所熟知、所遵循,无论其外在表现形式,还是其强制性的效力,都远远不能与正式的国家立法相比。在某些时候,二者可

---

[1] 参见杨一凡、刘笃才编:《中国古代地方法律文献·丙编》(第1册),社会科学文献出版社2012年版,第1~2页。

能会有交集,例如明清以来部分地区出现的"乡禁"。在广东佛山,广泛存在这类由地方官僚下达的禁令,故"乡禁皆官司文告禁约也",尽管如此,在制定和实施乡禁的过程中,地方绅士、耆老在国家和民众之间,仍起到至关重要的桥梁作用,国家仅仅提出法令规范,而实际的实现,则依赖于民间社会的自有秩序。[1]可以说,乡禁体现了官法与乡法的互动,乡法中受到官方认可的部分,即以乡禁这种强制性的方式,予以保障实现。同时,乡禁也透露出,其背后是自有其逻辑、相对独立存在的"乡法"。

其次,"乡法"也区别于家法族规。从立法层级上看,家法族规一般位于"乡法"之下,尽管二者可能存在重合的部分,但更多的还是其区别。中国古代的家法族规,是指家族的法律构造、家族各成员的法律地位及其对家族财产性权利,以及由此形成的对家族内人身权利、财产权利进行规范调整的"法律体系",其核心是"家族共产制"。[2]近来的研究表明,家族法不仅是静态的文本法,例如族规、祠规等,表现为"礼"的内在约束,还存在动态的家族法的实施,即家族司法,这使得家族法具有了一定的强制性效力。[3]从法律的层级来看,家族法一般是低于"乡法"的,它只是乡里一家一族之法,故无法与"乡法"作等量齐观。在内容上,二者存在重合交叉之处,但更多地表现为各自的独立性,或者说,由于其共同的指导精神或渊源,在某些方面它们可能一致。但不同的目的,不同的关注方向,使得二者体现出更多的差异性。从大的方面而言,家法族规侧重于调整家族内部的人身、财产关系,受到儒家伦理道德的影响更大;"乡法"则主要关注乡里生活的经济、财产等关系,进而调整乡间的社会秩序。从形式角度看,由于古代名门望族的存在,许多家法族规表现为成文法,代代相承;"乡法"则多表现为不成文的地方性惯例,由于其被经常性地、广泛地遵循,因而成为乡民所默认的规范。

通过以上分析,可以得到一些基本的结论。这里的"乡法",意指被特定地域的民众认为具有约束力并被实际遵循的规则,从乡民的角度看,它渗透

---

[1] 参见[日]井上彻:"明清时期法令的传达",八宝译,载许章润编:《普法运动》,清华大学出版社2011年版,第328页。

[2] [日]滋贺秀三:《中国家族法原理》,张建国、李力译,商务印书馆2013年版,第12页。

[3] 原美林:"明清家族司法探析",载《法学研究》2012年第3期。

第八讲 乡法自治：中华法治文化的民间经验

着乡里百姓的"实用理性"，具有一定的良善性、稳定性；从官方的角度看，又不允许与儒家伦理道德及官方法令完全背离，故基本上不形成与国家正式律法的分立与对抗，有时甚至被吸纳入国法的范畴，并对国法起到补充、释明的作用。在古代法律体系中，"乡法"介于"省例"等正式地方法与家法族规之间，调整更为基层的社会经济秩序。如业界所知，中国古代的法律体系分为不同的层级，如以律令制为代表的中央立法，以唐代社邑规约，宋明时的乡约，以及清代的"省例""成案"为代表的地方法。[1]相对而言，国法的称谓及内涵因通行的历代法典，大多已形成共识。然而，对地方性的法律，学界则意见不一：有主张民间规约，也有主张民间法，或习惯法。近年来，以西方学术理论硬套中国古代法律制度的做法越来越受到诟病，因此，带有西方理论色彩的称谓也开始被质疑。要真正讨论中国古代的地方法体系，还是需要反求诸己，从中国古代的历史文献中，从古代社会生活的实践中去寻求，就此而言，"乡法"无疑可以成为一个描述古代地方法，或者民间习惯法，而且是更中国化的重要概念。不仅如此，对乡法的深入研究，还有如下一些启示。

第一，在法的生成以及由此形成的秩序方面，古代"乡法"也带来诸多有益的启示。在谈及法律的效力及其被遵守的不同情形时，支振锋谈及"内生性规则"，进而认为内生性规则在创造时讲求的不是个体孤立的利益，而是在所有利害相关的人们都有权参与的前提下，借助人们语言交流的有效性和达成特定规范共识的可能性，通过平等、自由的理性协商与话语论证，通过意志协商达成规则共识，从而形成作为法律的规则。[2]法律是这种社会共识的条文化，"它毕竟是社会的产物，绝不是法律创造社会"。[3]可以说，社会共识或内生性规则的形成并得以生效，是人们在社会交往中，通过市场博弈、利益衡量，从而达成的共识性规范，故这样的规则，不必依赖于外在的强力威胁而被遵守，更多地成为一种内化的，被认为是"有义务"遵守的规则。揆诸中国古代"乡法"的形成并生效的历程，可以看到，正是因为其具备了

---

[1] 刘笃才："中国古代民间规约引论"，载《法学研究》2006年第1期。
[2] 支振锋："法律的驯化与内生性规则"，载《法学研究》2009年第2期。
[3] [日]宫崎市定："从部曲走向佃户"，索介然译，载刘俊文主编：《日本学者研究中国史论著选译》（第五卷 五代宋元），索介然译，中华书局1993年版，第32页。

内生性规则的某些特质,使其更容易被自发地遵守。一种法律规范越容易被人主动遵守,法律实施的成本就越低,进而可以在较为基层的乡里社会形成一种稳定的社会经济秩序。由于乡法融合了儒家道德礼义与一般社会规范,其成熟的经验,对于促进自治、德治、法治"三治融合"的乡村社会治理,具有重要的启示。

第二,对"乡法"的详细解读与重新认识,也可以为当代中国社会提供立法资源。在马克思主义法律观的指导下,当代中国立法体系的本质特征之一就是人民性、民主性,而这一特性如何体现,很大程度上依赖于对民间规范的理解与认识。中国古代的"乡法"产生于民间,运用于基层社会,对其积极价值的挖掘,能够成为基层自治法律规范的有用资源。此外,对于生成并运行于乡里民间的"乡法"及其内在逻辑的理解和认识,也有助于更好地司法与执法,减少现代法律在乡土社会中实施的阻力。

需要注意的是,在汲取"乡法"有益经验的同时,对其中一些消极的、不符合现代法律精神(尽管可能符合乡民的实用逻辑或道德要求)的内容,例如不动产买卖中的反复"加叹"、找赎,以及因"先尽亲邻"的乡例而导致索要"签约钱",甚至亲族无理拦卖,等等,这些都与法律所追求公正、自主、效率之精神不相符合,因此,今天在认识到"乡法"的正面作用的同时,对其中的一些消极、负面的内容,当然应予以摒斥,也即是说,"乡法"的正当性,不只是因其古老,更因为其符合公平正义的现代法律精神,它是"乡法"保持其现实生命力的必要前提。

二、清代陕南的条规自治

中国自近代以来,国家倾向于利用准官员和民间纠纷解决机制进行地方治理,奉行一种"简约治理"[1]的模式。按照费孝通的说法,这是"双轨政治",在自上而下的中央集权外,乡间自有一套基层组织自治的轨道,这种自治是依靠乡绅等力量实现的。[2]在这种政治体制下,"皇权不下县",国家正式行政治理在大多数情况下仅及于州县,也就是说州县以下主要由乡民自治

---

〔1〕 [美]黄宗智:《过去与现在:中国民事法律实践的探索》,法律出版社2009年版,第63页。
〔2〕 费孝通:《乡土中国与乡土重建》,风云时代出版公司1993年版,第147~158页。

来实现。在明代，地方自治通过"乡约"与老人、里长的制度来实现，到了清代，大体上仍延续了这样的做法，但其表现及地方自治的主导人物发生了转变，乡保、绅耆在乡治中的作用日益凸显，乡约、条规[1]等也发挥了更重要的作用，不少地方条规因刻录在碑石上得以留存。

（一）地方条规的制定、内容及作用

在清代的陕南，记载地方条规、乡规、乡约的碑刻相当丰富，仅安康地区，地方条规相关的碑刻就有近十五通，它们成为了解陕南乡治的重要资料。这些地方条规大多附以详细的说明性序言，介绍碑石的来龙去脉，这大大方便了我们理解条规设立的源起及其基本精神导向，兹举几例如次。

> 公议严禁六畜僧道乞丐么儿窝藏匪类赌博等以固地方事。窃思古帝王从欲以治，罔不率俾。今犹是海晏河清之年也，亦犹是政简刑清之日也，何民情不古耶。我丰口坝土薄人稠，朝不谋夕，安植菜麦，以图来春，而不仁者纵放六畜，践害一空，居民无不切齿。兼以往来僧道，虚冒三乘，敲诈乡愚。乞丐、么儿，明索暗捞。山居独户，任其肆行。[道光四年（1824年）《丰口坝公议条规碑》]

> 盖闻五族为党，五党为乡，其中民著作，难免鼠牙雀角。苟无乡来之规，必有欲速之讼。故朝廷设以官长，官长设以地方，是一乡之有约者由来久矣。[光绪二年（1876年）《下茅坝公议乡约辛（薪）贽碑》]

> 夫尝观天下之丧德危身者，莫甚于赌博；天下之倾家败产者，尤莫速于赌博。一入其中，如沉迷海，将不知所向矣。[道光三十年（1850年）《双丰桥组碑》]

> 维我天柱山，即古之白云寺。盖自本朝初，庙宇创自杨公、德公。立庙以来，数百余年。从先庙反小，而费用尝歉，住持往往募化四方。[光绪十六年（1890年）《天柱山庙公议戒律条规碑》][2]

---

[1] 李雪梅教授早就注意到碑刻在法律史研究中的重要作用，并专门研究了作为乡约的碑刻资料，但侧重于法律的角度，未能充分揭示其对乡治的全面反映。参见李雪梅：《碑刻法律史料考》，社会科学文献出版社2009年版，第133~175页。

[2] 陕西省古籍整理办公室编：《安康碑石——陕西金石文献汇集》，三秦出版社1991年版，第125~294页。

若仔细分析这些条规、乡约的序言部分，可以发现任何一个规约都其来有自，都是因地方出现了某些不良现象，或者存在某些纠纷，或者需要兴办某种事业，地方乡保、绅耆等人士即采取一事一议或多事共议的办法，协商对策，制定条规，从而对这些现象进行解析或对某些行为进行约束，达到"以靖地方"的效果。从这些地方规约的内容来看，主要可以分为如下几类。

1. 官治职务

清代乡村虽然相对自治，但并未完全脱离国家正式的行政治理，司法、公课、保甲、户籍等方面，仍与地方州县存在诸多联系。陕南地方条规中有一些就是涉及这一方面的。典型的如《水田河保共置产业公应杂税条款碑》，该碑有序曰"盖闻粮田赋，国家之岁取有常；税课差徭，闾里之征求恒苦。其供亿虽无多，而历费实不少也"，交代了设立杂税条款碑的缘由，其主要条款如下：

> 衙门各费，向系各保摊派。我保每年畜税钱五串、酒税钱三串二百、油税菜油五觔。按照旧制，每年在公项提出，交乡保付给。
>
> 文庙大祭，阖邑轮流承办。我保约十二年与别保伙办一次，每届必须钱数十串，颇成巨款。兹议定每年由公项提出包谷一石，另作一款存放，别项不得挪用。如当大祭，即将此项承办，庶临期不致束手，难派地方。
>
> 乡保原为办公，第诸费即捐，而送告差来，不能不给口粮。兹议定每年给乡保包谷二石五斗，由局取票，佃、发不得私取。[1]

2. 抑恶扬善

内容涉及禁绝乡间恶俗、破坏生态等不良行为，当然也有崇尚和睦，提倡孝悌、忠信等儒家道德。例如：

> 境内有忤逆不孝、悖伦犯上，即行合力捆绑，送官究处。
> 境内有嗜酒撒风、打街骂巷，轻则罚以荆条，重则捆绑送案。

---

[1] 陕西省古籍整理办公室编：《安康碑石——陕西金石文献汇集》，三秦出版社1991年版，第280页。

境内店户，毋许窝盗贼家口，因伴侣游民以害地方。违者指名报案。

无耻之徒，在境藉端讹索、无故援良民者，经公捆绑送官。

境内倘有被盗之家，邻右同出壮丁搜寻捕捉。查明，连窝主一并送官。

赌博乃朝廷首禁，若不戒除，良民何以资生。嗣后倘有犯赌者，立拿送案。[同治元年（1862年）《景家公议十条规款碑》]

一议、人生孝悌为重，倘为子不孝，为弟不恭，送官定罪。

一议、忠信为处世之本，不忠不信非人也。我乡当同凛之。

一劝、我乡子弟，务宜耕读为本，勿令闲游，恐入下流。

一议、礼义廉耻，国之四维。尊宜敬，长宜逊，灾宜恤，难宜救，非分勿贪，毋自贻羞。

一议、窝藏贼、盗、赌、匪者送官，知之不报者亦送官。强贼不走者，同执送官。

一议、庙子垭铺前立十六牌头，有事先和，不能和即送乡保，皆不得假公济私。[光绪元年（1875年）《庙子垭公议乡规碑》][1]

这是多事共议的例子，即在一个地方规约中，制定多项约束乡里的条规。有些地方条规是一事一议的，如光绪二十二年（1896年）《牛王沟公议禁盗碑》主要禁止乡间农作物的偷窃行为，规定"不得暗窃明夺，故违者，鸣公听罚"。[2]道光三十年（1850年）《双丰桥组碑》虽然内容十分丰富，对乡里各方面事务进行规范，但其第一石主要是对赌博的禁约，严申"赌博乃朝廷首禁"，强调"境内无论冠婚丧祭，汤饼寿旦、新年旧节，以及因故守夜者，俱不许抹牌压宝，或瞒人偷赌，或恃势纵赌，均属不法"。[3]这些均属一事一议的单项条规。

---

[1] 陕西省古籍整理办公室编：《安康碑石——陕西金石文献汇集》，三秦出版社1991年版，第216页、第254页。

[2] 陕西省古籍整理办公室编：《安康碑石——陕西金石文献汇集》，三秦出版社1991年版，第314页。

[3] 陕西省古籍整理办公室编：《安康碑石——陕西金石文献汇集》，三秦出版社1991年版，第181页。

3. 解纷弭讼

解决乡间纷争，裁断各类争讼，是陕南碑刻记载的另一项主要内容。咸丰二年（1852年）《大济堰面画沟水道争讼断案碑》表面看起来是对一起水道争讼断案的详细记录，但实际上立碑记述，本身即含有定分止争，消弭讼争的作用，也是对讼争双方水道使用的一种有效的规范，正如该碑文末所言："缘生等棉花沟与罗维新等上下二牌，四六分修，业已裁清界石，但逢沟积淤泥，仍照乾隆三十六年（1771年）州印合同，上牌修理六分，下牌修理四分，遇有损坏，各修各界，不敢争论。所有上下别闸，照旧修筑。"[1] 类似的条规还有光绪二十六年（1900年）《凤亭堰公议放水条规碑》，道光十六年（1836年）《唐氏祠堂地产纠纷调处碑》，这就是通过刻碑记事，确定所争水道、地产有关责权利，从而更长久地起到定分止争的作用。有时，这种纠纷解决的条规，还诉诸乡间的"权威"，从而形成更为稳定的解纷机制，如《公和兴会公议条规碑》中，"乡保原为理断曲直，务要择其谙练公正明白者"，《双丰桥组碑》中也有"当该乡保，必须刚方正直，协力办公。合乡无论大小事件，有人经投，稽查的确，邀众理质，是非剖明，忠心解释，不能受贿"。这些都是以条规的形式，确立了乡保等地方权威在调解纷争中的作用。

4. 公共事务

例如兴学、义仓、庙祠、义田、水利等，均属于此类地方性公共事务，略举数例如下。

> 凤阳台新设义学条规碑：
> 延师宜定章程也。义学开馆，均于开印前后择吉入学，十二月中旬散馆。
> 化诲宜广也。课诗课文，须定有日期，并令馆师将存心立品、居家治事之道随时指点，切加劝诫。道光二十八年（1848年）《凤阳台新设义学条规碑》
> 平利知县颁布秋河义仓条规牌示碑：

---

[1] 陕西省古籍整理办公室编：《安康碑石——陕西金石文献汇集》，三秦出版社1991年版，第190页。

义仓首士，必由绅耆公议殷实练达粮户，三年轮流更换。

各保义谷借放农民，必须觅请承还妥保，出立借据，由该首士等酌量借给，定限。

开仓放谷，如素无恒业，游手好闲之徒纠众来仓，恃强估借，准该首士等□□从严惩办。

天柱山庙公议戒律条规碑：

戒不孝师亲。二戒不敬尊长。三戒嫖赌。四戒唆讼。五戒洋烟。六戒口过。七戒争讼。八戒施济。九戒敬惜字纸。十戒爱惜五谷。

庙上田地，毋论自置公舍，按稞一石，扣佃手钱六串，不得明佃暗当，多用佃手。

不准首士在庙串通，勾引嫖赌洋烟，唆讼骗才（财）。[1]

类似的寺庙、义田条规还包括道光二十年（1840年）《平利知县颁布女娲山三台寺条规告示碑》，同治四年（1865年）《化里墟忠义讲所组碑》，光绪九年（1883年）《宁陕抚民分府严禁烧山毒河告示碑》，等等。从这些条规的内容可以看出，其设立的作用当然是在于对公设义学、义仓、寺庙等有关的公共事务作出安排或规范，这也构成清代陕南地方治理的重要内容。

(二) 乡治的构成性因素及其实现

戴炎辉在研究我国台湾地区乡治时，以现代政治学及公共行政之概念，将乡治细分为自治的职务与"官治的职务"，前者主要为约束民人以维持秩序，或者增进福利而捐建并维持公共事务等；后者主要为涉及官府的行政与司法诸方面，例如官署谕告的传达、公课追征、保甲的组织、户口的编查，等等。[2]这两类事务，在前述清代陕南的乡治中亦十分明显。作为一种自治的秩序，乡治的实现绝不单单是几个刻在碑石上的条规所能达成，其中人的作用不可忽视，或者说，良善的乡治，正是通过人与制度的有机结合，互动

---

[1] 陕西省古籍整理办公室编：《安康碑石——陕西金石文献汇集》，三秦出版社1991年版，第167页、第295页。

[2] 黄静嘉："'淡新档案'研究成果之一范例——戴著《清代台湾之乡治》初读、选录及书后"，载《法制史研究》2005年第8期。

影响得以形成。具体在陕南,作为制度的条规,作为治理主体的乡里权威,以及官府若隐若现的影响,均构成乡治的重要因素。

在清代乡治中,起到重要作用的,应该是地方条规。在我国台湾地区,就有各种习惯的庄规,且有将其立为"合约字"者,内容常有"官有正条,民有私约"。庄规由总理、保正、甲长、牌长、队长等予以维持、执行,破坏庄规者,加以庄罚。〔1〕在陕南乡治中起到关键性作用的,也是各种地方性"条规",也就是说,碑石上的乡约、条规具有重要的制度性作用。形式上,碑刻的"条规",通过公议、公示的方式建规立制,"德业相劝,过失相规,礼俗相交,患难相恤也。各有条目,善恶皆书于籍,以定赏罚"。〔2〕用碑刻的方式来公示条规,是因为碑石在中国文化中特殊的意义,"且夫碑者,所以纪事者也。大凡事业既成,而无碑以记之,后世君子不知其事由何而始、至何而成。自铭之以碑,则当世见之而了然,后世践之亦灿然。碑之所系,诚大矣哉"。〔3〕因此,以碑刻这样正式的、庄重的方式公示"条规",首先在形式上使"条规"具有了权威性。

在内容上,陕南"条规"十分注重通过融汇情理的说服性修辞,增加乡间民众对"条规"的可接受度。古罗马法学家西塞罗认为:"仅仅出于恐惧而遵守法律,这种想法不仅会让一个有学识的人感到脸红,甚至也会使一个头脑简单的乡巴佬感到脸红。"〔4〕而说服,正是将这种外在的恐惧,转化为内在的自主性动机。这种说服很大程度上依靠"条规"的序言来完成,柏拉图特别重视"法律序言"的作用,他说:"我深信,像人们所说的那样,凡是用竖琴奏出的歌及所有音乐作品,它们的'律—调'都以一段经过精心制作的序曲作开场白,但是却从来没有人将真实法律的某一部分成为序曲。"〔5〕甚至,在本质上起说服作用的,是序言而不是法律。其中部分原因在于,序言是某

---

〔1〕 黄静嘉:"'淡新档案'研究成果之一范例——戴著《清代台湾之乡治》初读、选录及书后",载《法制史研究》2005年第8期。

〔2〕 陕西省古籍整理办公室编:《安康碑石——陕西金石文献汇集》,三秦出版社1991年版,第221页。

〔3〕 陕西省古籍整理办公室编:《安康碑石——陕西金石文献汇集》,三秦出版社1991年版,第218页。

〔4〕 [英]埃德蒙·柏克:《自由与传统》,蒋庆等译,译林出版社2012年版,第252页。

〔5〕 [法]卡斯代尔·布舒奇:《〈法义〉导读》,谭立铸译,华夏出版社2006年版,第187~188页。

类"不易被归为一种相同模式内的"表述，它允许各种相异的定义，暂时放弃使用统一的概念来确定特定的形式，因此，它更适合使用温和的、亲切的语言，来阐述立法的关键理由，并达到"说服"的目的。这里类似谈话"开场白"的法律序言，可以激发信任，并在信任的帮助下使某人更容易地懂得别人可以通过它来学习的东西，以便使命令，也即立法者赋予法律的人所接受，它有助于我们更清醒地认识到全部谈话（即法律）的目的所在。类似于音乐中的序曲，或对话的"开场白"，通过这样亲切的方式，将人们自然地带入法律这一"情境"当中。[1]陕南地方"条规"中的序言，除阐明条规源流之外，正是起到了这样一种类似说服的作用。有的序文诉诸道德、情理，如：

> 光绪元年（1875年）夏，有武生陈凤君等，合庙子垭绅耆里民乡保，同立公议，以靖地方。——尝观往古之盛衰，察今世之好恶，而知济世经邦之略，可一言而也，一言者何，曰恕也。凡人情有不平则鸣，本恕以调之，而不服者服矣。噫嘻，恕道之不明，此宇宙之所以不能无事也。倘能推恕以与世，故周施天下后世，咸享乐利。区区一乡，又复何虑。——今见乡里人情汹涌，似有不遂其欲，迫于不忍，以立斯议。非矜才也，聊即恕以为和睦乡里之本云尔。[光绪元年（1875年）《庙子垭公议乡规碑》]

有的序文则诉诸人情、法理，如：

> 盖闻物非己有而窃取者，谓之盗。盗也者，不必穿窬之谓也。凡稻、梁、黍、稷、漆、桐、耳、枸、竹、木、蔬菜，俱不可以任意侵掠也。我境土瘠民繁，五谷为养命之原，货财亦糊口之助。竟有狗盗狼窃之徒，白昼强取，黑夜窃盗，竟使业不由己，民不聊生。今合境绅耆共商，立一禁碑，使界别畛域，物分尔我，遵连乡同防之典，循守望相助之经，同心共济，各正性命，岂不寿域同登，仁里共处也哉。所以禁规列左。[光绪二十二年（1896年）《牛王沟公议禁盗碑》]

---

[1] 韩伟："立法者、医生与良法之治"，载《读书》2013年第4期。

从"乡规""条规"中,不难发现乡保、绅耆等人在乡治中的核心作用,他们构成乡治的主体。明代后期以后,传统的老人制难以维持乡村秩序,随之在全国广泛地施行以宣讲六谕为中心、以教化和纠纷调停等为目的的"乡约",以及为治安维持及乡村防卫而组织的"保甲"。[1]在甘肃华亭有关乡规民约的清代碑刻中,提出善政优先在保民,其方式是以民保民,故"编联保甲章程十二条"。[2]在我国台湾地区的乡治中,地方性权威或精英起到关键作用,如在"联庄"这一自治团体内,由区内绅耆等选举总理,而由官谕许其充任。但总理并非区内独裁者,仅为区内各种乡职之首席而已,区内有重要事务,仍会商区内街庄正、绅耆等办理。[3]就陕南而言,这些乡治的核心人物可以约略分为两类,一类是半官方性质的,如乡约、保正等,另一类是民间性质的,如绅士、耆老,等等。士绅在清代特有所指,其在乡间的特殊地位并不纯粹取决于经济地位,也就是说士绅的成员身份并不仅仅来自土地或财富的拥有,只有经过儒学教育,"在通过了省学政主持的'院试',取得初级功名和官学正式学生身份后,才能跻身于士绅阶层"。[4]这意味着,士绅不仅仅拥有身份或财富,更重要的是,他们对儒家伦理起到一种传承作用,这当然影响到其主导的地方"条规"与乡治。耆老即指乡里老人,所谓"耆老一唱,而群和之",正反映了乡里有实力者的支配乃至支配和从属的关系,[5]故耆老也享有一定地位。乡保、绅耆首先在制定"条规"中起到主导作用,多数地方"条规"都会明示经"公议",而参加"公议"的主体,当然是乡保、绅耆等地方主事人物,例如《丰口坝公议条规碑》的落款,即有"绅士柯瑞其、乡约刘占华、保正徐国文、王正友、陈继尧……"[6]更为明显的是,在一些"条规"中,由于所涉之事即是由绅耆、乡保等地方精英主持而成,

---

[1] [日]中岛乐章:《明代乡村纠纷与秩序》,郭万平、高飞译,江苏人民出版社2010年版,第181页。

[2] 《华亭文史》第十五期,政协华亭县委员会学习文史委员会编,1997年8月8日,总字65号。

[3] 黄静嘉:"'淡新档案'研究成果之一范例——戴著《清代台湾之乡治》初读、选录及书后",载《法制史研究》2005年第8期。

[4] 瞿同祖:《清代地方政府》,范忠信、何鹏、晏锋译,法律出版社2011年版,第271页。

[5] [日]仁井田陞:《中国法制史》,牟发松译,上海古籍出版社2011年版,第279页。

[6] 陕西省古籍整理办公室编:《安康碑石——陕西金石文献汇集》,三秦出版社1991年版,第126页。

故其自然主导了"条规"的制定，例如《水田河保共置产业公应杂税条款碑》中，言明：

> ……幸乡耆张立发慨捐自置下坝牛王沟山地一分，胡君安泰复倡捐重资，众绅粮咸乐资助，得钱三百余串文，公置东河瓦房田地一分，计价二百二十串，议即海龙王庙为公所，每岁首士经理，所入租款，以支一应杂税。自今以往，户完国课外，一无需索。[1]

这里由乡耆、绅粮等公议确定共置产业，公应杂税之举，其具体条款自然是来自参与公议的乡间精英人物。乡保、绅耆还具体负责公共工程与公共福利，并协调解决乡民间的纷争："境内既有乡保，原为与人理论是非，凡有不公之事，即当投鸣，理质了息，各安生理。如理质实不能已，致讼可也。其有不经理质，而恃刁构讼、以图拖害者，轻则公议处罚，重则禀官惩治。"[2]由乡保等人解决纠纷的制度也得到官方的支持，在石泉县，由县令主导制定的条规即要求："遇争竟不明、鼠牙雀角等事，务先鸣乡保理论，不许逞凶殴打。如有不公，方可控告，不得挟嫌□告，拖累无辜。"[3]这为乡保等解决民间纠纷增加了权威，也获得了正当性依据。

从碑刻"条规"中，还可以约略看到官府或官法作为背景性影响的作用。客观上，由于清代官府财政因素制约，无法深入乡间治理，[4]如此"简约化"乡治，不能不说是当时条件下形成的一种实践智慧。官府的影响力通过两种方式实现，一种情形是，地方官员亲自参与"条规"的制定，例如《石泉知县整饬风化告示碑》中明确"十次盍为整饬风化以靖地方事"。

> 特调石泉县正堂加五级记录十次盍为整饬风化以靖地方事。案中池

---

[1] 陕西省古籍整理办公室编：《安康碑石——陕西金石文献汇集》，三秦出版社1991年版，第278~279页。

[2] 陕西省古籍整理办公室编：《安康碑石——陕西金石文献汇集》，三秦出版社1991年版，第219~220页。

[3] 陕西省古籍整理办公室编：《安康碑石——陕西金石文献汇集》，三秦出版社1991年版，第134页。按：该录文"争竟不明"之"竟"，应为"竞"，意指争端，争逐。疑为录文错误。

[4] 尤陈俊："清代简约型司法体制下的'健讼'问题研究：从财政制约的角度切入"，载《法商研究》2012年第2期。

河绅士、粮户、乡保等禀称,近来人心不古,各乡保肆行告状兴讼;又有僧野道并装烟、歌唱之辈,每遇红白喜酌,硬行强讨恶化;并有掏挖沙金损毁田地,无赖匪类偷窃漆树、田禾、树木,及窝赌窝娼之家,任意妄为,禀请示禁等情。[道光五年(1825年)《石泉知县整饬风化告示碑》]

另一种情形是,"条规"的内容自觉援用官法:"赌博乃朝廷首禁,……若犯赌博,国法难容。轻则杖枷,重则徒流。况南山一带,罪加一等,可不慎之戒之。"《大清律例》在"杂犯"中确有赌博罪的规定:"凡赌博财物者,皆杖八十,摊场财物入官。其开张赌坊之人,同罪。止据见发为坐。职官加一等。"[1]对国法的娴熟援用,自然增加了"条规"的权威性。

总体来看,在清代陕南,正是作为制度的"条规",作为主体的乡保、绅耆,以及作为背景影响的官府,三者有机结合、协力作用,才构成了整个乡治的秩序。当然,从地理环境上看,安康一带地处南北政权交界与汉族和少数民族共居的地区,在历代大的战乱中,受到的影响相对较小,与整个国家形势相比,社会相对比较安定。在文化上,属于南北方文化交叉地带,文化的交流与民族的融合,也有利于和谐有序的社会自治秩序形成。

(三) 清代陕南乡治的反思

托克维尔在考察美国时,认为美国的乡镇精神是美国民主的秘诀之一,乡镇的精神就是其"独立和有权",在只与其本身有关的一切事务上具有独立性,通过自治的形式管理公共事务,"乡镇生活可以说每时每刻都在使人感到与自己休戚相关,每天每日都在通过履行一项义务或行使一次权利而实现。这样的乡镇生活,使社会产生了一种勇往直前而又不致打乱社会秩序的稳步运动"。[2]因此,一个完善的乡村治理机制,对于整个社会的秩序,乃至国家的安宁都具有极为重要的作用。因此,重建乡村秩序,再造美好田园成为我们今天必须解决的一个问题,对此,虽然我们不必动辄发"思古之幽情",但传统的有益经验、智慧仍然值得汲取。

---

[1] 张荣铮等点校:《大清律例》,天津古籍出版社1993年版,第560页。

[2] [法] 托克维尔:《论美国的民主》,董果良译,商务印书馆2017年版,第75页。

1. 绅耆、乡保等乡间权威在乡治中具有主导性作用

各种地方性"条规",首先都是在"公议"的基础上达成的共识,是一种共识性规范。马克斯·韦伯认为法律规范的两个主要来源之一就是共识,"某些共识,尤其是某些目的理性的协议之趋向定型化",[1]由于绅耆等在乡间的权威性,这种共识构成了具有约束力的规范。绅耆、乡保等资助公共事业,解决乡间纠纷,更是直接介入了社会治理。因此,不管是地方条规的制定,还是乡间治理的具体展开,绅耆等乡间精英人物的主导作用均不容忽视。当然,士绅等主导的乡治与现代的地方自治仍有差别,在清代,乡治的条规虽然是通过绅耆等公议决定的,但佃户是不参与商议的。乡治的参与者仅限于少数群体的士绅,他们既不是地方百姓选举的代表,也不是政府任命的代表,只不过凭借自己的特权地位而被习惯上接纳为地方社群的代言人。士绅等的利益与社会其他群体的利益常常会有冲突,这不符合自治要求社会利益被作为一个整体被代表的标准。[2]因此,清代乡治在普遍性、公平性方面,仍与现代自治相差甚远,但信奉某种正面价值伦理的地方精英在乡治中的作用,无疑值得肯定。

2. 乡治始终受到主流道德伦理的引导

从前述碑刻资料中可以看到,赌博盗窃、强乞抢夺、烧山毒河等"悖德"行为在清代地方大量存在,但是,正因为深受儒家文化影响的士绅等在乡治中的核心作用,儒家的伦理道德经由他们的中介,进入乡治的各个方面,无论是地方条规序文中对"恕"道的阐释,还是"条规"内容中对"忠信孝悌、礼义廉耻"的反复强调,以及纠纷调解中"恕、让、和"等思想的运用,这种道德伦理的积极作用,成为推动乡村社会氛围积极向上的主要力量。这与中国传统法文化一直奉行的德主刑辅、刑以弼教的精神是一脉相承的。

3. 官府及其官员在乡治中的有限参与

既然为"乡治",那就需要充分发挥乡间民众自身力量的作用,作为国家行政主体的官府及其官员,虽然在乡治中并不完全隔离,但其参与度是有限的。在陕南,虽然这种来自官方法令的影响始终存在,但官府对乡治却保持

---

[1] [德]马克斯·韦伯:《法律社会学》,康乐、简惠美译,广西师范大学出版社2011年版,第153页。

[2] 瞿同祖:《清代地方政府》,范忠信、何鹏、晏锋译,法律出版社2011年版,第318页。

了谨慎及克制,尽量充分发挥乡间精英力量在治理中的作用,官府及其官员只起到最终的保障作用。因此,在道德伦理上的引导,用法律制度来约束,但优先发挥乡村自生性力量在乡治中的作用,克制官府介入乡治的深度与广度,是陕南乡治的另一个重要经验。

三、乡规民约与基层社会治理

费孝通总结中国的乡村是"无法"的社会,但又是"礼治"的社会。礼是被公认的行为规范,合乎礼就说明这些行为是做得对的,是"合式"的。礼与法不同,法律是依靠国家的权力来推行的,礼却不需要这种有形的权力机构维持,而是在日久天长的教化中养成的敬畏之感,使人服膺,故人服礼是主动的。礼不仅不同于法,也不同于德,人做了不道德的事,见不得人,感到羞耻;礼更甚于道德,如果失礼,不但不好,而且不对、不合,这是个人习惯所维持的,即使在没有人的地方也不会不能自已。[1]

(一) 乡规民约的法理阐释

宋明以来,乡规民约构成乡村"礼治"的重要组成部分,蓝田二吕的《吕氏乡约》、王阳明的《南赣乡约》都是通过乡约实现乡村善治的典型代表。然而,世事变迁,晚清以降的近代中国,处在"千年未有之大变局",是又一个"礼崩乐坏"的大时代。礼治赖以维系的传统虽不能说消失殆尽,但无疑遭到了很大的侵蚀,这也是乡规民约难以发挥有效作用的重要原因。乡规民约作为一种"民间法",其效用发挥是基于特定社会情境的法律文化,今天实现乡规民约的现代转化,发挥其积极作用,就需要从内容、机制等方面来构筑新的乡村法文化。

乡规民约内容的传承与重构。以《吕氏乡约》为代表的传统乡规民约,已经成为一种历史遗存,其中很多规则已经不符合现代法治的要求。但是,深入考察传统乡规民约,其中仍有不少内容值得我们借鉴,比如邻里互助、患难相恤,比如严禁盗窃、赌博、滥伐林木等。因此,构筑适应现代法治文化的乡规民约,需要在传承中创新。

---

[1] 费孝通:《乡土中国与乡土重建》,风云时代出版公司1993年版,第147~158页。

传统乡规民约主要反映的是儒家思想传统，其中有不少维系旧礼教的内容，甚至包含私刑、肉刑，有违现代法治。但是，儒家传统重视家庭，重视地方性宗族团体利益，这与纠正过度个人主义的社群主义有相通之处，这种价值取向值得批判性借鉴。从方法论上，传统乡规民约的规范内容选择也值得思考。乡规民约更多与人情民俗有关，而中国社会"十里不同俗"，这也要求乡规民约要适应当地的风俗民情，确立适合地域特点的规范内容。此外，传统乡规民约中还有一些具体的行为规范值得深入考察，如"拾麦规则"，主体是老弱妇孺，行动守则是只能从地上拾"弱穗"，[1]不能从割好的麦穗中拿饱穗，其中蕴含的扶老矜弱的思想，古今一理。还有诸如乡村的土地分界、林木权属、婚姻习惯，只要不违背国家强制法，都可以成为当代乡规民约的重要内容。乡规民约的现代转化，需要避免立法者的"自大"，如俞江所言："规则不是立法者自大的产物，它在生活中，离人心不远。规则是人性和常识的映射，它朴实无华，却无比光辉。"[2]真正有效的乡规民约正是如此，它存在于乡民的日常生活中，像儒家的"礼"一样，人们习焉不察，但却发挥着实际的作用。检视并重新发现传统的乡规民约，就是要挖掘其中恒常性的价值或规范，为当代乡规民约注入历史底蕴。

　　乡规民约的制定需要乡民的参与，但又不完全是乡民自主意愿的产物，而是需要有价值引领性，法治正当性。乡村振兴的关键是人的"振兴"，是人心的提升。毋庸讳言，当代中国部分乡村中确实存在一些不良的风习、陋俗。因此，新的乡规民约需要注重正面价值的引导，将社会主义核心价值观有机地融入乡规民约，用村民听得懂的、做得到的规范，引领乡村社会风貌的改善。同样，新的乡规民约的构建，需要受到法治的检验，在尊重乡风习俗的同时，遵守国家法律法规，固守平等、尊严等法治的基本价值。当然，从尊重乡规民约构建自主性的角度，不宜提前做过分严苛的"合法性审查"，而是可以建立事后的"司法审查"机制，即发生涉及乡规民约的法律纠纷时，由基层司法机关依法作出裁断。这样，既能保护民众参与制定乡规民约的积极性，传承弘扬"在地化"规则，又能防止乡规民约的内容越出法律的边界。

---

[1] 张田田：《案例故事中的清代刑法史初探》，法律出版社2019年版，第36页。
[2] 俞江：《规则的一般原理》，商务印书馆2017年版，第202页。

(二) 乡规民约的保障机制

当代中国的乡村治理，是国家与社会治理的基础，实现乡村社会的善治，一方面需要发挥道德、法律等社会规范的作用，另一方面需要重塑乡村治理的引领者、保障者，由他们来推动乡规民约的有效实施。其中，特别是拓展"新乡贤"的生成和培育途径，更好地实现乡村社会法治、德治、自治的融合。

引领主体的缺失是乡村治理溃败的重要原因。传统中国乡村之所以能维系较好的社会秩序，除了乡规民约等制度性因素，内化了主流道德伦理的士绅作为治理主体，是更为重要的原因，正是士绅等乡村精英人物保障了乡规民约的效力，使乡村自治有了保障性力量。近代以来，随着战争与革命的展开，传统士绅由于无法适应历史发展的进步历程，逐渐退出了社会舞台，新的治理主体没能及时形成，一些原本处于社会边缘的豪强，甚至"混混"趁机进入，他们以利益为导向，几乎没有道德伦理约束，导致乡村治理中的"黑化""灰化"，[1]此过程一直延续到农业税费改革之后，乡村治理一度呈现溃败之势，这也凸显了依法扫黑除恶的必要性。

不断拓展思路，创新"新乡贤"的生成形式。改革开放之后，伴随着市场经济的发展，乡村中逐渐形成了一批有商业头脑的"能人"，他们凭借过人的经营能力与积累的巨额财富，加之对村社公益的关注，很快承担起"乡贤"的角色，在乡村社会生活中发挥了更大的作用。然而，由于道德维度的缺失，企业家型的"新乡贤"在实践中问题丛生，且不说部分乡村能人的巨额财富造成严重的贫富差距，对村社公益事务的关注也带有很大的偶然性，即便是担任村社领导职务，往往演变为利益获取的另一种途径，在乡村自治中的作用极为有限。因是之故，必须创新"新乡贤"的生成形式，走出财富精英的狭隘倾向，允许更多有热情、有想法的人士参与到乡村自治中来。令人鼓舞的是，随着中国社会的不断成熟，特别是中等收入群体社会责任感的增强，出现了新一轮"去城市化"的过程，这个过程不再是小资情调的"一抹乡愁"，或者是农民打工者返乡过年的"难舍亲情"，而是有一大批人出于自觉开始选择离开城市，返回乡村去生活，他们中间有从农村走出的退休优秀干

---

[1] 参见陈柏峰：《乡村江湖》，中国政法大学出版社2011年版，第272页。

部，有对农村、农业、乡村文旅非常熟稔的专家学者，也有其他知识分子、艺术家，还有热衷乡村建设的年轻人，他们中的大多数人，不仅有丰富的专业知识，更是内化了先进文化和道德追求，具有法治思维和规则意识，辅之以对乡村生活真挚的热爱，完全可以成为"新乡贤"构建的潜在主体力量。

"新乡贤"培育中加强多元制度保障。随着人们职业和生活选择的多元化，走向广阔乡村工作或生活的社会趋势已经出现，如江苏耿集选拔老党员、老教师组成"乡贤之家""乡贤工作站"，调解纠纷，促进乡村和谐。创新和拓展"新乡贤"生成基础的曙光初现，但限于目前城乡二元的制度结构，仍存留着一定障碍。要激励更多有识之士进入"新乡贤"群体，必须构筑法律制度中身份和财产的平等保护。现在很多城市开放了户籍准入制度，允许符合基本条件的公民迁入，乡村户籍管理完全可以借鉴，拓宽户籍准入制度，最终促成城乡之间户籍的双向合理开放，让有志于乡村事业的"新乡贤"获得平等的身份保障。"无恒产者无恒心"，财产权利的法律保障，对"新乡贤"的重塑同样十分重要。在农村，集体土地所有权是中国的一项基本法律制度，在尊重土地法律制度的前提下，适当地完善"新乡贤"的土地承包、租种制度，保护他们的合法土地权、居住权，保持法律制度的稳定性，才能更有效地激励"新乡贤"更好地融入乡村社会，参与乡村自治与振兴发展。

思考题

1. 论述传统"乡法"的功能。
2. 传统乡治如何实现？

阅读书目

1. [美] 克利福德·吉尔兹：《地方性知识》，王海龙、张家宣译，中央编译出版社2000年版。
2. [日] 滋贺秀三：《中国家族法原理》，张建国、李力译，商务印书馆2013年版。
3. 梁治平：《清代习惯法：社会与国家》，中国政法大学出版社1996年版。

第九讲 红色基因

革命司法传统中的法治文化

中国共产党领导人民在革命中形成的革命文化，自然以马克思主义为灵魂，但它同时也包含了优秀的中华传统文化。因此，革命法治实践，尤其是司法中形成的优秀法治文化，是中华传统法治文化的传承与创新，是中华优秀法治文化的重要组成部分，更构成社会主义法治文化的红色基因。

一、红色基因之为民便民

（一）马锡五论司法便民

马锡五审判方式是新民主主义革命时期创造的新型司法模式，它之所以得到广泛的认可，就是因为其中的司法便民利民思想。马锡五审判方式体现着群众路线与群众观点，它不只体现在马锡五有关司法的言谈论说之中，更体现在他长期的司法实践中。1949年5月，马锡五在延安大学作了有关司法的报告，对革命以来司法的主要特征及具体实践作了全面的总结，在谈到陕甘宁边区法律的特点时，特别强调了法律的民主性，他说：

> 按封建的地富阶级，其人口在全国总人口里仅占百分之十八，而我们现在所要消灭的，只是以四大家族为首的封建地主阶级和官僚买办资产阶级，则其人口在全国总人口中所占的比例更要小，就是说我们所要压迫的人是极少数，所要保护的是绝大多数。在全国范围内占其总人口百分之九十以上，所以边区的政权，现在在世界上，除苏联以外是最民主的政权，这就是法律的民主性。[1]

当时马锡五所讲法律的民主性，不可避免带有时代的局限性，如强调阶级划别，但其主要指向，仍是法律要保护人口的"绝大多数"，并且司法要有

---

[1]《人民法院马锡五在延大关于司法几个问题的报告》（1949年5月22日），陕西省档案馆藏，档案号：15—151。

人民群众的参与，最终保护人民的利益。边区实行了免除讼费等一些便民的司法制度，马锡五仍嫌不够，他说："边区大半是农村环境，人民常常要到数百里以外的法庭进行诉讼，虽然具有不收讼费，不识字的农民无需找人代书状纸，口诉有同等效力的便利条件，但化（按：花）盘费、误农时，还是当事人很大的负担。很多乡民怕出远门，受到冤抑宁肯埋在心头，也不去申诉，或在初审判决不公平，也同样不愿上诉。我们移到人民那里去问案，只一个推事，一个书记员，带上笔墨案牍，走到任何一个乡村，就可以开庭。"[1]有关边区司法的这些表述，体现了马锡五对人民群众疾苦的深刻理解，也反映出他处处为民着想、替民解困的情感取向，司法对马锡五而言不单是一项专业化、技术化的工作，更是落实"为民服务"价值追求的现实载体。

马锡五法治思想的民主性，也体现在他丰富的司法实践中。马锡五总结其司法经验时说："调查审讯均有群众参加，竭力求得全面正确，是非曲直摆在明处，然后把调查的情形在群众中进行酝酿，使多数人认识一致，觉得公平合理，再行宣判，既合原则，又近人性，不仅双方当事人服判，其他事外人也表示满意，同时，宣传的政策法令，锻炼了干部教育了广大人民。案件就顺利解决了。"在封捧儿婚姻案中，庆城的马锡五接到封捧儿的诉状后，了解到她当时住在悦乐镇姑妈家，就利用下乡的时机，专门到悦乐镇处理了这一案件，当时通讯不便，据说是提前约好了在悦乐镇的大桑树下见面，再次当面听取她的陈述，又询问了曾经做媒的捧儿姑妈的意见，再召集封彦贵、张金财、张柏等相关人，一同或个别作面对面的谈话，最终依照边区法律，支持了捧儿与张柏的婚姻，合情合理地解决了这一案件。

在司法实践中引入民主，还成为适时调整、修订政策法律的契机，因为司法者需要深入民众作出裁断，在诉讼中更容易了解民意，"乡村中不高兴的诉讼者有可能迫使政府考虑其利益而稍稍修订法令，以实现基层社会的安宁"。[2]经由司法实践，来自民间的反馈及时反映到立法机关，使得民主贯彻

---

[1] "陕甘宁边区司法考察记"（1946年），引自杨永华、方克勤：《陕甘宁边区法制史稿·诉讼狱政篇》，法律出版社1987年版，第140页。

[2] Xiaoping Cong, Marriage, Law and Gender in Revolutionary China, 1940—1960, Cambridge University Press, 2016, p194.

于法治各个方面。

可见，马锡五审判中注重发挥群众的作用，一方面表现为深入群众、依靠群众的司法群众路线，无论是调查、起诉，还是调解、审判，都充分发动群众参与，实现了司法的民主化；另一方面从法治的价值指向看，体现了为民、亲民、便民的理想情怀，无论是立法的取向，还是司法的制度设计，都以最大程度服务人民为宗旨，通过法治服务人民，不只是在司法人员的修养与法律的程序中落实便民，更通过个案裁判的公平、公正，满足人民对法治的期待。

（二）谢觉哉论司法为民

谢觉哉是党的司法工作领导人，先后在中央苏区、陕甘宁边区，以及中华人民共和国成立后在最高人民法院担任领导职务，为新中国的司法工作作出了卓越的贡献。1884年出生的谢觉哉是湖南宁乡人，他出身于殷实的农家，自幼接受私塾教育，是晚清最末一科秀才。谢觉哉早年曾在宁乡、长沙等地从事中小学教育，并在湖南省立第一师范学校任教。

在大革命和中央苏区时期，谢觉哉就显示出了他在法律工作上特有的天赋，并参与或协助起草了《选举法》《土地法》等多部法律文件。红军长征到达陕北后，谢觉哉很快成为陕甘宁边区法制建设，特别是司法工作的主要领导人。他先后任陕甘宁边区高等法院院长、边区秘书长、陕甘宁边区参议会副议长等重要职务。也正是从陕甘宁边区开始，谢觉哉显示出了对法律问题的极大兴趣。尽管他担任高等法院院长的时间很短，但他一直关注司法工作。不仅确定了陕甘宁边区司法制度的大政方针，亲自参与了部分法律法规的起草，甚至还经常亲自参与审理案件，初步确立了陕甘宁边区新型的人民司法制度。

延安时期，谢觉哉力倡独立公正司法，但需依据具体国情看待"司法独立"。1945年，在一次座谈上，他曾说，法律独立，不受别的力量干涉。审判独立，审判前有监察，审判后政府有缓刑、赦免权以救济某些例外的需要。这种独立，我们还非常不够，应该扶助这种倾向使其从速做到真正独立而不是批评它。当然，具体到陕甘宁边区的社情，他又说，政府会议讨论司法案件，高等法院关于死刑案件必须经政府审核，人民对高等法院终审判决不服

向边区政府抗告,这都是因为"法律不完全,司法人员又幼稚,必须采取这些办法,使判决正确,树立司法威信"。〔1〕

谢觉哉特别重视"司法为民"的价值取向。在他看来,司法民主是司法为民的理论基础。谢觉哉在谈到苏联司法制度的优点时说:"苏维埃法庭传一个农民来问案。农民说,现在农忙,没有工夫,改期吧!传票者回去报告,法庭即予改期。"司法当然需要遵循一定的程序,谢觉哉的这些话,并不是说完全不要程序,而是指适当调整那些不适应农村社会、战时环境需要的繁琐程序,使得司法工作更便于人民群众,最大程度地维护他们的利益。

在司法民主、司法为民的思想取向下,谢觉哉又特别强调司法调解工作。他提出了多种调解方式,既有群众自己的调解,也有各级政府接受人民的请求或主动去调解纠纷,还有司法调解,做到审判与调解有机结合。对调解原则,谢觉哉特别要求"取得双方当事人的完全愿意,不可有稍微强迫"。为此,就需要听取群众意见,善于转变当事人的情绪,"凡争都是一时之气,气一平什么都好说"。〔2〕这些,都需要在司法与调解的长期实践中逐渐积累经验。同时,他还极为反对调解的形式化,反对争取"调解数字上的锦标",调解应该实事求是,纠正为了片面提高调解数字而"强迫当事人服从"的错误偏向。

中华人民共和国成立后,谢觉哉担任中央人民政府内务部部长。1959年,在第二届全国人大一次会议上,年逾古稀的谢觉哉又受命担任最高人民法院院长。抱着严谨负责的态度,谢觉哉在最高人民法院院长任上,很多事都是亲力亲为,重要案件亲自阅卷审查,甚至晚上带回家铺在地上看。对死刑案件,他特别指示,不能再以电报形式报案审核,必须报送全案卷宗,并收回了死刑的最终审核权。对死刑案件作最终决定时,他经常会自问,"有没有理由不杀他"。这当然不是对犯罪者的宽纵,而是中国传统法文化中慎刑、仁恕、"重命"思想的自然流露。

(三) 梁柏台论人民司法

梁柏台,浙江新昌县人,他是中央苏区时期卓越的红色法学家、司法专

---

〔1〕 谢觉哉:《谢觉哉日记》(下),人民出版社1984年版,第755页。
〔2〕 谢觉哉:《谢觉哉文集》,人民出版社1989年版,第594页。

家,为革命根据地的法制工作作出了卓越的贡献。梁柏台出身于普通的农民家庭,自幼聪颖好学,曾分别在知新学校、浙江第一师范学校学习,早在知新学校、浙江第一师范学校期间,就接受了"三民主义"的新思潮。1921年,他参加了上海社会主义青年团,在青年团的安排下远赴苏联学习和工作,1924年圆满完成了东方大学的学习任务,被分配到海参崴工作,担任沿海省职工苏维埃华工指导员,后进入伯力省法院当审判员,从事革命法律研究和司法工作,同时任远东教务部编译局编译。1931年春,受到国内迅速发展的革命形势的吸引,梁柏台回国到中央苏区工作,任中华苏维埃共和国第二届中央执行委员会委员,历任司法委员会委员,司法部副部长、部长,临时最高法庭委员,临时检察长,内务部副部长、代部长,中央审计委员会委员等职务,主持或参加了大量的司法实践工作。通过其司法思想与实践切入,对理解当代中国政法传统与司法为民的历史逻辑和现实意义具有重要价值。

1. 革命导向的"政法"思想

如何处理政治与法律的关系,如何处理党与司法的关系,是中共早期法学家思考的核心问题之一。作为党的早期领导人,作为一个革命家、法律家,梁柏台的司法思想体现出鲜明的"革命导向","在猛烈发展革命战争的时候,一切工作都应当以发展革命战争为中心任务,一切都应服从于战争。司法机关也应当如此,各级司法机关就在这一个任务下进行工作"。[1]可见,梁柏台的司法思想,与党的政法思想保持了高度的统一,以适应革命战争需要为司法机关的工作中心任务,在苏维埃政府时期,这一中心任务就是要保障苏维埃政权及其各种法令的实施,镇压反革命派别及反对苏维埃法令的反革命行动。或者说,就是担负着肃清国内反动势力,巩固苏维埃政权的任务。中央苏区的主要司法机关——裁判部,在判决反革命案件时,以保护工农权利,巩固苏维埃政权,适应革命环境,保障革命胜利为前提。在各种司法的命令和指示上,也同样以发展革命战争的任务来指示各级司法机关。在司法人民委员部的指示下,各级裁判部所判决的犯人,判决监禁在两年以下及处罚强迫劳动的,都编成苦工队,陆续送往前方担任运输工作,以辅助革命战争任

---

[1]"司法人民委员部一年来的工作(1932年)",参见张希坡、韩延龙主编:《中国革命法制史》,中国社会科学出版社2007年版,第399页。

务。在每次苦工队出发时,各级裁判部向他们进行宣传工作。司法机关的工作中,倡导节省事务经费以充裕战费,忌拖延解决案件,梁柏台要求每个案子,自进到裁判部起算,最多不超过半个月必须判决。这一个规定,虽然不能全部实现,但是也有相当一部分得到了实现,大大节省了司法机关的经费。同时,在江西、福建两省及瑞金直属县裁判部附设劳动感化院,经过一段时间的筹划,几百个犯人实行强迫劳动,在经济上不但能够自给,而且还有多余,成为国家收入之一项。

在革命肃反等特殊时期,梁柏台更重视司法机关"革命导向"的作用,强调了司法为革命服务的中心任务。闽赣两省及瑞金直属县裁判部联席会议决议规定,各级裁判部处理案件,在当时最主要的就是对付反革命,在日常工作上也以处理反革命案件为主要任务,一般民刑事诉讼为次要。在司法程序上,反对机械地执行法律条文,一般的程序要为肃反的特殊革命需要让路:不认识到苏维埃法庭是阶级斗争的工具,是压迫敌对阶级的武器,而表现出单纯的法律观,机械地去应用法律。[1]同时,他又积极主动地执行党的肃反路线,对于一段时期偏重肉刑、刑讯逼供的审讯方法,中央执行委员会提出批评后,他坚决地执行中央执行委员会训令的指示,处置案件,注意阶级成分、首要与附和,绝对废止肉刑,不专信犯人的口供,注意预审机关所搜集的证据和材料,同时,与下级政府和地方武装有违反训令的做法作坚决的斗争,给那些破坏正确肃反路线的分子以打击。对于人民群众有教育意义的案件,经常组织巡回法庭到群众聚集的地方去审判。梁柏台的革命导向的司法思想与具体工作方法,在肃反工作中收到较好的效果,推动了革命工作的发展。

2. 重视程序的法治思想

尽管面对"肃反"等特定问题,梁柏台反对机械的法条主义,强调法律以革命需要为转移,但他同样重视法律制度、法律程序的作用。在中央苏区,司法机关对于革命工作还是一个新鲜事物,裁判部等司法机关之前在苏区是没有的,是中央政府成立后的产物。在司法工作中,每种工作都是新的创造和新的建设,所以特别困难。开始成立司法机关时,就必须注意司法程序的

---

[1] 梁柏台:"裁判机关的主要工作方向:镇压反革命",载《红色中华》1934年第156期。

建立。首先请求中央执行委员会颁发了裁判部的暂行组织和裁判条例，依据该条例建立各级裁判部的工作，组织法庭，按照条例所规定的程序来审判案件。在司法实践中，推进司法形式的统一化，司法人民委员部颁发了各种表册样式，如案卷、审判记录、判决书、传票、拘票、搜查票、预审记录、工作报告表、搜查记录、苦工队登记表等数十种，以备各级裁判部使用，并且使各级裁判部的公文形式统一。1932年，梁柏台在《司法人民委员部一年来工作》的总结中，特别提出了各级司法裁判部遵循中央法律制度、程序中存在的问题，上级的命令和指示，下级司法裁判部不能按时地正确地去完全执行，部分裁判部不按时向上级作工作报告，裁判部缺乏常规性的工作。中央执行委员会有关改变肃反路线的第六号训令，有时还不能完全地执行，审判的程序还未能按照裁判部暂行组织和裁判条例的规定去进行。

尽管肃反的任务艰巨复杂，梁柏台还是注意了法律程序，他负责司法部，不是随便抓人，打击人，而是以法律为准绳，坚持按法定程序办案，重视调查证据，努力做到量刑准确，避免主观失误。梁柏台还注意区分了司法中"罪与非罪"的差异。周月林回忆说，有一次项英和何叔衡来找梁柏台商量一件事，中央机关有个干部，有很多人到最高法庭何叔衡那里告他，说他官僚主义特别厉害，项英和何叔衡跟梁柏台说，要想办法处罚他。梁柏台说，他还是革命同志嘛，官僚主义我们要反对，但是不要处罚他，还是要用教育的办法好。用什么样的办法教育呢？梁柏台提出用"公审"的方式，实际上就是开大会的方式，通过会上的批评与自我批评，既教育了他本人，又教育了大家。这些虽然是个例，但也反映出他在一定程度上注意了"罪刑法定""正当程序"等基本的法制原则，尽力本着人性、宽容、谦抑的态度执法用法，而不是借法律肆意迫害他人。尽管他的法治思想、程序意识与现代法治的要求存在差距，但在战火纷飞、形势严峻的革命战争年代，能有这样的法制思想，并能做到这些，已经殊为不易。

3. 一心为民的司法情怀

梁柏台出身于浙江新昌一户普通的农民家庭，家境并不充裕，但他自幼聪颖好学。年少就学时，亲身经历了袁世凯复辟、日本帝国主义侵略等世事变幻、民族悲剧，面对严酷的社会现实，他睹物思情，每每由眼前小事论及国家大事；他心怀忧愤，深以国家和人民的疾苦为念。这样的经历，作为红色的革命家，梁柏台始终抱持着一心为民的情怀，这种为民的思想也深刻地融入他的法制与司法思想中。在法制建设中，他特别注意保护工农大众的权益，1933年梁柏台主持的司法部发出第九号命令，决定在城市、区一级裁判部组织劳动法庭，专门解决资本家、工头、老板破坏劳动法及集体合同和劳动合同等案件，以保障工人享受劳动法所规定的一切利益。

出于服务革命、服务大众的思想，梁柏台强调了司法语言的通俗化，司法手续的简便化，以使民众易于接近和理解司法。早在1919年的一封信中，他就提出了语言文字的通俗化问题，比较了文言文与白话文孰优孰便后，提倡尽量使用白话文，他说，言语是思想的表示，文字是言语的记号。思想怎样发表，文字就怎样写下来，可以使我们自由地表达思想，断不至于有妨碍思想的自由。这样的说头，就是现在的白话文了。思想是活的，不是死的，强硬用古文写作，就会窒碍我们的思想。想出一种思想意思，还要合这句话同古文对不对得上，这句话做得工不工整，并且要引用几句典故，弄得脑子糊里糊涂，又费了好多冤枉的功夫，这是何苦呢？所以我只说一句话，古文是死的，白话文是活的，可知道白话文要比文言文好了，白话文要比文言文方便了。尽管在这里，他主要是从阻滞思想自由的角度谈白话文的问题，但从这样的思想倾向，不难看出，在司法语言的使用上，他同样是赞同白话文，赞同以通俗易懂的语言，使得普通民众都能理解法律。

4. 与民咸知的法制宣传

立法易，实行难，如何有效地在社会中推行法制，保障法律在民众中快速地普及并得到彻底执行的问题，历来受到关注。两千多年前，商鞅就遭遇秦孝公之问："法令以当时立之者，明旦欲使天下之吏民皆明知而用之，如一而无私，奈何？"商鞅的回答是，民敢忘行法令之所谓之名，各以其所忘之法令名罪之。主法令之吏有迁徙物故，辄使学读法令所谓。为之程式，使日数而知法令之所谓，不中程，为法令以罪之。（《商君书·定分》）这也就是说，要以严刑强制官吏百姓学法、用法，进而保证法律秩序的实现。换句话说，在法制的有效实施中，宣传教育无疑具有十分重要的基础性作用。在中央苏区，梁柏台十分重视法律教育与法制宣传工作。在总结司法人民委员部的司法工作时，他指出了苏区法制教育宣传的不足，不但一般的工农群众对于苏维埃政府所颁布的各种条例和法令还不很明了，就是苏维埃政府的下级干部也有不明了的，因此不知不觉中有违反苏维埃法令的事情。以后对苏维埃的法令，应向工农群众作普遍的宣传解释工作，使一般群众提高法律的常识，以减少人民的犯罪行为。[1]

梁柏台提出并推行的劳动感化院，实际上也包含着使人们知法、守法的目的。按照他的想法，劳动感化院的目的就是看守、教育和感化违反苏维埃法令的一切犯人，使这些人在监禁期满之后，不再违反苏维埃的法令，通过设置工场，让犯人在劳动中得到改造。感化院还有教育和娱乐的地方，备有各种报纸和书籍，供犯人阅览，还有列宁室和图书馆等场所，使犯人在一定的工作时间外可以受到教育和娱乐。这种对犯罪人进行人道主义的法制教育与感化的方式，放置于历史的情境中，虽然不免存在局限性，但仍有其积极的意义。

二、红色基因之实事求是

（一）苏发云三兄弟杀人疑案

苏发云三兄弟杀人疑案，是马锡五审理的一起著名案件，也被称为"无头案"。当时的侦查技术十分简陋，马锡五凭着实事求是的精神，深入群众调查研究，最终查明了真相，及时纠正了一起冤假错案。马锡五审理的这起案件，为今天的公正司法、司法为民树立了典范。

这起案件发生在七十多年前甘肃陇东地区的曲子县，当地孙普安老汉赶集回家时，意外被人杀害，非常惨烈的是，最终找到的尸体是不完整的，被害人的头颅不见了。当地侦查机关开始认为与孙家有地界纠纷的苏发云三兄弟是杀人凶手，并且很巧的是，赶集时孙老汉曾与他们三人同行，还有目击证人，于是就将他们缉拿归案。三兄弟承认有地界纠纷，但始终不肯承认杀人，案件久拖不决。[2] 被害人的头颅去了哪里？三兄弟为什么始终不肯承认

---

[1] 梁柏台："司法人民委员部一年来工作"，载《红色中华》1932年第39期。
[2] 赵崑坡、俞建平：《中国革命根据地案例选》，山西人民出版社1984年版，第22页。亦参见张希坡：《马锡五审判方式》，法律出版社1983年版，第33页；张希坡：《马锡五与马锡五审判方式》，法律出版社2013年版，第177页。

杀人呢？

事情还得回到数月之前的一天，家住在曲子县天子区教子川的孙普安老汉，按照往常市集惯例，去镇里赶集，想要买些猪仔。一般情况下，他是当天就返回的，但这次不同，一连几天未回家，家里人都有些着急，就四下里寻找。后来，有人在通往集市的隐秘山坳里发现了一具无头尸体。家里人听到消息，不敢相信，赶到出事地点查看，翻转尸体，发现脖子上似乎遭受了斧子一类工具的砍击，身上买猪仔的钱不见了。但没有头部很难辨认，看了很久，才从腋下的一处黑痣上确认了他就是失踪多日的孙老汉。孙老汉显然是遭人杀害。

孙家人报案后，曲子县司法处干部很快到达现场，进行了初步的勘验和检查，并调查了周边群众。很快了解到，孙老汉遇害前，曾经和同村的苏发云一路走过，被多个村民看到。进一步的侦查又发现，苏家三个兄弟，身体彪悍，为人又好强。司法处干部们去苏家调查，发现他家炕上、地下和斧头上都有红色的血迹。再加上之前苏家和孙家土地界线的矛盾，于是就认定苏家兄弟三人是杀人凶手，杀人第一现场就在苏家。按照这个判断，曲子县政府就将苏家三兄弟一同逮捕拘押。

县司法处干部对苏发云三兄弟进行了多次审问，三兄弟始终不肯承认杀人，前后关押了一年多，又查不到其他证据，迟迟无法定案。县司法处只好把案情报告给高等法院陇东分庭，请求分庭协助办案。

这个季节，恰好是秋收时节，陕甘宁边区陇东分区专员，兼任高等法院陇东分庭庭长的马锡五，正带领着专署全体干部到自己负责的农场天子区桥子川刨洋芋。因为秋天丰收，干部们一时忙不过来，便抽了一部分在押犯人一起收运，苏家三兄弟也在其中。

延安时期，在中共领导下，边区实行了刑罚改革，最为突出的就是教育感化刑的应用。它认为，犯人犯罪是基于社会经济原因，并非天生就是坏人，不可救治。因此，通过劳动、学习等，进行教育感化，使其转变思想，提高法律的认识，重新回归到社会中来。苏发云三兄弟虽然属于嫌疑犯，但被拘押期间，仍然对其采取劳动的方法进行教育。

在劳动期间，苏发云看到了马锡五，他借机向马锡五诉说了自己的冤情：

"马专员，真是祸从天降，你想想看，当时我们三兄弟都不在一起，怎么可能会合伙杀人？我们实在是冤枉，请专员到当地调查一下，就明白了。"马锡五听了苏发云的讲述，感到事情确实蹊跷，并且是一起非常严重的命案，又涉及兄弟三人的罪与非罪，人命大如天，需要进一步的调查核实。

等秋收繁忙的劳动过后，马锡五很快就将苏发云三兄弟涉嫌杀人的全部案卷调集来，亲自查阅研究，然后分头审问了苏发云兄弟三个人，发现他们三人的口供也对不到一起，其中有很多的疑点。马锡五感到，仅仅依靠书面材料和嫌疑人口供还不够，他派了一个可靠的同志穿上便衣，化装成普通老百姓，到曲子县案发地天子区，一边同群众一起生产劳动，一边进行调查访问。马锡五派出的这个同志受马锡五工作态度的影响，非常认真，经过一个月的细致调查，基本弄清了案件情况，写了一份报告给马锡五。马锡五看了报告，仍然不放心，亲自带了四五个干部，拿着镰刀和药品来到天子区，一边继续帮助群众秋收，给群众治病，一边找所有的证人核实，通过调查，反复的证实，终于使案件有了非常大的进展：

其一，苏发云虽然曾经与被害人孙老汉同路走过，但之后两个人就分开了，这都有人能证明，说明苏发云并未把孙老汉带到自己家里。

其二，苏发云家离案发现场二十多里路，如果孙老汉是在苏家被杀死的，以案发前后的时间计算，几乎不可能把尸体移动得这么远。

其三，马锡五带人再次详细勘查了苏家现场，经过调查核实证明，苏家炕上的血是产妇生孩子的血，地下的血是苏家有人得伤寒感冒留下的鼻血，最让人疑惑的斧头上的血，实际上是苏家杀羊砍骨头时沾上的血。

经过这一番调查、核实，案情可以说是真相大白，苏家三兄弟被怀疑杀人，实在是一系列巧合共同作用的结果。马锡五继续推断，哪有这样杀人的？把人杀了，把人头、衣服都藏了，偏偏要把明显的血迹留着给人看，难道是要明确告诉大家人是他家杀的吗？根据这些情况，马锡五断定，孙老汉不是苏家兄弟杀的，对苏家兄弟的一系列怀疑可以初步排除。

苏家兄弟的怀疑被解除，但杀人凶手到底是谁呢？马锡五和专署的同志一刻没有停歇，继续深入群众，调查了解，反复勘验案发现场。不久后，终于查到有一个叫杜老五的人，跟孙老汉命案有关。

杜老五，不是本地人，会做一手木匠活，以做木匠活为生，这几年来就在曲子县天子区附近村庄帮人做木工活。认识他的人听他说起过，他在弟兄中排行老五，因河南发大水，家里人都已经遇难，就逃出来他一个，光棍一人。这个人五十来岁，加上当地人都尊敬手艺人，就尊称他为"杜老五"，时间长了，人们就连他的名字也说不清了。这个人常年在外生活，见多识广，精明刁钻，讲起话来一套又一套，但是却缺少山里人的实诚劲儿。据调查，杜老五还有过诈骗行为，更重要的是，有人还看见，孙老汉出事前三天，曾经和杜老五一起同行过，于是，马锡五就把杜老五作为重点怀疑对象，派侦查人员老陈和小王，先暗中展开外围调查。

调查了解到杜老五跟寡妇孙大妈关系不一般，且杜老五正在孙家做木工活。于是侦查人员老陈和小王背着石磨的工具，扮作石匠，似乎无意地来到孙大妈家里。他们看到杜老五身体强壮，臂膀结实，正专心地做木工。看到老陈他们进来，几个手艺人在一起，很快投机地聊了起来。喜欢动脑筋的小王，很快发现了端倪，杜老五拿了一把新做的木匠偏斧，他装作不经意地摸起来。

杜老五看见了，自我夸耀说："手艺人就要这把家伙，真可惜俺原来那把偏斧，使起来可真是顺手。""谁说不是的，那你原来那把偏斧呢，坏了？"这时老陈也注意到小王手里的斧头，马上警觉起来，但又害怕引起杜老五的怀疑，就故意把丢说成坏，试探杜老五怎么回答。谁都知道，这偏斧是不容易坏的，就继续追问。"哪里的话，还不是丢了，挡住了手，才安了这把新的，可真是不好使。"杜老五这么说着，就吸了一口烟。在这一瞬间，老陈察觉到杜老五嘴角的皱纹不自在地抽动了两下。

"丢也没丢远，可能就丢在了去镇上的那片柏树林里了。"杜老五似乎感觉到说漏了嘴，赶忙掩饰说，"如今的人，谁不见钱眼开，丢了的东西能还给你？看来是没指望了。"

柏树林，说者无意，听者有心，老陈和小王都念念不忘这个地方。说完了话，他们很快来到山坳的那片柏树林，一棵树一棵树地搜寻，一直到天黑，累得腰酸腿疼，只不过查看了一片小林子，柏树还多得很。两人没办法了，只好回去把情况报告给了马锡五，马锡五一边听，一边抽着旱烟思考，过了

第九讲 红色基因：革命司法传统中的法治文化

一会儿，他胸有成竹地说："有办法了，你们明天再去找附近经常放羊的人问问，他们天天上山熟悉情况。"就这样，老陈、小王又来到了曲子县天子区，上山爬坡，登门访户，终于找到在山坳柏树林一带经常放羊的人，请他们回忆当时的情况。后来，他们又和放羊人一起搜查，最终在一棵柏树下面发现了异常，周围的土都是黑黝黝的，只有这一片土是褐黄色的，像是曾经被翻过，还长出一些嫩绿的新草。下手去刨，果然是松软的，不一会儿就刨出来一把斧子，就是木工用的偏斧。[1]

找到木匠用的偏斧后，很快逮捕了杜老五，对其进行了审讯。经过几次审问后，杜老五终于承认了他杀害孙老汉的犯罪事实。但是，审讯人员问起被害人的衣服和尸首时，他仍然不愿坦白。审讯人员又给他讲法律、讲政策，杜老五开始承认，过了不久又翻供，不愿意承认。马锡五看到这种情况，心想，要弄清事实，还是应重证据不轻信口供，必须找到更多相关证物。在取得更多有力证据后，马锡五组织有经验的司法干部再次审问杜老五，用政策法律教育，用情理攻心，最后，杜老五终于交代了犯案过程及埋衣服的地点，马锡五派人去挖，果然找出了死者的衣服，还有人头。

调查人员找到尸体头颅的过程，还有一段插曲。关于马锡五断案的各种叙述中，有流传很广的"乌鸦告状"的故事，说的是马锡五外出巡视路过一个小村时，有乌鸦在树上哇哇叫着不止，他感到很奇怪，经过搜寻挖掘，发现了尸体，接着经过调查审出了命案，因为这个案件的破获是因乌鸦而起，所以故事被写成"乌鸦告状"。其具体情节，有好多种版本，其中一种就是杜老五杀人案。据说，当时一直找不到死者头颅，无法定案。马锡五在案发地附近调查时，发现有几只乌鸦盘空飞过，飞到附近的树上，用嘴不停地啄木，拍着翅膀哇哇叫着不止。他想到了乌鸦喜欢吃腐肉，死了人畜以后，乌鸦就会凭借敏锐的嗅觉找到，所以死者的头颅应该就在附近。马锡五叫人去附近树下查看，很快挖出了头颅和斧头，才算真相大白。但考据史实，以及杜老五杀人一案留下的所有案卷材料，均没有提及"乌鸦告状"一事。马锡五本人介绍此案时，也没有提及乌鸦一事，只是说查明是由拐骗犯杜老五

---

[1] 参见杨正发：《马锡五传》，人民法院出版社2014年版，第302~303页。

实施的。"乌鸦告状"完全是为了渲染马锡五断案的传奇色彩,民间口口相传而出现的。[1]案件的物证,是马锡五和司法人员经过调查获得的。

在铁的物证、人证面前,杜老五再也无法隐瞒抵赖,只得交代了自己谋财害命、杀死孙老汉的过程。那天孙老汉去赶集时,杜老五就一路跟着,两人还一起吃饭喝了酒,杜老五知道孙老汉要去买猪仔必然带着钱,就提出借钱,但孙老汉了解杜老五,不愿借钱给他。之后,杜老五又假装要去下川找活路,跟随着孙老汉一路同行。看到天色已晚,路上人烟稀少,杜老五就起了歹念,想要抢钱。孙老汉发现不好,赶紧抽身逃跑。杜老五追上去就砍了一偏斧。看到孙老汉倒下去,杜老五连忙上去在他身上摸钱,孙老汉又醒了过来,死拽着装钱的腰带不肯放,顺势咬住了杜老五的手腕。慌忙中,杜老五又拾起偏斧,朝孙老汉连砍数下,孙老汉终于不再反抗。杜老五将孙老汉的钱财洗劫一空后,稍微稳定了一下情绪,就仓皇掩盖现场。他为了迷惑人,将斧头埋在一处,将人头和衣服埋在另一棵树下,因太过紧张,尸体就顾不上了。[2]

杜老五作案后,开始还惴惴不安,当听说苏家三兄弟被当作嫌疑人拘押后,心里暗自高兴,于是又出来重操旧业,干起了木工活。事情全部查清后,马锡五和法院工作人员在天子区召开群众公审大会,首先宣布了苏家兄弟三人无罪释放,再判处杜老五犯杀人罪,在报经边区高等法院核准后,执行了死刑。

苏家三兄弟杀人疑案的正确审理,充分体现了马锡五实事求是、公正为民的审判风格。土地纠纷宿怨、一路同行,再加上血迹,这么多的疑点,如果是不负责任、粗心大意的法官,苏家兄弟可能早就被定罪。但马锡五没有局限于那些表面化的证据及因果联系,而是深入调查,进行科学、全面地勘验,最终一一破解了疑问,找到了真凶,实现了法律正义。当时的群众议论:"这个案子如果放在旧社会,封建衙门的官僚们高高在上,又有那么多'证据',苏氏兄弟早被枪毙了。只有人民司法机关的负责人,才能深入调查,不

---

[1] 参见张希坡:"所谓'乌鸦告状'纯属子虚乌有",载张希坡:《中国近现代法制史研究:张希坡自选文集》,中共党史出版社2016年版,第449页。

[2] 参见杨正发:《马锡五传》,人民法院出版社2014年版,第304页。

冤枉好人。"[1]

马锡五处理疑难案件的方式，于今仍不无启示。我们一般认为"有图有真相"，眼见为实，因此会盲目相信自己看到的东西，把一些表象的东西联系起来，得出某些判断。这在日常生活中，或许无伤大雅。但在司法审判中，特别是刑事司法中，则影响重大，因为刑事审判往往决定着一个人的罪与罚，甚至是生与死。因此，刑事司法强调更严格的证据原则，要求形成完整严密的证据链，并接受辩护人严苛的辩难，还要遵循疑罪从无、无罪推定等原则。从根本上看，就是为了保障嫌疑人的合法权利，换言之，也是保护我们每个人的权利。

冤案猛于虎，迟来的正义很多时候不能算是正义，甚至是对当事人的"第二次伤害"。[2]马锡五坚持实事求是，及时纠正冤错案件，对今天坚持公正司法，具有很大的启发。在侦查和审判中，要看因果关系，但又不能被表面化的因果联系误导。它要求司法的理性和审慎，更要求司法者能认真倾听人民的呼声，全面地收集有罪、无罪的证据，及时地回应人民纠正冤屈、实现公平正义的期待，这正是法治精神的体现。

（二）姚汉章案件

1944年初，陕甘宁边区绥德分区子洲县发生一起蹊跷"命案"，村民姚汉章的妻子张氏在家不幸殒命。很快，张氏的族人张玉文、张世清、张忠秀等十多人代表全村人民具状控告，要求依法惩办凶手，以巩固治安。

1. 民意汹汹中的"恶人"姚汉章

张氏族人在控告书中表示：

> 姚汉章秉性凶恶，行动浪漫，危害地方人民，并奸淫其儿媳，继则因刺目逐去其妻，因此涉讼绥德地方法院，经查询判决，给我们子女川地两垧，半山地九垧半，为终身养命之用。该姚汉章为谋地害命计，当即毁法活动。……于本年正月廿日晚，将我们子女暗行杀害，将尸体遗弃一旁。案犯后，经报区府派人验伤，始知是危害身上要处将命致死，身带

---

[1] 张希坡：《马锡五审判方式》，法律出版社1983年版，第33页。
[2] 陈瑞华：《看得见的正义》，北京大学出版社2013年版，第63页。

重伤多处。……我等之意见是将姚判处死刑，以除后害。

几天后，该乡姚家砭姚富亮、姚前堂、姚前光等亦代表全村人民上书县政府，将其定性为"因奸害命暗杀"，要求惩处"罪犯"姚汉章。这份书状写道：

查村民姚汉章禀性残忍、凶恶无比，为害地方，人所共知。但该今正月廿日晚，禽夜杀妻，谋害原因有三：一曰奸淫儿媳恶妻刺目；二曰活动谋地设计害命；三曰得财伤主禽夜暗杀。有此三因罪不容诛（恕，引者注），况革命旗帜之下提高女权时期，民等诚恐政府不查误予宽大，惟有公请钧府接受人民意见公审鞫讯，按法治罪为民锄奸，则民等感激不胜之至。

这份控告文书用词更讲究，内容详尽，除指出"谋害"张氏的原因外，还列出姚汉章平素恶行十余条，如"民国五年（1916年）威逼姚前光祖母景氏身投伊窑檐而下薨命"，"民国八年（1919年）无端在山皇峁刀砍姚前光之父姚义山"，"民国廿四年（1935年）土地革命伊充任张家寨寨头，该寨人民但有不遂其愿者即指为私通和处罚"。这些恶行时间地点及被害人一一具明，从村民的角度，充分"证实"姚汉章一贯品行不佳，犯下诸多罪恶，因此间接证明了姚汉章就是谋害其妻张氏的凶手。

这些控告文书均为多人联署，意在表明其是"人民意见"，因此要求政府依法惩治。但仔细检视各禀呈的署名人，除了姚富亮、姚前堂等人，张世清、张玉文，以及张世雄等，大多为"张"姓，系张家寨人，在一个山区小村，很可能就是张氏的家族亲属，他们当然也代表着一部分民意，但更多的，是出于亲族之谊，为张氏的不幸殒命鸣不平。再经检视，果然有张氏之兄长张丕玉等的另一份呈禀，其中更是指责了姚汉章秉性凶恶、行动残暴，"民国二十八年（1939年）将民妹赶出家门，不给衣食，拒绝回家。经绥德地方法院判决，分给民妹土地十二垧"。但是，"姚汉章居心不正，有意谋害，回家以后不给土地，不让另居，请得王中发、张万和强劝回家，未过二月，将民妹殴打无数，周身青肿。不料至今年正月廿日晚，竟将民妹卡死"。显然，这些指控，均认定姚汉章系故意杀人，应予严惩。

2. "嫌犯"姚汉章的辩解

尽管村民代表张世清等人言之凿凿，但对于张氏之死，作为犯罪嫌疑人的姚汉章则有另一套说法。该县司法处依法讯问了姚汉章，问及张氏的死因，姚汉章称张氏于正月十七八日即染病，"她曾请张向仁家女人给她放过十指血，到二十日病加重了，她托张增儿、张宗荣给我捎话，说她病得连地不得下，叫我给她放火伺候"。问他何时去的，他答称："我在二十日下午去到她那里，是她在炕上打滚嚎叫，她还吐着，我恐怕是——霍乱症。"因此，关于张氏的死因，姚汉章坚称，"是病死的，不是我弄死的"。

关于张氏染病，托人捎话让姚汉章来照顾一节，还有前因需要说明。据该县司法处调查，张氏为张家寨张丕玉之妹，其与姚汉章结婚后，在姚汉章四十岁之前感情尚好，之后因生活琐事逐渐不融洽，争吵不断，甚至出现"赶出家门"之事，正如张丕玉等禀状所言。1939年，张氏向绥德地方法院提出离婚诉讼，法院经审理后判决解除婚姻关系，并且姚汉章给张氏分土地十二垧作为补偿。姚汉章当庭表示同意，但回家之后就将土地收回，因此再起争端，经过亲邻调解说和，最终确定由姚汉章给张氏帮米二斗，但是即便如此，姚汉章仍然没能按时给付帮米，甚至还不时有打骂虐待行为。也就是说，姚汉章与张氏两人在几年前即已离婚，两人没有法律上的关系，实际上也应该处于分居状态，但因为帮米等还存在着联系，这也就有了张氏托人捎话要姚汉章来照顾之事。

依照姚汉章的说法，张氏是沉疴已久，可能得了"霍乱症"。他出于夫妻情分，前往照看饮食起居，之后张氏因病而亡，与他无关。事实果真如此吗？

3. 边区司法的调查及裁断

姚汉章的说法与张世清等村民代表的说法截然不同，他的供述，应约前往照料张氏似乎还是出于过去的夫妻情分，而村民们的指称，则断定他就是谋财害命的凶手，事实究竟为何，作为主持正义的司法机关，当然不能偏听偏信，而是需要做详尽的调查。

县司法处首先派人到现场进行了勘察，查验了受害者的伤痕等情况。调查发现，被害人张氏确实是卧病数月，并且独居一窑，但死尸却不在炕上，而在地下的"柴圪崂边",更蹊跷的是,"同时被害人喉咙、腋下、耳脸鼻腿等处皆有伤痕血迹,显然有由炕上到地下被打及争执模样"。对此伤痕,姚汉章在讯问中做了辩解,"她病的时候,她喉咙上疼,她用手上去摩擦"。

姚汉章这么说尽管也算是一种解释,但另外一个情节却更不寻常,那就是张氏的手镯等首饰的去向,这也是前述控告书中的"谋财"。后据搜查,果然"于姚汉章家中查出该犯所掠去其妻之手镯牙钳等物",据此推断,"姚汉章即将其妻暗害卡死,并将其妻平日所带之手镯牙钳等一并掠去",之后,"经本处去人核验伤痕,该尸首确系姚汉章用手卡死,在死人之喉头管下有破伤血迹,左腋下有青红伤一处",在这些勘验证据面前,姚汉章不得不承认,"用腿压在张氏身上抢手镯牙钳,抢完后张氏不出气了"。

据此犯罪情节及证据,该县司法处基本可以确定姚汉章有罪,但在如何量刑的问题上,还是产生了疑问。按照杀人偿命的一般法律原则,以及来自张家寨村民的汹涌民意来看,似乎应该处以死刑;但依照边区当时的法律政策,以及该案的实际情形看,死刑又嫌过重,因此,司法处给边区高等法院绥德分庭去函,就"凶犯姚汉章科处罚刑"问题请示,提出"该犯应处有期徒刑十年或死刑"。高等法院分庭接案后很快予以批答,并通过该县县长转批司法处及区乡,张氏被害一事,"须由你区与乡将姚犯过去罪恶(姚屏潘、姚富亮、姚前堂以及投小儿于河等事实之详细情形)从详调查清楚,写成材料具报本处,以便转呈分庭高院,以便核定判"。此外,要求传来张家寨之张荣宗,与姚犯当面对质。

按照这一批答,司法处及区乡又详细调查了姚汉章过去的行为,勘验了现场和尸体,耗时数月。就"多次谋害"之说,司法人员调查了联名控告的张世富等人,"究其事实,彼等言之系张氏生时对彼等谈过姚汉章要谋害她,而无具体事实"。关于姚汉章"逼令小女投河一事",经多方查证,是该小女外出回来,"路过桥上因石头一绊"才意外掉到河内,并非姚汉章所逼迫。但根据亲邻及证人证明,以及尸体上多处伤痕,可以判定姚汉章确有伤害杀人行为,于是据此上报边区高等法院分庭。不久后分庭回函,确认姚汉章应负致死张氏之法律责任,"姚犯有预谋害死张氏之决心,判处死刑当有未合,张氏过去与姚汉章离婚涉讼后,判有赡养土地十二垧,张氏当知姚之为人很坏,不当再行回去马姓同居。子洲县拟判处姚犯死刑或有期徒刑十年，本院同意该县判处姚犯十年有期徒刑之拟议"。据此建议，该县司法处于五月作出初审判决，姚汉章故意杀人罪成立，"判处十年有期徒刑以资教育"。

这一判决应该说合法合理，孰料姚汉章仍不满意，很快向高等法院提出上诉。高等法院接到上诉后，详细查阅了全案材料，了解该案民意，以及司法处调查勘验资料，最终由院长马锡五、副院长乔松山联署，于是年十一月回函称：你处判决姚汉章因伤害致死其妻张氏一案，姚汉章提起上诉，业经本院审查，你处判决尚无不合，故将上诉驳回，原卷退还，希即查收执行。[1]

4. 法对民意的回应及裁判逻辑

陕甘宁边区政府成立后，在边区建立了新型的司法制度，推出以"马锡五审判"为代表的新型司法模式。革命根据地的司法摒弃了"坐堂问案"的旧衙门模式，广泛采取了便民、利民的司法制度，"我们司法工作者，既是为人民服务，就应该站在老百姓之间，万不能站在老百姓头上"，司法工作不仅是"断官司""写判决书""我们的司法工作人员，必须有走出衙门，深入乡村的决心"。1943年，边区召开了司法工作会议，检讨了过去司法精英化趋向，以及司法工作人员的作风，强调了司法密切联系群众的重要性。正因为此，边区司法开始走向大众化，司法审判需要考量民众意见。

前述姚家砭村民所上控状中"提高女权"一语，亦确实符合当时的政治背景，作为马克思主义政党，中国共产党认为妇女是资本主义、帝国主义和封建压迫的受害者，抗日战争以后，以陕甘宁边区为代表的抗日根据地，普遍地将妇女权益保障具体化、法制化，比如提倡婚姻自由原则，提高妇女在家庭中的地位，平等保护其继承权等，因此，从保护"女权"的角度，确实也构成了这一指控的有力论证。

但从姚汉章一案的审理，可以看出，边区司法机关回应民意，并不是盲目跟从，而是采取了非常审慎的态度。命案初发时，张家寨等数十村民联名上书，要求判处其死刑；姚家砭村民也直陈姚汉章罪恶种种，要求惩治，确实构成了强大的民意，从区县到分区政府及司法机关，认真听取了民意，及

---

[1] 韩伟："回应民意 以刑弼教——陕甘宁边区的'张氏'命案"，载《炎黄春秋》2020年第6期。

时地采取了司法措施。然而,初审及复审机关面对汹汹民意,并没有匆促盲从,而是反复调查核实,从调查结论看,姚汉章品行不端、虐待张氏确有其事,但控状指他"投小儿于河"等累累罪状,多数又查无实据,难以确证。综合来看,姚汉章确非善人,但也不是十恶不赦,故边区高等法院否定了死刑的提议,核准有期徒刑十年,如此既回应了民意,又保持了司法审判的独立公正。

回到对姚汉章的具体量刑,还与边区司法的政策导向与实践逻辑有关。首先是边区的刑事政策,刑罚并不是简单的报复,而是重在"刑以弼教",实现刑罚的教育感化。该案在宣判时,法官特意给姚汉章说,"在监狱中守法,做好思想转变"。即鼓励他改造思想,其理由是,"一个人犯了罪,既然还不到排斥于社会的程度,那么,只有给他一个相当时期的制裁,即是在有期徒刑中加以教育,然后等到刑期满了后,便恢复了他的自由,仍在社会上做个好的公民"。[1]基于马克思主义观点,"犯罪和现行统治都产生于相同的条件。同样也就是那些把法和法律看作是某种独立自在的一般意志的统治的幻想家才会把犯罪看成单纯是对法和法律的破坏"。[2]事实上,犯罪是社会经济不平等的产物,而人是可以改造的,通过学习、劳动等方法教育犯罪者,不仅能减少犯罪,还能为未来的国家建设打造"新人"。

此外,该案的裁断,内在体现了"罪疑惟轻"的精神。"罪疑惟轻"是指有优势证据,大概率地存在罪行,但又无法确证的情况下,对犯罪嫌疑人从轻量刑,体现了中国古代司法的实践智慧。回视该案,姚汉章的供词,丢失的手镯,以及受害人亲属、村民的证言,大多属于间接证据,关于姚汉章杀人的核心情节,并没有直接目击者。边区两级司法机关经过审慎调查,作出的推断基本是可信的,但也不排除张氏沉疴已久,因病而亡的可能性,或者说她与姚汉章争执成为死亡的一个诱因。在侦查技术有限的情况下,采取"罪疑惟轻"的原则,既回应了民意惩治的要求,又尽可能地避免了可能的错判,亦成为保证裁判公正的重要手段。

源自欧洲,特别是英国普通法的现代司法制度,强调司法的独立性,这

---

[1] 朱婴:"边区刑罚的特点",载《解放日报》1941年10月25日,第4版。
[2] 《马克思恩格斯全集》(第三卷),人民出版社1960年版,第379页。

种独立，不只是独立于权力，还包括不受社会舆论的影响。中国共产党在革命时期创建的新型司法制度，突出司法的大众化，充分重视社会舆论，使得司法裁判与民意积极互动，更好地实现了社会正义。就此而言，抗战时期陕甘宁边区的姚汉章"杀妻"案，的确呈现出鲜明的典型意义。

（三）任瑞昌案件

"实事求是"要求坚持一切从实际出发来研究和解决问题，是中国共产党在革命中形成的优良传统与作风，是延安精神的精髓，它是马克思主义中国化的重要成果，既包含了中华文化精髓，又体现着时代精神。实事求是同样反映在红色司法案例中，成为人民司法理念的重要组成部分。革命时期，在党的领导下，以何叔衡、马锡五、雷经天、奥海清为代表的一大批司法人员成为实事求是的践行者、传承者，不断回应着人民的诉求，实现了司法公正。实事求是的司法作风，体现在革命时期婚姻家庭等民事案件中，更体现在罪与罚的刑事案件的处理中。1949年初，在陕甘宁边区高等法院分庭改革后的继任者之一——陕北人民法院处理葭县任瑞昌案件中，司法工作者严谨地搜集使用证据证言，科学理性地推断案情真相，实事求是的精神同样得到充分的体现。

根据档案史料记载的案件事实显示：任瑞昌曾经是陕甘宁革命政权的基层干部，"过去因贪污被撤职，后与本乡居民闫德满之妻张春儿发生通奸关系，时以继长，两人感情更笃厚。恰遇闫德满与张春儿跟父亲感情从来不和，更是助长了张春儿对闫德满的仇视，后来张春儿竟然向任瑞昌提出要地药（即砒霜）多次"。第一次提出时，任瑞昌没有答应，并对张春儿说，"要别的我可给你，要这东西我可不敢给你，恐怕出什么乱子"等语，但后来张春儿又提出向任瑞昌要地药，借口为了毒杀鼠而用，当时任瑞昌即从柴某手中取得，至张氏娘家亲手秘密递予张春儿。

根据前述事实，司法人员推断：任瑞昌对张春儿的首次要地药，既然警惕性很高不给去买，并且恐怕出什么乱子，那么又为什么在第二次就轻信了张春儿说要地药是为了毒鼠的谎言呢？先叫买地药任瑞昌未给的原因，是嫌张春儿没有说出用途而不给买，根据任瑞昌这个人来看，也不是怎样愚蠢的，假若真的要地药是为毒鼠的话，任瑞昌因张氏不说用途不给买，那么毒鼠该是正事，她为什么前几次不给同她感情最好，且已发生了通奸关系的任瑞昌说，而后几次才说出用途来呢？可见真正的用途不是毒鼠，任瑞昌难道理解不到这个问题吗？所以说这里边一定有问题。

至于"秘密递予张春儿"的行为，有人说是公开递给张春儿，恐怕引起别人怀疑他们之间有什么暧昧的关系，像这样的说法，那未免太替当事人设想了，况且任瑞昌前后的供词还不一致，先说张春儿向他要地药时，是给她自己治疮，就此来说，难道说他们两个常在一块儿睡觉，还会不知道她有没有病，虽然任瑞昌始终不承认他与张春儿同谋毒害闫德满，但我们只要从客观事物发展的规律去看问题，就可作出与事实真相吻合的原则结论。也就是说，张春儿屡次讨要地药，加上两人之间的亲密关系，从常人常理推断，任瑞昌不可能不知道其用途，所谓"毒鼠""治疮"之说难以取信，再加上秘密地递予，更是令人生疑。

因此，该案判后总结时，陕北人民法院提出要认真深入地分析案情，"要打破旧法律观点，应该是重证据不拘泥于口供，使判决符合于事实，而不应使顽固不化及强词夺理的当事人得到投机取巧的间隙"。归结起来，就是在案件的审理裁判中，要贯彻实事求是的精神，既不能听任当事人的虚假供述，也不能由裁判者主观臆断，而是要结合证据事实，予以合理地推断，去伪存真，使之尽可能地符合客观事实。

检视革命时期留下的红色司法案例，无论是马锡五处理的苏家兄弟杀人疑案，还是陕北人民法院的任瑞昌案，都体现出中国共产党领导下的革命根据地在司法实践中重证据、不偏重口供，重事实、不盲从舆论的优良作风，这样的案件出现，并非偶然，而是和革命时期一直倡导的实事求是的工作作风紧密相关，尽量地做到实事求是，避免主观臆断，成为司法公正的重要前提。

革命司法中的实事求是，首先体现在对证据的认定中。在陕甘宁边区的宪法性法律中，对不当地倚重口供的做法予以否定，1941年《陕甘宁边区施政纲领》规定："坚决废止肉刑，重证据不重口供。"1942年公布的《陕甘宁边区保障人权财权条例》再次明确："逮捕人犯不准施以侮辱、殴打及刑讯逼供，强迫自首，审判采证据主义，不重口供。"这些规定，就从制度上摒弃了偏重口供的主观主义作风，要求司法人员更注重调查客观证据，多进行实地调查访问，综合各种证据得出事实真相。

由于新民主主义革命时期司法强调人民群众的重要作用，故深入群众访查，也是获取案件真相的重要方式。在苏家兄弟杀人疑案、封捧儿抢婚等案中，马锡五都是亲自到案发地调查研究，甚至与当地群众同吃同劳动，从而获得更多的案件信息。在群众观点之下，证据对于案件事实的证明作用固然重要，"对政府而言更重要的是，它们可以反映在老百姓眼中的案件事实是什么样的，亦即老百姓对这个案件怎么看"。[1]也就是说，群众对案件真相的认识，很大程度上决定了司法人员对相关证据的采信及事实的判断。

革命时期司法注重通过群众获取事实真相，也不意味着偏听偏信，不加分析辨别。在1944年陕北子洲姚汉章案件中，司法机关收到当地村民多人联署的"控告书"，指控犯罪嫌疑人姚汉章罪行累累，但经过调查核实，大多数指控言过其实，最终基于客观事实避免了错判；在三级五次处理的吴堡县王生秀与呼生祥窑产争执案中，尽管有王生秀借群众民意递交二百多村民的"请愿书"，影响了司法人员对事实的判断，一度改变了初审判决，但最终边区审委会洞隐烛微，发现了其中的疑点，认定请愿书为"伪证据"，[2]以和解的方式使该案结案，实现了司法公正。

任瑞昌案等红色司法案例体现了老一辈司法人员实事求是的精神，在今天仍有重要的启示意义。当代中国司法有着较为完善的证据制度，也有更多科技手段支撑，但在法定证据原则之外，仍有赖于法官的"自由心证"，而法官就证据作裁断时，道德与良知当然不可或缺，但实事求是的精神同样极为重要。人民司法需要贯彻群众路线，尊重民意，但只有坚持证据裁判主义，将主客观方面结合起来考察，依法独立地裁断，才能最大程度地接近案件真相，实现公平正义。

（四）徐永恭案件

马锡五作为个人，是马锡五审判方式的鲜明代表，却不是唯一，应该说，在中国共产党领导下的革命根据地，活跃着一批心系群众、追求正义的司法

---

[1] 李文军：《早期人民司法中的乡村社会纠纷裁断》，社会科学文献出版社2018年版，第109页。
[2] 刘全娥：《陕甘宁边区司法改革与"政法传统"的形成》，人民出版社2016年版，第207页。

工作者，他们共同的努力和智慧，不断丰富着马锡五审判方式的内涵。换言之，马锡五审判方式，是革命时代那一批司法工作者共同智慧的结晶。1942年，马锡五审判方式经《解放日报》报道，正式在陕甘宁边区推广后，各地司法机关都积极采用这种新方法调解纠纷、审理案件，兴起了学习马锡五审判方式的热潮，出现了很多马锡五一样的司法工作者，如志丹县审判员奥海清、乡村调解英雄郭维德等。发生在甘肃合水徐姓家族中，拖了十多年的一起借贷与土地买卖纠纷，既是家族内的纠纷，又涉及债务及土地典当等复杂关系，司法工作者通过地方人士先行调查了解，再进行调解，非常鲜明地体现了马锡五审判方式深入群众、依靠群众的特点，对当代司法中贯彻群众路线，实现家庭和睦、社会和谐具有积极的启示价值。

马锡五审判方式的典型特点就是深入群众、实事求是调查研究，调解与审判结合，因此它是民间的，不是衙门的，是真正为人民群众服务。合水县的这起土地买卖纠纷案，虽然不是马锡五亲自审理的，但它一方面体现了马锡五的审判方式，另一方面审判者是马锡五直接领导下边区高等法院陇东分庭的推事石静山，马锡五审理的封捧儿抢婚案等多个著名案件，他均有参与，因此，他不仅完全认同马锡五的审判方式，甚至可以说是马锡五审判方式的创造者之一。

1943年合水县的这件土地案件，还得从二十年前的一起命案说起。民国十二年，即1923年，当地人徐永昌因生活琐事，用刀意外杀死了舅父雷静儿，事情发生后，慌乱中徐永昌、徐永善兄弟俩就跑到了外地。雷静儿亲族当然不能容忍，带了很多人来徐家报复。为了应对，徐永昌的堂兄弟徐永恭的父亲出面请人调解说和，自己又掏出八百大洋作为赔偿，才算了结了这个人命大案。这起人命案件的处理，当然不合法律的规定，但是考虑到当时的社会法治环境，特别是当时西部落后的山区乡村，也没有引起太大的争议。关于徐永昌刑事责任的部分我们暂且不论，后来的争议，反而是在民事赔偿部分，特别是徐永恭父亲代替赔偿的八百大洋，这在当时，不算一个小数目，而这笔钱，本来是应该由犯下杀人罪的徐永昌兄弟来承担的。

几年之后，徐永昌兄弟听说事情已经平息，才偷偷返回家中。徐永昌回来后，获悉了事情的处理经过，也想努力还徐永恭家八百大洋，典给他家土地二十九亩，还了 386 元，但是剩下的 414 元，总是推托，不愿意归还。到了 1935 年，徐永恭不得已到宁县告状，当时宁县是国民党政府司法处，司法人员敷衍推脱，加上徐永昌逃避不见，最终没有能解决。

这个案子特殊，不仅在于它是由命案引发的债务、典当复杂关系，并且八百大洋的借贷还不属于普通的借贷，而是为了平息一场仇杀报复，债权人主动负担形成的债务。特殊还在于，该案还涉及中国传统法文化中的"无讼""厌讼"观念。虽然近年来的新研究有很多突破，无讼观念也分区域来看，不能一概而论，比如江西、四川某些地区可能就比较好讼。但从文化趋向上看，无讼仍然是主流价值。《论语》中孔子曰："听讼，吾犹人也，必也使无讼乎！"也就是说，审断案件没什么了不起，我的目标，是要让人间没有争讼。《治家格言》中有"居家戒争讼，讼则终凶"，也就是，一个家里，和和气气最重要，不要过分地争执，诉讼被老百姓看作是不太吉祥的事情，有了矛盾纠纷，宁愿私下里解决，或找熟悉人调解，而不愿到官府衙门去诉讼。徐永恭与徐永昌兄弟有近亲关系，纠纷闹上法庭，也就成为非常棘手的案件，考验着司法官的智慧和能力。

1943 年，徐永恭所在的许家沟隶属于合水县，合水县已经是陕甘宁边区民主政府，徐永恭又到合水县政府司法处控告，要求还债。合水县政府司法处很快受理了此案，传讯双方当事人，了解了基本情况后，很快作出判决：徐永昌典给徐永恭的土地，由徐永昌赎回；民国十二年（1923 年）徐永恭家代付的八百元银洋，由徐永昌以每元折合边币 20 元的比价清偿。

这个判决应该说有一定道理，区分了金钱债务和土地纠纷，典出土地收回，恢复原来的土地权属关系。金钱债务继续偿还，并且按照边区现行的金融货币政策，折算归还。尽管这一判决形式上没有问题，但显然没有考虑实际问题的复杂性，没有考虑农民生存的逻辑，实际上，土地的典当与借贷关系常常是紧密联结的。货币的价值，又是精打细算的农民们极其关注的敏感问题。

判决下来，轮到徐永恭不服了，因为典入土地经过十年，权利关系非常复杂，并且边币与银元的折算方式也有些不公平。他当然不愿意。

边币全称是陕甘宁边区银行币，"皖南事变"后，为了解决边区的财政经济困难，同时也建立独立自主的财政金融体系，发行了边币，同时停止了国民党政府法定货币——法币的使用。边币成为边区唯一合法的通货本位币。边币的面额由1角到10元、5000元共十种。1941年开始发行时，经过多方面的配合工作，还比较顺利，早期边币与法币的比价还能到2∶1。1943年6月后，边区的政治经济形势发生了较大的变化，时局紧张，引发了边区金融大的波动，比如陇东西华池黑市7月的边币与法币比价跌至11∶1；12月更是跌到了18∶1；1943年下半年，边区各地物价上涨，延安统计了食物、衣服、燃料、土产等五大类物价总指数，几乎每月上涨都超过40%，[1]极大地影响了人民群众对边币的信心。回头来看合水县对该案的判决，当时法币已经能兑换边币18元，法币发行初期，确实是一元兑换一个银元，但抗战开始后，为了应对财政军费危机，国民党政府大量发行法币，法币开始迅速贬值，1943年的时候大概1700元法币兑换1元银元。所以，判决给出银洋一元折合边币20元，显然远远低于徐永恭的预期，也远低于当时银元的实际价值。

正是由于边币价格的巨大波动，再加上土地典卖附带产生的问题，徐永恭不满意合水县政府司法处的初审判决，他一路上诉到边区高等法院陇东分庭，希望获得更加公正的判决。

陇东分庭推事石静山受理了这个案件。推事石静山，也是边区资深的司法工作者之一，他原名石国繁，1907年出生，陕西省延川县梁家河人，1935年2月参加革命，同年10月加入中国共产党。土地革命时期，他担任延川县政府巡视员，军事部副部长。抗日战争以来，先后任盐池县、曲子县、庆阳县裁判处裁判员，边区高等法院陇东分庭推事、副庭长，边区高等法院法庭推事，最高人民法院西北分院刑事审判庭庭长等职务。石静山是边区最早的司法工作者之一，是马锡五的主要助手，华池封捧儿抢婚案、合水县王志宽王统一土地纠纷案、合水县丁丑两家土地案，这些典型的马锡五审判方式审理的案件，石静山都曾经参与其中，是一位有着丰富司法经验的法官。

接到徐永恭的上诉，初步了解了案情，石静山觉得这个案件不那么简单，单单通过坐堂问案的方法，很难圆满解决双方的矛盾。石静山依照马锡五审

---

[1] 黄正林：《陕甘宁边区乡村的经济与社会》，人民出版社2006年版，第116页。

判方式，走出法庭，到当地干部群众中做调查。首先，他来到徐家兄弟所在的合水县五区区政府，同区委书记、区长就此案进行了商讨。后来，他又到许家沟找该乡乡长、农会会长、行政村主任进行研究。这里需要解释，边区县级以下，分区、乡、村三级，村一般是自然村，村之上有乡，几个乡形成一个区。大家认为，要调解此案，除需要区、乡、村干部协助外，还需要当地有声望的士绅以及徐家家族长者从中帮助。

石静山接受了区乡干部的建议，请来了当地的公正士绅、徐姓家族中的长者、邻居共十二人，与他们一一作了个别谈话，了解诉讼双方的经济生活情况，并上山看了当事人双方典当的土地地界。

熟悉了全部情况，石静山认为调解此案的时机已经成熟，于是，他把双方当事人以及参加调解者召集在一起商议，双方对债务及数额没有争议，但谈到还债方式时，双方发生了分歧。上诉人徐永恭要讨回债款，徐永昌坚决要求以土地抵债。对此情况，石静山暂停了调解审理，与到会的机关干部私下商量：合水县的判决中，20元边币折合1元银洋是不是太少了？几个干部认为确实是太少了，大家主张，可以将徐永昌原来典给徐永恭的二十九亩中的二十亩地，作为徐永恭的买地，以抵偿债务。

典地是中国古代土地交易的重要方式之一，中国是一个以农耕为本的国家，农民把土地看作是命根子，因此对待土地交易特别慎重。典卖土地，一般是典出土地，接受钱财，日后再赎回。很显然，既然土地这么重要，一般农民肯定不愿随意典卖土地，一旦要典地，必然是家庭生活遭遇了极大的困境，只能暂时先典出土地，获得生活急需的钱财，日后生活恢复了再赎回土地。因此，典地、押地和借贷有着密切的联系，一般情况是，家庭生活困难的，先通过借贷的办法维持，无法按时偿还时，就采取抵押的办法，将土地或部分财产押出，再不行才转化为典，一直到最后的彻底卖断。

典地理论上是可以按期赎回的，但实际上，很多情况下，家道中落是一个不可逆的过程，典出土地后，往往经过几次找赎，也就是增加价款后，就永不再赎回，就是卖断，所以典和卖是紧密相连的，卖是典的一种特殊情况。典卖土地有很多习俗或者惯例，一是典出土地后，虽然土地权属没有转移，但不能另行卖与他人；二是典卖土地等不动产，有先问亲邻的习俗，亲族、四邻有优先购买的习俗，特别是亲族先买，能够有效缓解土地分散化的问题，也可以在大家族内避免土地这种祖业的流失。

陕甘宁边区等抗日根据地，还有特殊的情况，就是革命法制的影响。中国共产党领导的革命是无产阶级的社会革命，依靠的力量主要是底层的农民和工人，所以革命法治倾向于保护农民和工人的利益。由于认为典这种形式，体现了富有者对贫苦农民的剥削压迫，根据地法制有一段时期禁止典地，农民按照习惯私下里典地，还被政府没收。一直到了1941年，典地被有限度地承认，民间的典地开始发展起来，但数量不多。根据1942年西北局在陕北的调查，土地典出和典入总体的数量不大，农民除非万不得已，不愿意将好地典出。典出中凡出价很多的，目的是把地典死，使得典出者无法赎回。这样，典出者没有卖地之名，但有卖地的实惠。

与干部们讨论之后，石静山又找到当地士绅商量，他们也认为，应该依照二十亩地还债。处理办法确定后，石静山就和区长、士绅一起找徐永昌、徐永善兄弟谈话。徐永昌同意用典给徐永恭的二十亩地抵偿他所欠的债务，但新的问题出现了，这些土地已经被徐永昌偷偷转卖了一部分。

原来，徐永昌典给徐永恭的二十九亩地，分为两段，一段是九亩，已经被徐永昌偷卖给了刘铁匠；另一段是二十亩，也被徐永昌偷卖给丁某六亩。这些情节，当然不符合典的习俗，使得这个案件变得更加复杂了。

石静山又找来刘铁匠和丁某询问，证明徐永昌所说的确实是真的，典出的土地被私卖了。石静山对他们俩说，这块地多年来一直是典给徐永恭，而且徐永恭和徐永昌还是亲堂兄弟，不论从法律上说，还是从人情习惯上说，都应该先由徐永恭买。何况你们又是私下偷买，是不是应该把所买的地退回来？刘、丁二人听了，也知道理亏，无言以对。

但是，私卖土地既然已成事实，也只能再想办法解决。经过多方协商以后，在石静山的主持下，经过干部、四邻、群众及当事人的户族等人两天的调解，终于在当事人之间达成了调解协议：第一，徐永昌与刘、丁二人私自订立的买卖土地契约无效。刘、丁二人的地价由徐永昌请人担保定期偿还；第二，许永昌、徐永善将贺家岭二十亩土地作价三万三千元，除还徐永恭原典价外,其余作为清付徐永恭"四百一十八元之债务",[1]原典地契约当面勾销。

根据这一调解协议,双方当事人当场共同书写了新的契约,十年来的积案总算是解决,双方的仇怨也得以化解。这个案子调处后,不仅双方当事人心悦诚服,周围群众也是纷纷赞同,大家都认为,"清官难断家务事,现在我们政府却把这么多年来的家务事断得一清二白"。[2]

徐永恭案件的处理,能看到马锡五审判方式另外的一些特点。通过调解和审判的结合,不仅做到是非分明、切实公正,而且有更好的社会效果,在乡土熟人社会中,使得诉讼双方关系能够重归于好,安心生产生活。马锡五审判方式注重依法审判,但在依法审判中又充满群众观点,注意解决群众生产生活中的实际问题,帮助他们修复亲邻关系,促进社会的和谐和睦。这么处理,也完全符合家庭内部和为贵、少争讼的传统文化,是十分可贵的。当代中国特色社会主义法治,实行人民司法,需要尊重事实和法律程序,也需要用好"人民司法红色资源",努力实现以人民为中心的要求,通过司法解决人民群众实际困难,回应其公平正义期待,这才是优良人民司法传统的终极价值指向。

(五)朱多伸案件

红色司法案例大多来自革命战争年代,由于战争的特殊性,以及革命政法体制下司法的特定地位,使得司法不免带有战时法制的属性,较之和平时期的法治更难保持稳定。但即便是在非常艰困危急的战争年代,一大批红色司法工作者仍然努力坚守司法的法治特性及特有规律,坚持罪刑法定与证据原则,力图实现司法公正。中央苏区瑞金县裁判部审理,又经中华苏维埃临时最高法庭复核批示的朱多伸案,就是其中的典型范例。

朱多伸是瑞金县壬田区人,1932年被瑞金县苏维埃政府裁判部认定为"劣绅",其主要罪状有:作为劣绅,以强欺弱,压迫劳苦群众;欺骗别人的田地做风水,霸占山地不分给别人;曾经吞没公款,克扣罚款;冒充宁都、

---

[1]《解放日报》原文如此,与报道开头欠款余额414元略有差别,疑为书写错误。——编者注
[2]"陇东分庭推事石静山判案切实公正",载《解放日报》1944年6月19日,第2版。

瑞金、石城三县巡视员；私扣公家子弹，再卖给公家以赚钱。瑞金县苏维埃政府裁判部根据中华苏维埃中央委员会的训令，初审以反革命罪行判处其死刑。此处提及的"训令"，系指中华苏维埃共和国中央执行委员会于1931年发布的第六号训令，该训令的内容是"处理反革命案件和建立司法机关的暂行程序"，是中央苏区的形式法规之一。该训令回顾了各地苏维埃政权依法处理的反革命分子，给反革命势力以致命打击，巩固了苏维埃政权的成果。同时检讨了苏区肃反的一些错误。从其立法精神来看，是在建立革命秩序的同时，促进反革命罪的审理规范化、法治化，"使革命群众的生命权利和一切法律上应得的权利，得到完全的保障"。

该案报送中华苏维埃临时最高法庭复核，最高法庭主席何叔衡认真地查阅了案卷资料，特别是对照了证据、口供及判决书所列举的罪状，发现诸多疑点。为了验证自己的推测，何叔衡带领法庭工作人员，专程赶赴壬田区进行调查核实，发现朱多伸尽管有一些罪过，但主要是他多次举报的乡干部企图借此报复他。最终，何叔衡认定，朱多伸确有不少劣迹，贪污公款、冒称宁都、瑞金、石城等地巡视员也确有其事，但这些行为，均是普通刑事案件，属于轻罪，并非危害苏维埃政权的"反革命罪"。此外，何叔衡及临时最高法庭还调查到，朱多伸早年曾经组织游击队，参加过革命，并且当时也已经年过七旬，故死刑"不能批准"，"减死刑为监禁"。

朱多伸案的判决，明确区分了此罪与彼罪、轻罪与重罪，不仅渗透着"矜老恤幼"的司法传统，更充分体现了何叔衡等老一辈司法工作者实事求是、坚守法治的精神品格，检视苏区司法案例，该案并非孤例。就在同年，临时最高法庭就另一起刑事案件给会昌县苏维埃裁判部的指示信中说，判决书中"主要是些偷牛偷鱼的事，至于与反动土豪通信，到底通些什么信，发生了什么影响，未曾证明，不能处死，需在搜查反革命证据，或发现反革命的新材料可以复审。不过，主审人要改换"。[1]对于类似证据材料不够充分，量刑有偏颇的判决，不予批准，并给予纠正，充分保障了苏维埃政权司法的公正性。

---

[1] 何叔衡："临时最高法庭给会昌县苏裁判部的指示信"，载《红色中华》1932年第32期。

苏区时期司法之所以能较好地实现公正，首先在于其坚持了独立的法律判断。基于战时法制的要求，中央苏区的司法不仅需要遵从法律，更应"服务于政治"。但是，司法服务于政治主要是指服务于革命政治的总体目标，不是服务于某一级政府，或者是听命于某一个领导人。苏区中央司法人民委员部在瑞金曾开过几次省、县裁判部长联席会议，总结和介绍司法经验，但是中央司法人民委员部，包括中央执行委员会都没有审判权，"除特别重大案件经中央执行委员会及其主席团讨论外，不得干涉审判工作。临时最高法庭只有审判权而无行政权，其任用干部须经中央执行委员会批准，但是在审判时，临时最高法庭依法独立行使审判权，不受党政军机关和任何个人的干涉"。[1]正是由于上述制度上的设计，使得中央苏区临时最高法庭等司法机关能够较为独立地依法行使审判权，避免了冤错案件的发生。

坚持证据裁判主义，也是苏区司法公正的重要原因。证据是司法审判的基础，在刑事审判中更是至关重要。证据裁判原则要求裁判的形成必须以达到一定要求的证据为依据，没有证据不得认定犯罪事实，更重要的是，"裁判所依据的证据必须是具有证据资格的证据，作为定案的证据必须是在法庭上经过调查和质证的证据"。苏区时期司法制度尽管较为粗陋，但以何叔衡、梁柏台为代表的红色司法工作者，在朱多伸等一系列案件中，坚持查核证据，以充分的、适当的证据来确认犯罪事实，反对主观恣意的犯罪认定。苏区的刑事诉讼法律反复强调"废止肉刑"，就是防止刑讯逼供等错误的侦讯方式；同时禁止证人做假证，要求证人对证词对法律负责，"以免误伤好人"。保障证据获取的合法，更保障当事人的正当权利，最终指向司法的公平正义，正是苏区司法工作的宝贵经验。

客观而言，朱多伸案，以及何叔衡复核的会昌县等案件，不过是苏区时期数量庞大的司法案例之一部，它不能代表苏区的所有案件，也不能因此而忽略革命特定时期畸轻畸重的某些案件。对此，我们需要坚持历史唯物主义与辩证唯物主义予以客观分析，要看到某些案件审理的特定"历史情境"，不能简单地以现代的司法标准衡量或者评价；同时，更应该做的是总结、发掘

---

[1] 瑞金县人民法院编：《中华苏维埃共和国审判资料选编》，人民法院出版社1991年版，第232页。

苏区司法案例中的优良传统与有益经验,不断传承人民司法的红色基因,发扬红色司法案例中蕴含的进步理念。

无论是苏发云案、姚汉章案,还是任瑞昌案、朱多伸案,都体现出中国共产党领导下的革命根据地重证据、不重口供,重事实、不盲从舆论的司法作风,这样的案件出现,并非偶然,而是和革命时期一直倡导的实事求是的工作作风紧密相关,要避免主观主义,"就须不凭主观想象,不凭一时的热情,不凭死的书本,而凭客观存在的事实,详细地占有材料",[1]实事求是,避免主观臆断,成为司法公正的重要前提。

在总结司法经验时,司法人员的工作态度被提到很高的高度,其中实事求是最为重要。唯有确定了为人民大众利益服务到底与实事求是的科学工作态度,才能不在困难面前低头,从困难中寻找契机,积极工作,克服困难,坚持到底。[2]革命司法的这些要求,与当代中国司法"以事实为依据、以法律为准绳"的要求一脉相承,都体现出基于事实真相的法律观、正义观。当然,现代法治更强调基于证据的法律真实,而非理想中的客观真实,但对于真相的不懈追求,以及客观严谨的工作态度,无疑是革命法治文化留下的积极因素。

三、红色基因之平等自由

马克思主义认为自由是人的本质,故人类的解放,尤其是无产阶级的自由解放,构成马克思主义理论的基本内核。中国共产党坚持马克思主义的理论主张,建党之初,在嘉兴南湖红船上制定的第一个纲领就提出推翻"资本家阶级的政权",支援工人阶级,消灭资本家私有制。抗战时期,毛泽东同志提出要为人民争自由,"就是为着解开套在人民身上的绳索,使人民获得抗日、团结与民主的自由","建立一个新民主主义的独立、自由、民主、统一、富强的中国"。[3]可以说,对马克思主义真理的信仰,是中国共产党人"初心"的核心部分,而求得工农无产阶级的解放,为最广大人民谋利益是党实

---

[1]《毛泽东选集》(第三卷),人民出版社1991年版,第801页。
[2] 林邦:"谈谈工作态度问题",载《陕北司法通讯月刊》1949年第4期。
[3]《毛泽东文集》(第三卷),人民出版社1996年版,第304页。

现"初心使命"的重要体现。这一历程,就包含着中国共产党对法治、对平等自由矢志不渝的追求。

伴随着无产阶级革命,革命司法的诞生,可谓与党的初心使命高度一致,更与党的革命历程紧密相随。早在大革命时期,特别是省港工人大罢工、上海工人武装起义时,党就领导工人阶级制定了《反革命罪条例》《惩治土豪劣绅条例》等革命法令,建立了新型的革命法庭,开始了革命司法的初步实践,反映出公正廉明、执法如山的革命精神。之后的数十年里,从红色苏区到抗日根据地,再到解放区,中国共产党在局部执政实践中形成和发展的革命司法,以改天换地的"首创精神",服务人民的价值取向,矢志不渝地践行党的初心使命,通过一部部革命法制的适用,以及一个个鲜活司法案件的审理,将自由、平等的先进价值引入革命实践,不断推动着中国社会的文明与进步。

革命司法保障自由。自由是"人类解放"的首要前提,中国共产党的早期领导人之一李大钊曾在1918年论及强力与自由政治,引用孟子之语"以力服人者非心服也,力不赡也",认为凡事之足以致人悦服,且可称为悦服者,必非外与之强力所能为功。"苟服从之义与强力为缘,则为被动,而非自由",[1]即自由不应受外力所迫,首先是个人的自主和自愿。1920年,李大钊联合胡适、蒋梦麟等社会知名人士发出《争自由的宣言》,呼吁保障言论自由、出版自由、集会自由和身体自由。婚姻自由是自由的重要内容,在局部执政时期,中国共产党制定多部《婚姻法》,并通过革命司法的实施,保障妇女的婚姻自由。脍炙人口的评剧《刘巧儿》,故事原型就是发生在1943年陕甘宁边区陇东分区的真人真事,即封捧儿抢婚案,边区司法机关依照新的《婚姻条例》,反对旧的包办、买卖婚姻,保障了封捧儿的婚姻自由。同样地,《小二黑结婚》的故事原型则发生在华北抗日根据地,其中体现出的恋爱自由、婚姻自主的思想,正是由中国共产党领导下的婚姻立法及革命司法保障实现的。婚姻自由虽是自由的一个方面,但经由革命司法保障的婚姻自由,却极大地解放了被压抑的人性,成为激发妇女以至更广大人民群众参与革命的重要动因。

革命司法保护人的基本权利。基本权利,或者说现代人权的概念不断丰

---

[1] 李大钊:《李大钊法学文集》,张小军点校,法律出版社2014年版,第218页。

富发展,尽管第二代人权提倡社会福利权,但其最初含义还是人的生命,以及人的自主和自由,它同样与党的初心使命一致。以自由为基本内涵的人权,在现实社会经济条件下,往往存在被侵害的可能,而革命法治就成为保护人权的有力武器。1929 年,中国共产党领导的红军第四军颁布《废止肉刑问题》,明确肉刑是封建时代的产物,红军的法律中,"严禁肉刑的使用","坚决地废止肉刑"。[1]1942 年,陕甘宁边区公布了《保障人权财权条例》,规定了人身自由条款,除司法机关及公安机关依法执行其职务外,任何机关部队团体不得对任何人加以逮捕审问处罚。是年延安发生了学生疗养院人命案,该院运输员刘世荣因与同事口角冲突,被总务科长白占山等人捆绑,至窒息气绝,酿成命案。该案经延安地方法院、边区高等法院两级审理,最终判处白占山、杨永和等人一年至四年不等的徒刑。1942 年,《解放日报》为此发表评论文章《保障人权"论学疗人命案"》,批评不重视人权的现象,"我们有的同志还不懂得尊重人权、保障人权,乃是建立革命秩序的起码条件;还不晓得,随便捆人押人是应该肃清的'游击作风'之一"。学生疗养院人命案经由党的报纸多次报道与评论,已经超越了个案,成为通过人民司法保障人权的典范案例,产生了深远的影响。

革命司法彰显法治精神。革命司法虽然形成于革命战争的特殊时期,但通过一系列的政策法律,以及典型案例审判,坚持了法治的品格,凸显了法治精神。中央苏区曾发生谢步升腐败案,担任某乡苏维埃政府主席的谢步升贪污公款、奸淫幼女、杀害干部,犯下了大罪。毛泽东、邓小平先后指示要依法惩处,苏区司法机关依照法律程序,历经瑞金苏维埃裁判部、中华苏维埃临时最高法庭两级审理,以充分的证据和规范的程序,对其作出了死刑判决,成为革命司法依法惩治腐败的经典案例。1937 年陕甘宁边区发生黄克功逼婚杀人案,受到国内外舆论关注,个别党员干部则以黄克功曾经的功勋冀望对其予以赦免。边区高等法院不畏重重压力,坚持依法独立审判,在审判依据上,由红军的纪律法令到边区刑事法律,再到援引国民政府"刑法",反复斟酌比较,作出合理合法的裁断。法院死刑的最终裁判,得到毛泽东同志

---

[1] 韩延龙、常兆儒编:《革命根据地法制文献选编》(中卷),中国社会科学出版社 2013 年版,第 781 页。

的高度肯定，他不仅支持对黄克功依法处以极刑，并且提出，"共产党与红军，对于自己的党员和红军成员不能不执行比较一般平民更加严格的纪律"。[1]这一提议，最终写入了1941年的宪法性文件《陕甘宁边区施政纲领》，成为革命根据地根本性的法治原则，影响深远。

革命司法善用调解保障和谐。将调解与审判结合起来的马锡五审判方式是革命司法的光辉典范，它不同于斗争思维主导下的现代诉讼模式，而是侧重于司法审判的社会效果，采取深入群众、灵活多样的方式解决纠纷，促进社会的和谐。革命时期的调解，并不是不分是非的"和稀泥"，而是在遵守法令、区分是非的前提下，更好地解决纠纷。马锡五审判方式以陕甘宁边区陇东分区马锡五为代表，实际上体现了老一辈革命家的共同思想，是革命时期党对司法审判本质与功能系统化思考的成果。毛泽东同志高度肯定善于司法调解的马锡五，说他是"好的首长"，"马专员会审官司，老百姓说他是'青天'"，还为他题词，"一刻也不离开群众"。谢觉哉参与设计了陕甘宁边区的调解制度，他指出，调解是解决人民之间冲突的最好方式，它可使大事化小，小事化无；可使小事不闹成大事，无事不闹成有事；可使农村和睦，节省劳力从事生产。[2]人民群众生产生活中的纠纷往往缘于琐事，并非根本性的矛盾，以调解的方式处理，就有可能化解矛盾，恢复社会和谐。更重要的是，调解的方式，本身体现出对当事人意愿的尊重，在不违背法律原则的前提下，实际上能够最大限度地保障各方的权益。就此来说，灵活的调解贯彻了党的群众路线，体现了革命司法的高度智慧。

革命司法践行党的初心使命，留下了诸多宝贵的经验。革命时期，何叔衡、董必武、马锡五、梁柏台等一批党的领导人与优秀司法干部，熟稔马克思列宁主义与中国社会实际，始终以党的政策理论为指导，并能创造性地应用到司法实践中，使革命的司法审判成为保障劳动人民权利、实现人的自由解放的重要途径；以马锡五审判方式为代表的革命司法秉持人民观点，在司法审判中坚持群众路线，深入群众，依靠群众，将审判与调解有机地结合，克服种种困难将公平送到田间地头，既维护法律正义，又尊重群众意愿，为

---

[1]《毛泽东文集》（第二卷），人民出版社1993年版，第39页。
[2] 谢觉哉：《谢觉哉文集》，人民出版社1989年版，第593页。

基层民众排忧解难，构筑起权利保护的法律屏障，获得了人民群众的肯定；在学生疗养院人命案、封捧儿抢婚案等典型案例中，革命司法能够将自由、平等的新民主主义的核心价值融入司法裁判，通过个案的审判保障人民自由权利，以看得见的方式实现社会公平正义，成为党践行初心使命的重要载体。

革命司法，是在战争的特殊时期形成和发展的，是在革命根据地落后艰苦的条件下践行的，体现出党的司法工作者不畏艰难、百折不挠的奋斗精神；革命司法摒弃了旧时代不公正的司法制度，以极大的勇气和高度的智慧，开创了服务广大人民的新型司法制度，反映着敢为人先的首创精神；革命司法始终走群众路线，以人民的利益为价值指向，表达的是立党为公的奉献精神。革命司法历程中的奋斗、奉献与创造，正是党的初心的真实写照，它归根结底是源于信仰的力量。

在新的历史时期，当代中国司法同样面临全新的任务与挑战，不只是需要做到权威、公正，还需要始终坚持党的领导，引领和弘扬社会主义核心价值观，并努力维护最广大人民的合法权益。这些要求，不仅是社会主义制度下中国特色司法制度的内在要求，还在于，自由、公正作为法治的根本属性，本应该成为司法追求的终极价值。同样，司法的权威，也有赖于人民的信任，而这种长久的信任，来自改革开放四十年的法治进步，更源自服务人民、保障权利的社会主义司法实践，这份信任来之不易。

始终以人民为中心，消灭剥削压迫，实现人人自由和平等，满足人民群众对美好生活的期待，是人类社会几千年来的终极理想，也是中国共产党矢志不渝的初心使命，其中，对于人的生命、尊严等基本权利的尊重，与现代法治精神相通。当前，党领导下的全面依法治国，努力实现社会公平正义，将自由、平等的社会主义核心价值观融入法治，正是践行初心使命的最生动表现。重新回顾革命时期法治践行初心使命的光荣历程，总结革命法治文化的有益经验，能够为新时代中国特色社会主义法治注入营养，更为实现民族伟大复兴汇聚力量。

思考题

1. 如何理解革命法律中的平等价值?
2. 论述革命法治文化与传统法治文化的关系。

阅读书目

1. 汪世荣:《新中国司法制度的基石:陕甘宁边区高等法院(1937—1949)》,商务印书馆2011年版。

2. 侯欣一:《从司法为民到大众司法:陕甘宁边区大众化司法制度研究(1937—1949)》,生活·读书·新知三联书店2020年版。

3. 韩伟、马成主编:《陕甘宁边区法制史稿·民法篇》,法律出版社2018年版。

第十讲 继往开来

新时代中国的法治文化

立足于中华民族伟大复兴的关键期，世界百年未有之大变局，法治在治国理政中的重要作用更加凸显。2021年，中共中央办公厅、国务院办公厅《关于加强社会主义法治文化建设的意见》提出要深入学习宣传社会主义法治文化。党的十八大以来，围绕为什么要全面依法治国、怎样全面依法治国这个重大时代课题，从理论和实践上进行全面探索、开拓、创新、总结，形成习近平法治思想，是新时代推进我国法治建设的思想引领与行动指南，形塑着当代中国的法治文化。

一、习近平法治思想对中华传统法治文化的取鉴

推动全面改革，实现法治中国目标，需要有科学的理论支撑与正确的思想指南，习近平法治思想正是当代中国特色社会主义理论的重要组成部分，亦是马克思主义法学中国化理论的最新成果。正是立基于对中国传统文化强烈的自信，本着对中国优秀法律智慧的继承与弘扬，探寻具有中国特色的改革和发展之路，习近平法治思想体现着中华优秀法治文明的诸多积极要素，并实现了创新转化。

第一，习近平法治思想隐含着强国富民的价值追求。习近平总书记在讲话中曾多次引用韩非子的名言"奉法者强则国强，奉法者弱则国弱"，阐释"奉法"之于治乱兴亡的作用，以及坚决执行法度的重要性，把是否依法治国提高到"国强"的高度，意义重大。以韩非子、商鞅为代表的先秦法家思想，正是以"国强"作为法治的主要目标，秦孝公为增强秦国实力，重用商鞅，积极变法图强，全面贯彻法家"以法治国"思想，在较短时期内就实现了秦国的强大。现在看来，秦国的"法治"不无缺陷，但从追求国家富强的目标而言，中华传统法治文明与当代法治无疑具有共同性。从参观"复兴之路展览"的谈话，到历次新年致辞，习近平总书记反复强调的就是强国富民的执

政理想,恰如2014年的新年贺词:"我们推进改革的根本目的,是要让国家变得更加富强、让社会变得更加公平正义、让人民生活得更加美好。"在国家富强的价值追求中,习近平法治思想与中华法治文明具有内在的一致性,它也是社会发展、人民幸福的必要基础。

第二,习近平法治思想展现了奋力改革的精神取向。奉行社会进化观念,倡导不断变革创新,是中华法治文明的重要精神取向,商鞅劝谕秦王变法:"各当时而立法,因事而制礼。礼、法以时而定,制、令各顺其宜。"(《商君书·更法》)中华传统法治文化,秉持了一种朴素的社会进化观,认为万事万物都在不断地变化中,社会当然也在不断地发展,将社会进化观贯彻于政治领域,就要求"法与时转,治与时宜"。正因为法律和制度都随历史的发展而发展,既不能复古倒退,又不能因循守旧,故随着社会的发展变化,原有的法律制度会出现不适合新情况的地方,就需要根据新的情势及时作出改进。习近平总书记在讲话中引用《周易》"穷则变,变则通,通则久",正是针对于当下的"改革疲劳症""改革疑虑症",展现出敢于涉险滩,敢啃硬骨头的勇气与担当。当下的全面依法治国与全面深化改革,乃至"四个全面",是相互协同而进的,不深化改革,就不能很好地推进法治,"在法治下推进改革、在改革中完善法治",它们必须是相互配合、协同推进的。以法治的方式保障改革,以不断适应社会的变革来优化治理,正体现出中华传统法治文化的智慧。

第三,习近平法治思想强调国家治理中法治与德治的融合。道德在中国哲学文化中具有特殊的位置,学者陈来认为,中华文化强调以德治国,以德化人,在历史上形成了一套道德文化的完整体系。中国在历史上历来为礼仪之邦,高度成熟的道德文化是中华文化的突出特征和重要组成部分。[1]中国传统法治文化同样强调法律与道德的融合并用,早在西周时,周公就提出"敬德保民、明德慎罚"的主张,孔子更是力倡"为政以德"。汉代董仲舒提出治国要"大德而小刑"。唐律制定"一准乎礼",将礼法结合起来,宋元明清基本上延续了德法共治的传统。习近平总书记曾指出,法律是成文的道

---

〔1〕 陈来:"中华文化的当代价值与意义(找准精神的根脉:传统文化系列谈①)",载《人民日报》2017年3月17日,第24版。

德，道德是内心的法律。法律和道德都具有规范社会行为、调节社会关系、维护社会秩序的作用，在国家治理中都有其地位和功能，需要相互配合、补充。在德治与法治并用中，领导干部发挥着示范性作用。2016年12月9日，习近平总书记在中共中央政治局就我国历史上的法治和德治进行第三十七次集体学习时强调，领导干部既应该做全面依法治国的重要组织者、推动者，也应该做道德建设的积极倡导者、示范者。中国古代有"以吏为师"的优良传统，在新的历史条件下，领导干部既要有"言不中法者，不听也；行不中法者，不高也；事不中法者，不为也"的法治思维和法治能力，也要有"以德修身、以德立威、以德服众"的君子之范。抓住这个关键少数，就抓住了德法结合的根本。对历史上德法结合的优秀传统，我们要有充分自信，并批判性地继承，扬弃其专制性、等级性、工具性、残酷性，而继承其"以法为本""缘法而治""刑无等级""法不阿贵""注重官德""注重家庭""立德修身"等有益的思想和实践，做好创造性转化、创新性发展，使其在新的历史条件下得以发扬光大。将法治与德治综合运用、各取所长，体现了中国传统智慧的运用，对于国家治理现代化具有积极的意义。

第四，习近平法治思想结合传统法律智慧，针对性地揭示了法治建设中的问题。经过三十多年的努力，当代中国特色社会主义法治体系已经初步建成，但它更多体现在立法中，法律的实施中仍然存在不少问题，习近平总书记多次引用"天下之事，不难于立法，而难于法之必行"，正是要说明法律制定后，如果不能实施、束之高阁，或者实施不力、做表面文章，那法治的成效必然大打折扣。是故，习近平总书记反复强调法律的生命在于落实，领导干部要依法办事、执法严明、遵守纪律，他以包拯的名言为例，"法令既行，纪律自正，则无不治之国，无不化之民"。[1]包拯的这篇《上殿札子》也从反面指明了法令不行、执法不信的危害："缘近岁以来，赏罚之典，或尚因循，且人知法令之不足信，则赏罚何以沮劝乎！"这说明，不仅制定法律需要慎重，执行法律更需慎重、有信，在此方面，政府及其官员是最好的示范，政府能够以信施法、取信于民，则法治的公信力就容易树立，民众守法的习

---

[1] 人民日报评论部编著：《习近平用典》，人民日报出版社2015年版，第275页。

惯也更容易养成。无论是治国理政，还是改革发展，都离不开科学的方法论，而法治思维和方式，是根本的方法，"治国者，圆不失规，方不失矩，本不失末，为政不失道，万事可成，其功可保"。如果不循法治、不讲规矩，国家治理的目标就无以实现，社会公平正义也无以促进。对于中国这样一个超大规模的国家而言，法治建设的成功，首先就系于能否正确揭示问题，并针对性地提出治理方案，而进入中国思想历史的深处，总结历代先贤的法治经验，结合当代中国发展实际，予以创造性转化，无疑是极重要的方法。

二、习近平法治思想形塑当代中国法治文化

习近平法治思想来源于法治实践，指导着法治实践，在推进全面依法治国的进程中，形塑着当代中国法治文化。法治建设以人民为中心，将依法治国与以德治国结合起来，抓住"关键少数"，塑造知行合一、崇尚法律的氛围，成为当代中国法治文化的突出特色。

（一）法治以人民为中心

马克思主义始终肯认人民的历史主体性，"黑格尔从国家出发，把人变成主体化的国家；民主制从人出发，把国家变成客体化的人。正如同不是宗教创造人，而是人创造宗教一样，不是国家制度创造人民，而是人民创造国家制度"。[1]无产阶级的革命就是为了人民的利益，"过去的一切运动都是少数人的，或者为少数人谋利益的运动。无产阶级的运动是绝大多数人的，为绝大多数人谋利益的独立的运动"。[2]在中国，以人民为中心并非抽象的概念，"要坚持人民主体地位，顺应人民群众对美好生活的向往，不断实现好、维护好、发展好最广大人民根本利益，做到发展为了人民、发展依靠人民、发展成果由人民共享"。[3]因此，人民的利益成为国家法制的根本价值取向。

当代中国，"全面依法治国最广泛、最深厚的基础是人民，必须坚持为了

---

[1]《马克思恩格斯全集》（第三卷），人民出版社2002年版，第40页。
[2][德]马克思、恩格斯：《共产党宣言》，中共中央马克思恩格斯列宁斯大林著作编译局编译，人民出版社2018年版，第39页。
[3]中共中央党史和文献研究院编：《习近平关于尊重和保障人权论述摘编》，中央文献出版社2021年版，第34页。

人民、依靠人民。要把体现人民利益、反映人民愿望、维护人民权益、增进人民福祉落实到全面依法治国各领域全过程"。[1]是否体现人民利益，决定着法治的方向，"要始终坚持以人民为中心，坚持法治为了人民、依靠人民、造福人民、保护人民，把体现人民利益、反映人民愿望、维护人民权益、增进人民福祉落实到法治体系建设全过程"。[2]其中原理在于，人民是历史的创造者，是全面依法治国的根本力量，法治就是要保障人民的利益。

当代中国法治的人民性，体现在法治运行的各个层面。在立法中，强调"全过程民主"，保障法律的民主性。资本主义国家的立法，虽然也经过议会等民主程序，但由于其社会经济结构内在的不平等性，使得立法难以惠及广大底层民众，甚至频频出现一些奇葩的法案，如2005年美国国会通过一项数十亿美元的高速公路支出法案，横跨阿拉斯加州安克雷奇一个小水湾延伸到一个基本不毛之地的港口，仅仅因为该州参议员"凑巧是运输委员会的主席",[3]而该立法程序完全符合宪法。当代中国的"全过程民主"，体现在立法过程的每一个环节，它是由中国共产党领导下的民主，而这个党是没有任何自己的特殊利益的，不代表任何利益集团、任何权势团体、任何特权阶层的利益，而是"始终把最广大人民根本利益放在心上",[4]这样，就能最大程度地保证立法平衡各方面的利益诉求，避免立法偏离人民的福祉。

在司法中，努力让人民群众在每一个司法案件中感受到公平正义。司法是社会公平正义的最后一道防线，司法公正对于国家的善治意义重大。习近平总书记指出，"所谓公正司法，就是受到侵害的权利一定会得到保护和救济，违法犯罪活动一定要受到制裁和惩罚。如果人民群众通过司法程序不能保证自己的合法权利，那司法就没有公信力，人民群众也不会相信司法"。[5]也就是说，司法公正不仅仅是在形式法治的领域内做到合法正当，更应着眼

---

[1] 习近平:"坚定不移走中国特色社会主义法治道路　为全面建设社会主义现代化国家提供有力法治保障"，载《求是》2021年第5期。
[2] 习近平:"坚持走中国特色社会主义法治道路　更好推进中国特色社会主义法治体系建设"，载《求是》2022年第4期。
[3] [美] 桑福德·列文森:《美国不民主的宪法》，时飞译，北京大学出版社2010年版，第28页。
[4] 谈火生:"'全过程人民民主'的深刻内涵"，载《人民政协报》2021年9月29日，第8版。
[5] 习近平:《论坚持全面依法治国》，中央文献出版社2020年版，第22页。

于人民群众对权利保护、正义实现的渴盼,真正解决人民群众的问题,并使其心服。

在法律实施中,不断增强人民的法治观念,使尊法守法成为全体人民的共同追求和自觉行动。它同时意味着,法治建设的成效要由人民监督,"司法体制改革必须为了人民、依靠人民、造福人民。司法体制改革成效如何,说一千道一万,要由人民来评判,归根到底要看司法公信力是不是提高了"。[1]社会主义法治建设最终是为了人民,法治的依靠力量还是人民,只有人民群众切实提升了法律意识,自觉主动地遵守法律,学会用法律来监督权力、维护权利、解决纷争,法治中国建设才能更加稳妥地推进。

(二) 依法治国与以德治国

古语谓:"徒善不足以为政,徒法不能以自行。"真正要让法律在实施中发挥更大作用,需要执法者在法律实践中坚持依法治国与以德治国的有机结合。法安天下,德润人心。法律有效实施有赖于道德支持,道德践行也离不开法律约束。"法治和德治不可分离、不可偏废,国家治理需要法律和道德协同发力。"[2]坚持依法治国与以德治国,是对中华优秀传统法治文化"德法共治"思想的创造性转化与创新性发展。德法共治是中国古代法律最主要的传统,也是中华法系最鲜明的特征。张晋藩认为,"礼法互补,以礼为主导,以法为准绳;以礼为内涵,以法为外貌;以礼移民心于隐微,以法彰善恶于明显;以礼夸张恤民的仁政,以法渲染治世的公平;以礼行法减少推行法律的阻力,以法明礼使礼具有凛人的权威;以礼入法,使法律道德化,法由止恶而兼劝善;以法附礼使道德法律化,出礼而入于刑。凡此种种,都说明了德法共治可以推动国家机器有效地运转"。[3]朱勇亦指出,"道德法律共同治理的政治实践,体现了中华文化的人文情怀,体现了中华民族的文化自信。道德与法律两大规范体系相互配合、相辅相成、共同作用,造就了不依赖人

---

[1] 习近平:《论坚持全面依法治国》,中央文献出版社2020年版,第147页。
[2] 中共中央文献研究室编:《习近平关于全面依法治国论述摘编》,中央文献出版社2015年版,第30页。
[3] 张晋藩:《中国法律的传统与近代转型》,法律出版社2009年版,第20页。

类外部力量而能有效治理国家的独具特色的中华政治文明"。[1]可见，德治法治并重扎根于中国历史文化的土壤，是中华法治文化的突出特色。

将社会主义核心价值观融入立法、司法，是德治与法治相结合的新型法治文化的突出表现。2018年，中共中央印发了《社会主义核心价值观融入法治建设立法修法规划》，提出在法治建设尤其是立法中，坚持社会主义核心价值体系，着力把社会主义核心价值观融入法律法规的立改废释全过程。此后颁布的《民法典》《老年人权益保障法》等法律法规，以及《妇女权益保障法》，都鲜明地体现出道德与法律的有机融合，用法律为见义勇为、尊老爱幼等行为保驾护航，不断培育良善的社会道德文化。最高人民法院印发《关于深入推进社会主义核心价值观融入裁判文书释法说理的指导意见》，先后发布三批"弘扬社会主义核心价值观典型案例"，公正审理"英烈保护公益诉讼""私自上树摘杨梅坠亡案""冰面遛狗溺亡索赔案"等系列案件，充分发挥了人民法院在培育和践行社会主义核心价值观方面的引领、规范和保障作用，通过司法实践，社会主义法制与道德更紧密地融合。

立德树人、德法兼修的法学教育理念是德治与法治相结合的新型法学教育思想的集中表达。2017年5月3日，习近平总书记在中国政法大学考察时强调要"德法并用"："通观我国古代历史，法治和德治运用得当的时期，大多能出现较好的治理和发展局面。国外也是这样，凡是治理比较有效的国家，都注重法治，同时注重用道德调节人们的行为。"习近平总书记特别指出："法学教育要坚持立德树人，不仅要提高学生的法学知识水平，而且要培养学生的思想道德素养。"[2]付子堂教授认为，"德法兼修是对法律人的时代要求。坚持依法治国与以德治国相结合要求提高全民的法律意识和道德自觉，对法律人而言，更是要求其德法兼修。法学教育当然要教授法律知识、法律技能及法律思维，但如果法律人仅仅关注法律知识而忽视道德，将会是非常危险的。习总书记指出'德法兼修'，就是在告诫法律人，练技别忘修身、立身先要立德，培育德行和教授专业知识要同步进行。将法律教育与道德教育相结合，一方面培养良好的品德，养成良好的行为习惯，另一方面学习法治相关

---

[1] 朱勇："中国古代社会基于人文精神的道德法律共同治理"，载《中国社会科学》2017年第12期。
[2] 习近平：《论坚持全面依法治国》，中央文献出版社2020年版，第178~179页。

专业知识,加大业务知识的储备,提高含金量,德法兼修才是正道"。[1]从立法、司法到法学教育,再到更广泛社会层面的法治普及,德法并重的社会主义法治文化不断得到弘扬。

(三) 知行合一的尚法文化

法律需要被信仰,国民普遍地尊奉、崇尚法律,自觉地以法律为行为准则,是一国实现法治的重要前提。"如果一个社会大多数人对法律没有信任感,认为靠法律解决不了问题,还是要靠上访、信访,要靠找门路、托关系,甚至要采取聚众闹事等极端行为,那就不可能建成法治社会。"[2]因此,需要提高法律的公正与公信,更应加大普法宣传力度,让广大人民群众,包括边远落后地区群众了解法律,认同法治,在全社会形成守法光荣的良好氛围。

普法教育应该成为各阶段国民教育的重要内容,特别是推进青少年法治教育,关系着依法治国的长期成效。习近平总书记指出:"要深入开展法制宣传教育,在全社会弘扬社会主义法治精神,传播法律知识,培养法律意识,在全社会形成宪法至上、守法光荣的良好氛围。"[3]近年来,在各级各类学校中增加法治课程,在全社会开展多种形式的普法宣教活动,就是营造法治文化、提升法治自觉的重要途径。

在尊法、尚法的法治文化构建中,对宪法的认识与信仰是最为重要的。习近平总书记指出:"要在全社会加强宪法宣传教育,提高全体人民特别是各级领导干部和国家机关工作人员的宪法意识和法制观念,弘扬社会主义法治精神,努力培育社会主义法治文化,让宪法家喻户晓。"[4]宪法是国家根本大法,又是保障基本权利的基本法,宪法的作用日益增强,广大人民群众了解宪法,尊崇宪法,必将巩固社会主义法治文化的根基。

古人云,"以吏为师,以法为教",各级官员在国家法治建设中扮演着重

---

[1] 付子堂:"立德树人、德法兼修,为全面依法治国培养高素质法治人才",载《中国法学教育研究》2017年第3期。

[2] 习近平:《论坚持全面依法治国》,中央文献出版社2020年版,第24页。

[3] 中共中央文献研究室编:《习近平关于全面依法治国论述摘编》,中央文献出版社2015年版,第88页。

[4] 中共中央文献研究室编:《习近平关于全面依法治国论述摘编》,中央文献出版社2015年版,第87页。

要角色。在守法文化的创建中,习近平总书记特别强调党员领导干部这个群体。其内在的原因是,各级党员领导干部都是掌握着国家立法权、司法权、行政权的人,他们在很大程度上决定着全面依法治国的方向,"高级干部做尊法学法守法用法的模范,是实现全面推进依法治国目标和任务的关键所在"。[1]提倡对于领导干部的法治教育,特意把"尊法"放在最前面,"意在表明如果对法律没有敬畏心,那是难以做到学法守法用法的"。[2]只要党员干部,特别是高级领导干部真正身先垂范,恪守法治思维、法治原则,做到依法用权、依法办事,尊法、尚法的社会主义法治文化就能更快形成。

三、习近平法治思想与中国特色法治文化的创新发展

习近平法治思想,以及全面依法治国的战略,不只体现了对优秀的中华法治文明的继承,更在时代的发展进步中,在与马克思主义等现代多元思想的融合中,提出了诸多新的创见,继续丰富、完善了当代中国特色社会主义法治理论,构建了中国特色法治文化。

以人民为中心的法治观体现出时代价值。中华传统法治文化,特别是以儒家为代表的法文化包含"以民为本"的思想,亦含有"天听自我民听,天视自我民视"的民主萌芽,但更多地体现出对皇权的尊崇和维护,人民成为稳固皇权、实现国强的工具。中国共产党坚持唯物史观,以"为人民服务"为根本宗旨,人民始终是发展的起点和归宿,是治国理政的中心,也是法治必须关注的重点。习近平总书记指出,坚持人民主体地位,必须坚持法治为了人民、依靠人民、造福人民、保护人民。要把体现人民利益、反映人民愿望、维护人民权益、增进人民福祉落实到依法治国全过程,使法律及其实施充分体现人民意志。[3]这即是说,在全面依法治国的战略中,习近平法治思想相对中华传统法治文化有颠覆性的变革:人民不再是法治的"对象",而成为国家的主人,人民的主体地位反映在立法、司法、执法的全过程,

---

[1] 习近平:《论坚持全面依法治国》,中央文献出版社 2020 年版,第 135 页。
[2] 习近平:《论坚持全面依法治国》,中央文献出版社 2020 年版,第 179 页。
[3] 习近平:"坚定不移走中国特色社会主义法治道路 为全面建设社会主义现代化国家提供有力法治保障",载《求是》2021 年第 5 期。

人民不仅参与法治建设的过程，更有权享有法治所保障的各项权利与社会公平。

　　法律制度下的平等约束，体现了现代法治的核心要义。中国古代法治虽然也提出"一刑"，但实际却内含着"亲亲尊尊"的等级秩序，在执行中更存在着身份等级差异，以至于后来保护权贵的"八议"等制度被写入了法律。现代法治以"平等"为核心价值，法律制度的设计与施行都以平等为依归。习近平总书记强调，平等是社会主义法律的基本属性，是社会主义法治的基本要求。坚持法律面前人人平等，必须体现在立法、执法、司法、守法各个方面。任何组织和个人都必须尊重宪法法律权威，都必须在宪法法律范围内活动，都必须依照宪法法律行使权力或权利、履行职责或义务，都不得有超越宪法法律的特权。[1]同时，特别重视法治对每一个公民的平等保护，纠正了一批典型冤假错案，努力让人民群众在每一个司法案件中感受到公平正义，这些都生动地体现了现代法律平等的原则。

　　关注人类命运，展示出全球治理的法治视野。中国传统文化有超越邦国的"天下"观念，"天下"不同于冲突或斗争的逻辑，赵汀阳认为，"必定存在着某种方法能够将任何他者化入共在秩序中，即使某个他者坚决拒绝加入天下体系，他必定存在着能够相安无事的共在方式"。[2]在中国式的天下观中，天下诸邦不应是竞争的、冲突的，"天下是兼容的"，它是指世界上多种文化之间的差异得到了宽容而不是排斥，故其最高目标是"天下大同"，最终归结到"大同"的社会理想。[3]而要实现"大同"，又需要遵循"道"的原理，即符合天理、道义的要求，尊重人民的普遍利益。当代世界恐怖主义、极端主义思潮涌动，各种冲突的风险不断加大。故在国际关系中，习近平主席提出，要积极树立双赢、多赢、共赢的新理念，摒弃你输我赢、赢者通吃的旧思维，"各美其美，美人之美，美美与共，天下大同"，并强调"计利当以天下利"。[4]这就是针对各国历史、文化的差异，尽力地求同存异，打造多

---

〔1〕 中共中央文献研究室编：《习近平关于全面依法治国论述摘编》，中央文献出版社2015年版，第29页。

〔2〕 赵汀阳：《天下的当代性》，中信出版集团2016年版，第2页。

〔3〕 赵旭东：天下：作为一种中国人的宇宙观"，载《中国儒学》2012年第0期。

〔4〕 人民日报评论部编著：《习近平用典》，人民日报出版社2015年版，第177页。

元文明共生共荣的全球共同体，实现国际关系的和谐。在国际交往以及斗争中，要善于运用法治方式，"要坚持统筹推进国内法治和涉外法治，按照急用先行原则，加强涉外领域立法，进一步完善反制裁、反干涉、反制'长臂管辖'法律法规，推动我国法域外适用的法律体系建设"。[1]习近平主席在中国哲学思想的基础上，提出了"共同构建人类命运共同体"的命题，认为人类处在一个挑战层出不穷、风险日益增多的时代，我们要为当代人着想，还要为子孙后代负责，本着和平发展的原则，各国应该"构建人类命运共同体，实现共赢共享"。[2]"人类命运共同体"的提出，受到了世界各国的瞩目，被写入联合国人权理事会第34次会议的决议，使得这一理念成为国际关系，以及人权话语体系的重要组成部分。在国际刑警组织第86届全体大会上，习近平主席继续阐释了构建普遍安全的人类命运共同体的主张，各国政府在承担安全治理主体责任外，应"鼓励非政府组织、跨国公司、民间社会积极参与，形成安全治理合力。要改革完善全球治理体系，提升安全治理效能，着力推进社会治理系统化、科学化、智能化、法治化"。[3]习近平主席提出全球人权治理的概念，"要积极推动全球人权治理，弘扬全人类共同价值观，坚持平等互信、包容互鉴、合作共赢、共同发展的理念，推动全球人权治理朝着更加公平公正合理包容的方向发展"。[4]这一融入并发展中国传统法治文明的全新思想，丰富并创新了社会主义法治文化，无疑是对法治、人权发展及全球治理模式的一大贡献。

---

[1] 习近平："坚持走中国特色社会主义法治道路　更好推进中国特色社会主义法治体系建设"，载《求是》2022年第4期。

[2] 习近平：《习近平谈治国理政》（第二卷），外文出版社2017年版，第539页。

[3] "习近平出席国际刑警组织第86届全体大会开幕式并发表主旨演讲　强调高举合作、创新、法治、共赢的旗帜　共同构建普通安全的人类命运共同体"，载《人民法院报》2017年9月27日，第1版。

[4] 习近平："习近平在中共中央政治局第三十七次集体学习时强调　坚定不移走中国人权发展道路　更好推动我国人权事业发展"，载《人民日报》2022年2月27日，第1版。

思考题

1. 如何理解社会主义法治文化？
2. 为什么要德法并治？

阅读书目

1. 习近平：《论坚持全面依法治国》，中央文献出版社2020年版。
2. 张晋藩：《全面依法治国与中华法文化的创造性转化研究》，中国政法大学出版社2019年版。

致　谢

作为一种行为规范，法律并不是现代的产物，而是伴随着人类文明的产生发展而发展。法治文化不只存在于威严的法庭，更浸入日常生活的细微之中。十多年来，我们曾经到过各地档案馆查阅司法档案，到过古旧县衙和近代法庭参观法制遗迹，也在各种博物馆、展览馆参观法制文物。当然，还有生活中遇到的各种"法律"，无论是读书所悟，切身经历，还是档案故事，都引人遐思。我们把这些见闻感受写下来，于是有了这部小书。

中华法治文化是一个经典主题，诸多学术前辈都有精深之论，但它又常谈常新。本书不是中华法治文化的百科全书，而是仅仅撷取了其中颇具特色的部分，并且充分吸取了前辈学者的研究成果，除中国古代优秀的法治文化外，我们纳入陕派律学中的法治文化，还尝试纳入中国共产党革命时代形成的优秀法治文化，从老一辈革命家法治思想、革命法律法规、红色司法案例等文献中，不难发现其中平等自由、审慎求实、正义和谐等法治意蕴，值得传承发扬。当然，这一尝试是否可行，行文是否疏漏还有待学界方家的批评指正。

本书的分工是，韩伟负责全书的构思及主要章节写作，闫强乐负责第四讲第三小节、第四小节，第十讲第二小节的写作，并参与了全书的修订完善。本书的写作，感谢张希坡教授、赵晓耕教授、叶秋华教授、朱勇教授、喻中教授、汪世荣教授、肖周录教授、张生教授、闫晓君教授、刘作翔教授、聂鑫教授、彭中礼教授、李娜教授、张敏教授，感谢高领、林淼、刘卉、张宁的帮助。

探究法治文化之路漫漫，惟有继续努力。

韩伟　闫强乐
2023 年 3 月 31 日